全面全程职业发展
与教师教育课程设置

尹国杰　著

四川省教育厅人文社科重点项目"'文化复兴'路上的英语专业建设"（14SA0108）
绵阳师范学院学术著作出版基金资助项目

科学出版社
北　京

内 容 简 介

　　本书从促进教师全面、全程职业发展的角度对教师教育课程设置作了理论思考和实践探究。以职业发展理论、教师发展阶段理论为理论基础，探讨了全面、全程职业发展观点的合理性；以教师的全面、全程发展为教师教育课程的核心目标，探讨了实现该目标的课程结构与内容体系设置，进而提出教师全面全程职业发展的观点以及教师职业理念、职业知识、职业能力与职业性向"四维一体"素养结构和教师教育"四维一体"内容结构体系。

　　本书有助于读者更好地理解教师发展与教师教育的阶段性和复杂性特点，可以引导职前与在职教师重视职业生涯规划，也可以为教师在职培训课程设置和师范院校教育专业课程设置改革提供参考。

　　本书可供教师教育研究人员、教师教育管理人员、教师培训人员参考使用，也可供教师学习使用。

图书在版编目（CIP）数据

　　全面全程职业发展与教师教育课程设置/尹国杰著. —北京：科学出版社，2020.3

　　ISBN 978-7-03-059258-3

　　Ⅰ. ①全… Ⅱ. ①尹… Ⅲ. ①教师教育-研究 Ⅳ. ①G65

　　中国版本图书馆 CIP 数据核字（2018）第 245738 号

责任编辑：纪晓芬 / 责任校对：王　颖
责任印制：吕春珉 / 封面设计：东方人华平面设计部

科 学 出 版 社 出版
北京东黄城根北街 16 号
邮政编码：100717
http://www.sciencep.com

三河市骏杰印刷有限公司印刷
科学出版社发行　　各地新华书店经销

*

2020 年 3 月第 一 版　　开本：B5（720×1000）
2020 年 3 月第一次印刷　　印张：11 1/2
字数：225 000
定价：92.00 元
（如有印装质量问题，我社负责调换〈骏杰〉）
销售部电话 010-62136230　编辑部电话 010-62135397-2021（BF02）

前　言

自古以来，我国就有尊师重教的传统。古代伟大的教育家孔子曾说过"三人行，必有我师焉"。唐代文学家、思想家韩愈曾说过："古之学者必有师。师者，所以传道受业解惑也。"2018年1月20日，中共中央、国务院通过了《关于全面深化新时代教师队伍建设改革的意见》，这是中华人民共和国成立以来第一次以中共中央的名义印发的教师队伍建设的文件。这是以习近平同志为核心的党中央高瞻远瞩，审时度势，立足新时代作出的重大战略决策，将教育和教师工作提到了前所未有的政治高度。习总书记非常重视教师队伍建设，他多次强调教师职业的特殊性，希望教师坚持"四个相统一"，争做"四有好老师"，做好"四个引路人"。

教师队伍建设的意义已经超过了教育本身，上升到国家和民族发展的战略高度。因此，教师也不可能再仅仅是"蜡烛""人梯""春蚕""水桶""园丁"，教师更需要的是自身的职业发展。教师只有充分获得了自身的职业发展，才可能对国家和民族发展的战略规划做出应有的贡献。

教师如何获得职业发展？作为教师摇篮的师范院校，又能为教师的职业发展做些什么呢？本书着力探讨了这些问题。

本书共七章，概述如下。

第一章为导论。着重阐述了为什么要研究教师教育课程设置，并回顾了国内外研究者对于教师职业发展以及教师教育课程设置的相关研究成果。

第二、三章为调查与分析。着重对所研究问题进行了剖析。讲述了在职教师的职业发展现状，分析了教师教育对教师职业发展的影响，明确了教师教育课程对促进职业发展的价值，同时为教师教育课程结构与内容设置改革提供建议。

第四章为理论建构部分。在第二、三章调查分析的基础上，以职业发展理论和教师发展理论为基础，提出教师"全面全程"发展的职业发展观。这种职业发展观切合了现代教师教育的价值追求，也丰富了教师职业发展的内涵。

第五、六章为实践探究部分。第五章着重讨论教师教育课程目标的重构，分析了教师全面、全程发展目标的政策依据以及现实依据，对职前与在职教师全面、全程职业发展目标进行重构。第六章着重讨论教师教育课程结构与内容模块的重构。对职前及在职教师教育课程结构进行分析，按照国家相关教育政策对教师教育结构进行重构，并从"四维一体"教师教育课程内容体系角度进行了探讨。

第七章是对全书内容的总结。

　　本书的出版，得到西南大学教育学部朱德全教授、范蔚教授等众多研究生导师的亲切指导，得到工作单位领导、同事与朋友的鼓励，并获得四川省教育厅人文社科重点项目"'文化复兴'路上的英语专业建设"（14SA0108）、绵阳市社科联外语专项重点项目"基于教师发展的绵阳市中小学教师培训实效研究"（MYSY2015WY01）、绵阳师范学院博士研究基金项目"教学评价标准的价值取向研究"（QD2015B006）、绵阳师范学院学术著作出版基金等项目的资助，在此对他们表示诚挚的谢意！同时，科学出版社的编辑不厌其烦地对本书的内容、语言文字、数据、图表乃至标点符号等作了细致入微的审校，为保证本书的质量付出了辛勤劳动，在此也对他们表示诚挚的谢意！

　　教育乃百年大计。作者仅凭有限的智力和有限的资源在有限的时间内完成对教师教育这一项宏大工程的思考，思维的漏洞甚至观点的错误实在无法避免。因此，敬请各位读者批评指正，不胜感激。

尹国杰

2019 年 7 月 1 日

于四川绵阳

目　　录

第一章 导　　论

《2019 年中国大学生就业报告》数据显示，2018 届本科毕业生半年后就业最多的行业类是"教育业"（14.9%），从事最多的职业类是"中小学教育"（19.3%）；2014～2018 届本科毕业生在"教育业"就业的比例上升了 4.3%，从事"中小学教育"职业的就业比例上升了 3.2%[1]。

2018 年教育统计数据显示，2018 年中国内地各级各类学校（不含研究生培养机构）有专任教师 15 033 835 人[2]。截至 2018 年年末，中国大陆总人口（包括 32 个省、自治区、直辖市和中国人民解放军现役军人，不包括香港、澳门特别行政区和台湾地区以及海外华侨人数）139 538 万人[3]。因此，加上幼儿园及民办学校和机构的教师，差不多每 93 个中国人中就有一个人以教师为职业。

"教师是什么？教师干什么？什么人可以当教师？怎样才能当教师？……"

2014 年 9 月 9 日，在全国第三十个教师节来临之际，中共中央总书记、国家主席、中央军委主席习近平在北京师范大学与师生座谈时指出，"一个人遇到好老师是人生的幸运，一个学校拥有好老师是学校的光荣，一个民族源源不断涌现出一批又一批好老师则是民族的希望"；"好老师"要有理想信念，要有道德情操，要有扎实学识，要有仁爱之心[4]。2017 年 6 月 15 日，教育部党组书记、部长陈宝生在全国乡村教师队伍建设暨万名教师支教工作会上讲话指出，基础教育是中国教育的基础，教师是基础的基础；高等教育是中国教育的战略制高点，教师是制高点的制高点；立德树人是教育的根本任务，培养教师是根本的根本[5]。《中共中央 国务院关于全面深化新时代教师队伍建设改革的意见》指出，坚持兴国必先强师，深刻认识教师队伍建设的重要意义和总体要求[6]。2018 年 9 月 10 日，习近平在全国教育大会上讲话指出，教师是人类灵魂的工程师，是人类文明的传承者，承载着传播知识、传播思想、传播真理，塑造灵魂、塑造生命、塑造新人的时代重任。全党全社会要弘扬尊师重教的社会风尚，努力提高教师政治地位、社会地位、职业地位，让广大教师享有应有的社会声望，在教书育人岗位上为党和人民事业作出新的更大的贡献[7]。教育部 2019 年工作要点指出，要加强教师队伍建设，提振师道尊严[8]。

第一节　为什么要关注教师教育

在教育教学实践中，有几个问题常常引起人们的困惑与思考：接受过同样的教师教育、有着基本相同专业基础的师范生，为什么有的毕业后能够成为优秀的教师，而有的却难以胜任？难道当教师真的需要天赋吗？如果当教师也像唱歌、作画那样需要天赋，那么师范院校是不是在一开始就须要限定师范生的招生对象范围呢？如果当教师不需要天赋，那么教师教育课程如何设置和实施才能培养出优秀的教师呢？

对这些问题的争论和探讨都是教师教育领域须要关注的话题，而且似乎还难以找到令人满意的答案。对于在教育圈子里"混"的教师，从"当局者"的角度来争论这些问题似乎也没有什么效果，因为"不识庐山真面目，只缘身在此山中"。那么，有没有可能从"旁观者"的角度来探讨这些问题并找到答案呢？然而，对于"教育"，放眼古今中外，总免不了"公说公有理，婆说婆有理"，并不能达到"旁观者清"的效果。

无论如何，中国的教师从业人员数量庞大，职业需求量也很大，这是中国教师教育必须面对的一个国情，也是研究中国教师教育不能忽视的一个国情。中国教师这一特殊群体的言行，牵系着社会的每一根神经，也关系着中华民族的现在与未来。我国七十年来教育事业的发展、教育制度及教师管理制度的变革、教师个体专业发展的诉求等，无不要求"当局者""旁观者"都严肃关注教师教育。

一、教育持续发展须要重视教师教育

中华人民共和国成立以来，我国教育获得前所未有的发展，为国家发展提供了人才保障和智力支持。2018 年，全国有学前教育学校 266 677 所，在校生 46 564 204 人；初等教育学校 170 209 所，在校生 104 125 004 人；中等教育学校 76 746 所，在校生 86 027 102 人；普通高等学校和成人高等学校 2 940 所，在校生 31 041 605 人（不含成人及网络本专科生）；特殊教育和工读学校 2 244 所，在校生 672 760 人[9]。全国近 52 万所各级各类学校 1 503 万余名专任教师支撑了近 2.7 亿在校学生，这是世界上最大规模的教育体量，为我国向人力资源大国方向的转变和发展做出了巨大贡献。

尽管我国教育事业已经取得巨大成就，但要实现由教育大国向教育强国的转变依然还需要长期坚持不懈的努力。实现这一转变的关键在于提高教育质量，教育质量直接关系着人才培养质量，关系着国家建设和社会发展。而提高教育质量的核心在于建设高质量的教师队伍。《国家中长期教育改革和发展规划纲要（2010—2020 年）》（以下简称《纲要》）把加强教师队伍建设确定为实现教育发展战略目标的保障措施之一，提出了建设高素质教师队伍、加强师德建设、提高教师业务水平、提高教师地位待遇、健全教师管理制度等具体内容。尽管近年来教育事业发展统计公报的数据显示各级各类学校教师的学历合格率都在逐年提高，但教师学历合格率的提高不等于教师整体素质的提高，教师的职业能力和素养已成为制约我国教育持续发展的重要因素，主要表现在有不少中小学教师的教育理念落后、专业知识结构不合理、专业能力和创新能力不足，教师职业道德还有待进一步提升。

我国正在持续深入推进的基础教育改革以及正成为热点话题的学生核心素养培养都要求中小学教师全面落实以学生为中心的教育理念，转变教学观念，改变教学方式，重视培养学生的能力尤其是创新能力。但很多老师（尤其是教龄较长的老教师）习惯用自己熟悉的观念指导自己的教学实践，即使教育行政管理部门、学校领导等采取行政措施强令他们做出改变，他们也宁愿相信自己的教学经验，不愿意在课堂教学实践中用课程标准所倡导的新理念来指导自己的教学行为。从国内研究者对吉林、宁夏、陕西、甘肃、天津、重庆、四川等众多省市教师的调查来看，不论是在城市学校还是在乡镇学校，很多教师对新的课程理念仍然不以为然，认为那些理念与课堂教学实践相距遥远，"听起来动听，用起来吃力"，他们坚信考试就是一切，学生的分数就是一切。有的教师没有认识到培养学生的终身学习意识与能力、培养学生的批判性思维品质与能力等对于学生成长的重要意义，他们仍然认为自己是学生知识学习的权威和唯一来源，坚持认为学得知识量的多少才是评价学生学习成效的标准。因此在实践中，有的教师忽视学生知识学习需求的结构性差异，忽视文化知识的传授和学生文化能力的培养，更忽视学生批判思维和创新思维的培养。有的教师在课堂教学过程中虽然能够考虑学生的主体性和积极性，能够在一定程度上改变教学方式，但他们还不能清晰地认识这些行为所隐藏的价值取向和现代教育学意义[10]。

21 世纪以来，社会发展变化加速，科技日新月异，信息量、知识量呈几何级数增长。各种新技术、新手段逐渐进入课堂教学和学校教育中，传统的学校教育和课堂教学模式受到越来越大的冲击。这就要求教师必须要有终身学习的意识与能力，时时学习并努力掌握新的知识与技能，拓展自己的知识面，提升自己的技能水平。例如，有的英语教师知识结构不合理，对有效课堂教学、学生学习指导、课程资源开发与利用、教材使用与处理、班级与学生管理、学生发展特点与规律、教学设计与实施、教学评价以及教学研究方法等方面的知识了解很少；有的英语教师把专业能力等同于英语听、说、读、写的能力，理解为教学生学习词汇、语法或语音的能力，或者讲课文的篇章结构或作品的文体特征的能力；有的教师的教学设计、教学实施与教学评价知识与技能不足，习惯以"拿来主义"的态度对待他人的教学模式和方法，结果总是事与愿违、事倍功半；有的教师教材分析和处理能力不足，害怕使用新教材，害怕教材更新，习惯使用现成的教案或课件；有的教师教育机智不足，不能灵活处理教学实践中出现的新情况和新问题；有的教师信息技术应用水平偏低，不能充分利用现代信息技术提升课堂教学的有效性，不能充分利用各种优质网络资源丰富课堂教学内容和提升个别化教学实效。

因此，要保证我国教育事业的持续、健康发展，就必须重视教师队伍整体素质的提升，既要重视教师学历的提高，更要重视教师综合能力、综合素质的提升。这也揭示了发展和改革职前与在职教师教育，尤其是改革和发展教师教育课程的重要性和紧迫性。

二、教师管理制度改革须要关注教师发展

我国实施综合、全面的改革开放政策，包括教育改革，涉及教育政策、教育体制、教育结构以及教育管理的改革。自 1985 年 5 月 27 日《中共中央关于教育体制改革的决定》发布以来，我国在推进教育体制改革和教育管理的法制化方面取得了巨大进步。除《中华人民共和国宪法》之外，《中华人民共和国教育法》（以下简称《教育法》）、《中华人民共和国教师法》（以下简称《教师法》）、《中华人民共和国义务教育法》（以下简称《义务教育法》）、《中华人民共和国职业教育法》、《中华人民共和国高等教育法》等专门教育法律以及《教师资格条例》《教学成果奖励条例》等专门教育法规和各种规章制度的发布和实施，促使我国的教育、教育管理、教师管理等逐步走向法制化。这些法律、法规明确了我国各级各类教师的法律权利和义务，同时也为保障教师的合法权利提供了法律支持。教育事业的法制化发展与管理，是我国教育进步的显著标志。

近年来，教育部从"加强乡村教师队伍建设、深化教师教育改革、健全教师管理制度、狠抓师德师风建设"等方面入手狠抓教师队伍建设，取得了新进展。《纲要》提出了"完善并严格实施教师准入制度""国家制定教师资格标准""建立教师资格证书定期登记制度"等关于教师管理的相关要求。《纲要》还明确提出了教师流动机制和退出机制，意味着沿袭数十年的教师"铁饭碗"从制度上已经被打破。2011 年 8 月 31 日，国务院常务会议决定扩大中小学教师职称制度改革试点。2015 年 8 月 28 日，人力资源和社会保障部、教育部联合发布《关于深化中小学教师职称制度改革的指导意见》，建立了统一的中小学教师职称（职务）制度，统一了职称（职务）等级和名称，正式确立了正高级职称（职务）。2013 年 8 月 15 日，教育部发布《中小学教师资格考试暂行办法》和《中小学教师资格定期注册暂行办法》，后者确定了对教师入职后的定期资格审查制度，并明确了 5 年一周期的定期注册，不合格人员将不得从事教育教学工作。2014 年 1 月 8 日，成都市教育局发布《成都市教育局关于印发〈成都市教育局关于教师退出教学岗位的实施办法〉的通知》，确定了转岗、待岗培训、解聘和辞聘四种教师退出教学岗的渠道，并于 2014 年 2 月 10 日起正式实施。至此，教师的"铁饭碗"已经在实践中被打破。

这一系列教师管理制度与实践改革，促使绝大多数教师化压力为动力，努力提升自己的业务能力，关注和研究学生，积极参与学校的教育教学管理工作，主动加强与学生和家长的沟通与交流，注重学习国家和地方的相关教育法规和政策。这些都是在教师管理制度改革的驱动下，教师为追求专业发展而自觉做出的努力。不过，由于我国教育发展的不均衡，地区之间、学校之间差异巨大，因此在教师管理政策执行过程中，不可避免地会出现"误伤"教师的情况。如

有的学校评价教师工作时采取单一的学生评教制并实施末位淘汰制，有的学校可能会安排某一教师承担不属于他专长范围的课程教学任务，或者某一教师因一段时间的特殊原因而难以承担和完成一定数量的教学任务，在这些情况下，如果教师没有机会转岗到适合他自己的学校或者岗位，或者得到人性化执法的关注，那么就很可能面临被解聘或辞聘的危险。因此，在教师管理迈向法制化的过程中所开展的教师管理制度的改革探索，须要思考这一改革如何有助于促进教师发展并推进教育发展这一问题。或者说，因教师管理制度改革而转岗、待岗的教师须要教育管理部门或教师教育机构给他们提供合适的继续教育机会和内容以帮助他们适应教育发展的需要，从而维护教师队伍稳定，维持教育可持续发展，维护社会稳定。

为保障教师管理制度改革顺利推进而又能维护教师队伍稳定发展，教育部和各级教育管理部门采取措施积极组织和实施不同形式和层次的在职教师培训工作，极大地提升了教师队伍的整体水平。2010 年以来实施的各类中小学教师国家级培训计划（简称"国培计划"）以及各省市实施的各级中小学教师培训项目，围绕五年一轮次的中小学教师全员培训计划，发挥着引导和帮助中小学教师通过继续教育提升自己的专业和综合素养，进而追求教师专业发展的作用。据估算，2012~2016 年，"国培计划"示范性项目、中西部项目和幼师国培项目共投入资金 93.5 亿元，培训中小学和幼儿园教师、校长 957 万人次；实施全国中小学教师信息技术应用能力提升工程，培训教师 940 多万人次。此外，各省市还因地制宜，出台推动地方培养乡村教师的各种政策措施。

三、教师专业发展须要重视教师教育课程设置

教师专业化与教师专业发展常常通用，但教师专业化更多的是从社会学的角度来考察教师群体及教师职业，而教师专业发展更多的是从教育学的角度来考察教师个人。按照叶澜教授的观点，"教师专业化主要是强调教师群体的、外在的专业性提升，而教师专业发展则是教师个体的、内在的专业性的提高"，前者包括教师专业地位的认可和社会地位的提升以及订立严格规范的资格许可和任职制度等，后者包括教师个人职业阶梯的上升和专业荣誉的获得以及内在素质的提高和专业实践的改进等[11]。

1966 年，国际劳工组织和联合国教科文组织在《关于教师地位的建议》中提出应把教育工作看作是专门的职业。1986 年，美国卡内基工作小组和霍姆斯小组强调以确立教师的专业性作为教师教育改革和教师职业发展的目标，并发布了《教师专业标准大纲》。美国"教学与美国未来全国委员会"分别于 1996 年、1997 年发表《至关重要：美国未来的教学》和《至关重要：投资于优质教学》两份报告，强调美国学校教育改革以教学质量和教师专业化为核心，把教师专业化作为提升教育质量的重点。21 世纪以来，美国、欧洲国家等纷纷探讨建立

教师专业发展的保障机制，同时进一步探讨教师职前职后一体化专业发展的理论体系与实践体系。有些国家和地区甚至还从教育和教师立法的层面明确和保障教师专业发展。

《教师法》第三条明确规定"教师是履行教育教学职责的专业人员，承担教书育人，培养社会主义事业建设者和接班人、提高民族素质的使命。教师应当忠诚于人民的教育事业"。除明确教师的专业性质之外，还通过教师教育课程标准和教师专业标准等指导我国教师教育机构的教师培养和培训工作。2011 年 10 月 8 日，《教育部关于大力推进教师教育课程改革的意见》指出，"教师教育课程在中小学和幼儿园教师培养中发挥着重要作用，是提高教师教育质量的关键环节"，教师教育要"坚持育人为本、实践取向、终身学习的理念"。2012 年 2 月 10 日，教育部发布《幼儿园教师专业标准（试行）》、《小学教师专业标准（试行）》和《中学教师专业标准（试行）》三个教师专业发展标准，5 月 17 日发布《"国培计划"课程标准（试行）》。职前教师培养与在职教师培训课程标准以及教师专业标准的出台，推动了我国教师职业的专业化发展建设，也为评价我国教师专业发展提供了行业标准。各级教师教育机构以教师教育课程标准和教师专业标准为依据，转变教师教育观念，改革教师教育课程设置结构，改革教师教育模式与方法，把教师教育作为教师获取专业发展的重要平台，奠定教师专业发展的坚实基础。

可见，我国教师专业化的发展已经取得了显著的成绩，这为教师专业发展奠定了坚实的基础。教师专业发展一方面要求有专业化的组织作依靠，有专业化的行业标准作依据；另一方面要求有能够达到相应专业标准的课程体系作支撑，以教师专业标准为指南的教师教育课程体系是保证教师专业发展的基础。因此，为了更好地研究并推进教师专业发展，就应该研究教师教育课程标准和课程设置，包括目标、结构和内容体系等。

第二节　教师职业发展与教师教育

在讨论教师教育问题，尤其是在讨论教师的职业发展问题时，我们首先要明确核心概念的内涵，把握国内外对这些领域相关问题的研究探讨，然后做进一步的调查研究和分析思考。

一、核心概念

1. 职业发展

职业是社会生产力发展和社会分工的产物。在汉语中，"职业"是指个人在社会中所从事的工作，而且该工作是个人的主要生活来源。英语中的 vocation 表示感觉适合从事并愿投入全部时间和精力的工作；而 profession 表示需要专门训练或专门知识的工作，因其需要较高教育水平而受人尊重。

"发展"一般是指事物由小到大、由简单到复杂、由低级到高级的变化过程。唯物辩证法的观点认为，发展是物质的普遍属性，不以人的意志为转移，发展的根本原因是事物的内部矛盾；发展是一个动态变化过程，具有阶段性的特征。

"职业发展"是指根据专门知识和技能类型而参与社会分工的个体，在承担并完成相应职业职责的过程中，其职业素养、经济收入、社会地位、工作环境、自我价值等方面所表现出的复杂但总体趋向发展的变化过程与状态。

从业者、职业、职业环境构成职业发展的内容要素，其中职业和职业环境是从业者职业发展的外围要素，不受从业者控制。社会地位、工作环境、经济收入和自我价值能够反映从业者职业发展的状况，而职业素养既是职业发展的基础，又能够反映职业发展的变化。

2. 教师教育

"教师教育"（teacher education）就是以教师为教育对象所开展的教育活动和教育内容。在现代教师教育研究中，人们越来越倾向于把职前阶段的教师培养和在职阶段的教师培训统称为教师教育。

3. 课程设置

关于"课程"的概念，古今中外的罗列起来可能有上百条。——罗列不一定能够帮助我们更好地理解这一术语。但从这一术语概念的发展演变可以看出，人们对教育的认识是在不断发展的。

课程设置指学校或其他机构安排的课程的整个范围和特征，或者一个既定时间段之内所安排或设置的课程；也可以用于指给定课程的课程大纲或者课程纲要对相应课程内容的陈述[12]。在一般的理解中，课程设置指的是学校课程表上或者培养方案中所罗列的必修课和选修课等显性课程，不包括学校教育传统、校园文化、教师文化等隐性课程。

"教师教育课程设置"指教师教育机构为职前教师培养和在职教师培训所安排的全部课程范围及其组织结构体系。

二、教师职业发展研究回顾

教师职业发展问题，从职业发展研究角度来看是职业发展主体的问题，从教师发展研究角度来看是发展内容的问题。因此，教师职业发展问题研究既可以是职业发展研究的课题，也可以是教师发展研究的课题。国外职业发展研究在 20世纪 20 年代就已经有成果，教师发展研究兴起并发展于 20 世纪七八十年代的欧美国家，我国教师发展研究稍晚于欧美国家，始于 20 世纪 90 年代。

（一）职业发展的相关研究

职业发展研究起源于西方，因此国外的相关研究成果比国内的相关研究更加丰富、系统，科学性更强，理论水平更高。

1. 国外对职业发展问题的相关研究

国外对职业发展问题的相关研究从内容的性质角度来看主要包括职业理论研究和职业发展实践研究两大类。杜安·布朗（Duane Brown）首次从全球化及多元文化的角度全面、细致地阐述了职业信息的识别与评估，同时对职业发展实践的理论基础，如成人学习理论、社会经济理论、后殖民主义理论、特质因素理论、决策理论等进行了回顾和分析，着重探讨了职业发展的技术与策略[13]。奥德丽·科林（Audrey Collin）分析、比较了职业心理学与组织管理学在职业选择、职业发展与职业管理等方面的不同观点，提出把两个视角相结合思考职业研究与职业实践问题[14]。

第一，职业理论研究。国外多从职业心理学、组织管理学（包括组织行为学、人力资源管理）等视角研究职业理论，内容包括职业选择理论、职业发展理论和职业管理理论等。比较有影响的职业选择理论有特质因素理论、人业互择理论、择业动机理论、动力学理论、社会认知理论及职业锚理论。比较有影响的职业发展理论有职业生涯阶段理论、职业生涯发展阶段理论、职业生涯发展理论、职业发展阶段模型、社会认知职业理论、职业发展的混沌理论等。

第二，职业发展实践研究。国外对于职业发展实践问题的探讨主要集中于职业适应（职业调适）、职业咨询与职业发展评价。很多研究职业发展问题的学者认为，对职业环境、职业内容和职业要求的适应或调适能力对于从业人员的职业发展至关重要。研究者们从职业心理学、职业动力学和社会学的角度研究了职业适应问题，提出了工作调适理论、二元因素理论、价值差异理论。很多研究者认为，通过在适应过程中所作的积极改变（调整）能够改善我们的职业运行状况，职业适应理论或原理可用于职业诊疗[15]。由于从学校到职场的过渡对于个体获得经济及社会地位影响深远，是职业发展的核心阶段，因此适时调整职业志向才能从学校成功过渡到职场[16]。早期的职业适应研究对象大多是移民者或者迁移到城市里的人、跳槽者、失业者与残疾人，研究内容主要集中在职业适应的过程、周期与阶段、影响因素以及职业适应理论的实践应用等方面。研究者们认为，造成职业适应困难或影响职业发展的因素很多，如情感因素、价值观念、职业能力、职业角色、职业培训、工作环境，以及诸如文化和教育背景、语言能力、普通智力等。从心理学的角度来看，人格发展模式、心理素质等都会影响职业适应，做积极改变（调整）能够改善职业运行状况[15]。克赖茨（Crites）认为自我效能感、控制欲和职业锚是职业调适的决定因子，我们会在工作中受内、外因素的刺激而作出不同的行为表现，如寻求工友认可、赢得威望、争取更大工作自由等。如果由于外部环境导致工作受挫或者竞争加剧引发冲突，就会主动采取措施进行调节，这样就能够削弱受挫程度或者降低冲突。如果措施得当，那么职业调节就能够成功，就能够体验工作满足感或者成功感，或者兼而有之；相反，如果措施不当，不能暂时或者永久性地解决问题，挫折或冲突将会持续，职业调节就会失败[17]。泽拉·金（Zella King）认为人们通过职业定位、自我影响、边界管理等三种职业自我管理行为即职业调适行为消除职业障碍，获得职业适应并进而谋求职业发展，而其决定因子是克赖茨职业调适模式中的决定因子[18]。初职阶段对于个体获得经济及社会地位影响深远，是职业发展的基础，因此从业者能否适时调整职业志向决定了其初职阶段能否成功获得职业发展[16]。迁移者对同事或伙伴的地缘或态度相似程度的认识影响他们的人际关系，并进一步影响他们能否长期较好地适应组织；迁移者对工友的教育与性别等表面相似性的认识会促使他们积极主动的适应行为[19]。导致不同群体职业不适或职业发展困难的原因不同，因此有不同的职业调适策略。对于乡村地区没有技术专长的人群进行劳动技能培训能够提高他们的职业适应能力，进而改善他们的生活；而对移民进行多元文化和语言技能培训可以帮助他们克服职场中的语言和文化障碍，顺利开展工作。

　　职业实践研究的另一个重要内容就是职业咨询与职业发展评价。调查、了解求职者的职业兴趣是职业咨询的核心内容，国外很多研究者探讨了职业兴趣的种族/民族组间差异。尼塔·坎特勒里（Neeta Kantamneni）分析了南亚裔美国人的职业兴趣结构、表达的职业兴趣与测得的职业兴趣之间的一致性以及环境因素与职业兴趣一致性之间的关系，发现女性南亚裔美国人的职业兴趣体现出 RIASEC 球形模式，符合霍兰德的职业性向模型中的半环形和循环型变量；而文化适应、文化价值观与性别等与职业兴趣一致性没有关系[20]。职业理论研究和实践探讨为职业发展评价工具的编制提供了依据。克赖茨从职业选择内容（职业选择的一致性和职业选择的现实性）和职业选择过程（职业选择能力和职业选择态度）等方面构建了职业发展模型，并制定了学生职业成熟度问卷和成人职业成熟度问卷（CMI）。休珀（Super）研制的职业发展问卷（CDI）从职业规划、职业探索、职业决策和信息四方面对职业成熟度进行评价。泰勒（Taylor）和贝茨（Betz）以克赖茨的职业选择能力为基础设计了职业决策自我效能感量表（CDMSE）。这些职业发展评价问卷的临床应用，借助于大数据处理分析手段，为诊断职业倦怠、克服职业发展的"高原现象"或"平原现象"提供了最直接、最真实的依据，有利于职业发展策略的选择与方案的制定。

　　2. 国内对职业发展问题的相关研究

　　国内对职业发展问题的研究主要围绕不同人群的职业发展、影响职业发展的因素、促进职业发展的途径和方法、职业发展课程设置与实施等几个方面的内容。

第一，不同人群的职业发展。国内研究者较多关注教师和学生这两个群体的职业发展，也有研究者探讨了新生代农民工、公务员、企业员工等人群的职业发展。对学生职业发展的研究包括学生职业发展的教育机制和职业发展平台的构建。大学毕业生的职业发展质量主要受家庭、院校和职场三类因素影响，因此可以构建包括职业能力素质、生涯规划能力、院校质量和实习实践四因素构成的大学生职业发展质量的院校影响模型[21]，以"理训一体、实践育人"为理念，构建学生知识、能力、素质和个性发展"四合一"的职业发展教育实训体系[22]，通过职业理想指导、专业师资辅导、校企合作培养等途径提升大学生职业发展能力[23]。有研究者从"成长力"的角度探讨了家庭经济困难学生的职业发展[24]，有人提出利用积极心理学帮助学生做好职业发展规划[25]。除大学生之外，还有研究者探讨了知识型员工职业发展途径的设计与实践、互联网企业员工的职业发展压力对离职的影响、少数民族员工在民营企业中的职业发展以及女公务员的职业发展模式。

第二，影响职业发展的因素。研究者们把影响职业发展的因素分为个人因素及外部因素。个人因素包括性别、受教育程度、人际交往能力、个人知识管理、职业素养及其他素养等，外部因素包括环境、文化传统、社会资本等。从生涯发展的角度来看，职业能力和基本素质受童年时代的家庭生活、青少年时代的学校生活以及婚姻生活的综合影响[26]。家庭、社会环境、性别以及个人素养等是影响职业选择的主要因子。对大学毕业生而言，社会资本（家庭背景）、人力资本（自身学业成就、综合素养）的影响最大，而对自我价值的追求、对职业价值的认识、对特定职业的情感以及对职业价值认识与职业情感形成有重要影响的社会思想与行为、网络信息环境等都影响他们职业选择的类型和倾向。

第三，促进职业发展的途径和方法。由于不同人群、不同职业类型的职业发展受不同因素的影响和制约，因此促进职业发展的途径和方法也很多。例如，创新人才培养机制，让企业或其他用人单位参与人才培养，可以有效促进学生的职业发展[27]。以提升学生的职业发展能力为导向，改革教学目标、教学模式、教学方法、教学评价和师资培养等[28]。以无边界职业生涯发展为指导，整合组织与个人职业发展目标，建立个人和组织职业发展的双赢模式[29]。

第四，职业发展课程设置与实施。国内很多研究者对职业发展课程的设置、实施、改革等内容进行了探讨。研究还涉及职业发展与就业指导课程的实践教学、实践教学体系构建、师资队伍建设、课程建设、教学模式、课程评价体系等内容。有人认为，职业发展教育的价值体现在以人为本的理念价值、人职匹配的社会价值和终身发展的教育价值[30]。有研究者提出了职业生涯发展课程的普适性、灵活性和经验性的设计理念以及师生共同参与校本大学生生涯发展课程的观点[31]。

（二）教师职业发展的相关研究

教师职业发展包括教师群体的发展和教师个体的发展两个方面，教师群体的专业发展表现为跨领域的合作项目、专业学术会议、教师专业发展协会等,教师个体的专业发展表现为教学工作改进、在学校安排下参与指导工作、访学、获得资格证书等。

1. 国外对教师职业发展的相关研究

国外对教师职业发展的相关研究,从内容角度来看主要包括理论基础探讨、教师职业发展的途径或方式、影响教师职业发展的因素等;从研究的地缘范围来看,主要是国别及区域研究。另外,还有专门探讨初始教师专业发展的研究。

第一,教师职业发展研究的理论探讨。国外研究者从活动理论、动力学理论、建构主义理论等角度对教师职业发展的理论基础作了多维度的探讨。活动理论研究的基本内容是人类活动的过程,是人与自然环境和社会环境以及社会群体与自然环境之间所从事的双向交互过程,是人类个体和群体的实践过程与结果。以动力学理论为基础的教师职业发展研究主要探讨其发展过程及影响因素。群体动力学亦称"团体动力学",主要研究群体的凝聚力、群体压力和社会规范、群体目标和成员的动机作用、群体的结构特性等。建构主义理论者认为,教师专业发展不仅仅是一个技能训练过程,更是一个文化建设过程,受学校课程的连贯性影响,专业发展的意义是促进教师建构新的教学理论与实践知识,帮助他们提高专业水平。有研究者认为,教师专业发展模式为考察教师专业发展对教师职业的影响提供了有益参考,但教师职业的复杂性和情景性限制了这一评价模式[32]。

国外研究者以实证和对比等方法对教师发展进行了大量的国别和区域研究,包括中国内地和香港,以及斯里兰卡、墨西哥、南非、韩国、巴基斯坦、智利等国家和地区。研究对象既包括城市学校的教师,也包括农村学校的教师;研究内容既有对教师发展的评估,也有对学生反应的评估。研究者们提出了很多促进教师专业发展的途径和方法,如反思性对话、反思实践、行动研究和叙事研究等。

第二,影响教师职业选择的因素。与其他职业选择一样,教师职业选择也受择业者主观和客观原因的影响。择业者主观原因包括对教师职业价值的认识与判断、对教师职业的兴趣与情感倾向、对适合及胜任教师职业的判断等;客观原因则有社会环境与教育环境、劳动力市场、重要人物影响等。实现自我的个人及社会价值是影响师范生选择教师职业的主要原因[33],另外还有学校的教学环境、工作条件及当时的教育思潮等因素[34]。毕业生的教学理念与他们选择教师职业有着高度正相关性[35]。教师入职意向、职业准备度、就业机会及教师教育类型是影响师范生入职教师职业的主要原因;与工作动机、劳动力市场等因素相比,教师教育的影响更大[36]。

第三,影响教师职业发展的因素。影响教师职业发展的因素包括教师个人方面的因素及客观因素。教师的认识或观念(如对自我及自身能力的认识、对教学和教师发展的认识、对教育价值的认识、对学生的认识等)、教师的专业知识及教育知识水平、专业技能及教育技能水平以及个性特点、兴趣爱好等，都是影响其职业发展的个人因素。国家及地方的教育政策、教育环境、学校的教育传统及条件、社会对教师的期望与支持、家人或其他重要人物的支持、教师之间的相互影响、教育行政部门及学校的管理者、社会其他团体及学生家长等都是影响教师职业发展的外部因素。很多普通教师常常把职业发展归因于机遇。尽管机遇确实有一定的影响，但教师能够、也应当尽早做好自己的职业发展规划，这样当机会来临时才能充分利用机会发展自己。

有研究者抨击了英国、法国、丹麦等欧洲国家的教育政策及其变革，指出这些教育政策对教师和学校的约束越来越多，越来越严，迫使教师沦为向学生传授知识和技能的"专家型工匠"，严重影响了教师的职业认同和奉献精神[37]。因此有研究者指出，教师工作的这些变化导致新生代年轻人不再选择以教师为终身事业[38]。教师队伍的稳定与否可能会严重影响教育质量，因此政府部门和学校应该采取措施提升教师职业的吸引力，招募新教师并稳定教师队伍。为了留住新教师，学校和教育部门应该给予他们工作与生活支持，课程培训员要给予他们教育教学方法与信念支持。新教师不仅须要精通教学技术，还要学会调和自己与其他教师及当地主流价值观和信念之间的矛盾，建立与同事之间的积极友好关系，调和理想化的教学状态与学校现实之间的矛盾[39]。

有研究者运用明尼苏达重要性问卷（MIQ）分析了职前教师的价值观、个人与环境的匹配等对他们理解职业满意程度的作用，发现职前教师非常重视成绩和自主；价值观与他们对未来工作环境预测的匹配程度与他们的职业满意度高度相关[40]。教师教育机构和教师教育工作者要帮助职前教师理解教师角色发展的特点，引导他们反思在应对教师职业挑战的过程中运用的基本策略，帮助他们识别在教育过程中形成的有个人特点的教学理论，进而获得职业发展。

还有很多研究者探讨了与教师职业发展密切联系的职业适应问题。早期对教师职业适应问题的研究多从经济、医学、心理学的角度开展讨论。研究者们探讨了职前教师的角色冲突、人格与职业适应等问题。当然，职前教师不可能一下子就适应新的工作环境，也不可能一下子就适应教学工作。当他们面对工作现实时会有不同程度的不适感，这就是人们所说的"现实休克"。教学效能感及内部动机与职前教师的"现实休克"期望呈负相关关系；而外部动机及混合动机与职前教师的"现实休克"期望呈正相关关系[41]。对于在职教师而言，任职时间越长、工作经验越多，职业适应能力相对越高；工作满意度和职业效能感不是职业适应的维度，而是职业适应过程的结果。

2. 国内对教师职业发展的相关研究

国内对教师职业发展的相关研究更多的是从教师（专业）发展及教师专业化的角度进行的，内容涉及教师发展理论基础、影响教师专业发展的因素、教师发展途径和模式，也包括教师专业发展与师范院校教师教育课程改革。此外，研究者还探讨了与教师职业发展密切相关的职业选择与职业适应问题。有研究者从教师职业生涯发展变化的角度分析了教师群体、教师个体、教师教育的不同状态，提出教师发展的路径是从自在到自为、从自为到自觉[42]。

第一，理论探讨。叶澜教授等从构词方式角度提出"教师专业"的发展与教师的"专业发展"两种理解[2]。教师的专业发展即指教师通过接受专业训练和自主学习，逐步成为一名专家型和学者型教师，不断提升自己专业水平的持续发展过程，是教师由非专业人员成长为专业人员的过程。研究者们以建构主义理论、活动理论及动力学理论等为基础探讨教师的专业发展。我国教师教育哲学实现了三大跨越，即在教师教育理念方面从知识本位转换到人本位，在教师教育时空范围方面从岗前教育转换到终身教育，在教师教育实践方面从自己聪慧到授人智慧[43]。教师专业发展研究也发生了质的变化，即"从教师群体专业化到个体教师专业化再到群体专业化、从考察影响教师专业化的外部因素到探究教师专业化的个体内在动因、策略再到专业发展标准重新成为关注焦点的转变过程"[44]。有研究者批判了集中于提高教学能力的教师专业发展研究与实践脱节的局限性、狭隘性与损害性，认为教师职业发展研究具有教师专业研究难以替代的重要学术与实践价值；国内延循西方研究教师专业发展的方式，忽略了中西经济与学校组织的差异[45]。

第二，影响因素。影响教师发展的因素是多方面的，也是错综复杂的。从因素来源角度来看，可以分为教师个人方面的因素及外部因素。外部因素主要有学校环境与管理体制、职业发展机会及其分配、教学实践条件及其他教学资源，以及国家和地方的教育政策等。个人因素（主观因素）包括教师的理念（如教师信念、对教师职业价值的理解、对教师职业的认同程度和幸福感、对教师职业道德的理解、教师职业发展规划意识、终身学习理念、教学改革的意识及人才观、学生观、课程观等）、专业知识与技能（如对教材的认识及处理能力、学科知识及专业技能、教学环境的应对能力、职业发展规划知识与能力、教学改革能力等）及教师个人其他因素（如性别、工作时间长短、工作岗位性质、教育与文化背景等）。乡村女教师职业发展的"玻璃天花板"现象折射出社会、组织、个人层面众多因素的复杂影响[46]。社会阶层背景对大学教师的职业发展存在显著影响[47]。因此，对教师而言，建立健全职业发展机制和社会支持体系是促进职业发展的关键外部条件。缺少科研经费和项目支持、职称职务晋升困难和缺少进修机会是当前青年专任教师职业生涯发展面临的主要困难[48]，而社会资本对高校青年教师的职业发展也有重要影响[49]，社会资本的生产性提供了高校青年教师的职业支持，而社会资本的转换性促进了高校青年教师的职业发展[50]。对于农村中小学教师而言，生理疲惫常常影响他们的职业发展，而他们的学历水平、所在学校的类型及他们所教授的科目等则影响他们的职业倦怠[51]。职业选择受个人和组织经济利益的驱动，个人环境对教师职业发展的个性特征、组织环境对职业发展的共性特征、社会文化环境对职业生涯观都有重要影响[52]。

第三，发展模式。研究者们探讨了不同类型的教师发展模式，包括反思模式、参与式模式、培训模式、行动研究模式、合作模式等。叶澜教授提出，要保障教师的专业发展，首先要改善教师实现发展的生存环境，消除教育行政部门和社会各界对教师专业自主权的侵害，在教师教育中也要体现教师的专业自主权；其次是要提升教师实现发展的自觉，把参与变革的自觉转化成自我更新的需要，发挥教师作为"人"的主观能动性，提升创造自觉[53]。国外常见的教师专业发展过程模式有行动研究、协作解决问题、个人自我指导、听课与教学评价以及培训，而对发展过程模式进行选择的基本策略有教师取向策略、目标取向策略和双重取向策略[54]。随着信息技术在教育中的广泛应用，教师如何利用现代信息技术促进自己的专业发展也是一个值得探讨的话题。有研究者从成人学习理论、建构主义理论等角度出发，指出混合式研修是信息技术时代教师专业发展的新途径[55]。也有研究者从哈伯马斯的交往理论的角度提出，教师通过反思、师生对话和集体对话等途径可以促进合理交往，从而推动职业发展[56]。有研究者提出，改进中小学教师绩效管理方式，建立"发展性教师评价制度"，是推动中小学教师专业发展的突破口[57]。也有研究者通过总结改革试验的经验，提出了分层运作、多维融合、载体推动相结合的"教研训一体化"教师专业发展新模式，即"北仑模式"[58]。针对基础教育课程改革实施与发展的新要求，很多研究者提出须要对传统的教师培训模式进行改革，"校本培训模式""教师发展学校""研训一体化"等概念越来越受关注。"菜单式"培训以及"学分银行"等也在教师培训实践中逐渐试验和推广。

第四，职业选择。国内对教师职业选择的相关研究相对而言还比较少，大多围绕影响教师职业选择的因素。很多人选择教师职业不仅仅是为了谋生，而影响教师职业选择的原因也是复杂的。从职业锚理论的角度来看，职业满意感对于新手教师继续从事教师职业有重要意义[59]。从社会学理性选择的角度来看，西部农村地区代课教师选择教师职业是一种兼具生存理性、经济理性与社会理性的理性行为[60]。从工作满足感的角度来看，师生关系、自我实现、工作晋升等方面的高满足感及待遇与收入、与学生家长关系等方面的低满足感对教师职业选择有不同影响[61]。期望过高，工作繁重，角色复杂，薪酬低下等都极有可能导致人们放弃教师这一职业[62]。

第五，职业适应。对于教师职业适应问题，国内研究者大多从教师职业发展的角度，在描述教师职业适应现状的基础上分析影响因素并探讨提高教师职业适应的策略。影响教师职业适应的因素可分为教师个人因素、外部环境及其他因素。很多研究者主张教师要通过提高自己的心理素质来提高职业适应能力。此外，影响教师职业适应能力的个人因素还有自身特征、文化程度和职称高低、教师的职业信念、职业素养和职业能力等。除教师个人因素之外，一些外部环境因素也影响教师的职业适应，包括学校和社会两个大的层面。学校层面的影响因素有学校环境（包括物理环境如校园大小、建筑物布置、绿化与美化情况等，以及人文环境如人际关系、校园文化、教育传统等）、学校教学条件（如多媒体和网络配备情况、教室大小和数量、图书资料等）、教师教育与教学实践（如课程设置与课程安排、不同性质课程的课时比例、实践教学的组织与实施等）、学校管理（如教师评价与激励机制）、给予教师的职业发展机会（如培训和脱产学习进修）。国家层面的影响因素有教育体制与政策改革、课程改革、教师资格、教师评价、职称晋升等，其他因素，如社会主流对教师职业的认识与评价、对教师职业的期望，以及教育、文化、经济发展的区域差异等。另外，在教育改革、经济转型、科技剧变等宏观背景的影响下，教师面临角色冲突、角色模糊和角色超载所带来的职业压力。研究者们从教师个人、学校、教育部门及教师教育机构等不同主体维度探讨了提升教师职业适应能力的策略，建议提高教师的心理素质、转变角色意识、提升职业能力及改革教师职业培训等。很多研究者提出要重视新教师的入职教育和培训，以此提高他们的职业适应能力。

三、教师教育课程设置研究

教师教育课程设置研究以教师教育的基本理论及课程设置的基本理论为理论基础。教师教育课程设置受人们对教师教育认识的影响，而人们对教师教育的认识随着教育科学的发展而变化。国外有的学者把教师教育称为师资培训（teacher preparation），而在早期的文献里常用教师培训（teacher training），近年来用教师教育（teacher education）来表示这一概念。国内有研究者指出，教师教育哲学实现了三大跨越，即在哲学理念上从知识本位到人本位、哲学时空上从岗前教育到终身教育、哲学实践上从自己聪慧到授人智慧[63]。教师教育哲学思想的大转变，既受教育与社会大环境变化的影响，也受教育科学发展的影响。作为教师教育研究的最重要内容，教师教育课程设置研究也受到重视。

（一）国外关于教师教育课程设置的研究

国外早期对于教师教育课程设置的研究以对传统教师教育及教师教育课程设置的批判和反思为主要内容。随着人们对教师专业发展阶段性特点认识的深化以及教师教育途径的多样化发展，教师教育课程设置也表现出新的特点。对教师教育认识的改变和深化，影响到人们对教师教育课程及教师教育课程设置的认识的变化，当人们普遍认同教师职业的专业性特点之后，就会认真思考教师教育中教师职业素养、教师职业身份、理论与实践等问题。

1. 对传统教师教育及教师教育课程设置的批判与反思

国外研究者对传统教师教育及教师教育课程设置的批判主要围绕教师职前教育与在职教育的脱节、教育方式及课程设置中轻视实践等问题。20世纪中期以后，研究者们对教师教育课程的批判更加猛烈，如学科知识关注不够、实践体验机会不足等。有学者建议实施五年制职前教师准备计划（四年的大学学习加一年的教育专业培训），开设诸如教育基础课程、教育专业课程、教育实习课程等课程内容，并建立大学与中小学校的合作伙伴关系，创建学校教育的生态模式。

　　由于职前教师教育内容脱离学校教育实际，培养的"准教师"难以胜任甚至无法担当教育教学工作。19 世纪时师范院校采用"观摩-演练"模式培养师范生的教学技能，但也没有给他们提供练习具体教学情境的机会。师范院校虽然组织职前教师练习"提问""设计教学""演示与解说"等微教学技能，但是没有结合中小学校具体的教学内容，只是为了让师范生学习这些微教学技能而练习。19 世纪末，教育学被列为师范生的必修课程，要求学生学习与课堂教学、学校及班级管理、学生课外活动辅导、教职工人际关系、校内团体成员人际关系、专业与个人进步、学校植物与设备等相关内容。传统的教师教育过分强调备课、课堂管理等准备性教学工作，而没有给学生练习实施教学方案的机会；教师教育工作者容易忽视特殊的学术知识以及关于儿童、学习、文化等能够构建和帮助教师进行教学实践的知识。教师教育课程不重视教学业务，师范生的学习目标只是强调讨论和分析学校、课堂并"反思"实践的能力，而与教学任务和教学活动没有关联性[64]。很多研究者批评教师教育课程没有突出教学业务能力培养的中心地位，没有给学生提供新手教师掌握教学核心任务的机会[65]。

　　教师教育课程设置的另一个缺点是没有明确区分教师作为教师的角色与作为课程领导者的角色的差异，或者说没有重视对职前教师课程领导能力的培养。尽管早在 20 世纪 20 年代末就有学者呼吁教师参与课程开发，他们认为教师参与课程开发有助于更好地了解和满足学生的需求，但在实践中并没有真正地给教师赋权。到 20 世纪末时，很多课程学者要求以让教师控制课程的方式来给教师赋权，把教师置于课程开发、实施与评价的中心，通过让教师参与课程管理来实现基础教育改革的基本目标。教师教育机构应当为职前教师开设相关的系列课程，包括以教育史、教育政策及多元社会中复杂的教育实践为内容的调查课程；以学习心理学和学习的认知过程为核心的课程；课程理论及批判教学论。扎实的课程知识是教师履行课程领导角色的基础，而课程知识来源于教师教育机构开设的课程，贯穿专业发展的所有活动[66]。

　　2. 对教师教育课程结构设置的探讨

　　不同国家对于教师教育有不同的课程设置及时间要求，一般包括学科内容、教育学基础、专业学习（如教学论与教学法课程）、儿童发展、见习等课程和环节。总的趋势是，教师教育初期以学科内容教学为主，见习及新教师入职阶段以教学法为主。不论是政府还是教育界，越来越多的人认识到从教师职前、入职和在职整体考虑和研究教师教育课程设置的重要性，强调既要重视各阶段课程设置的差异性，又要重视各阶段课程设置中的实践环节。实践教学是教师教育课程的重要环节。

职前教师教育课程设置受到高度重视。20 世纪 80 年代以来，很多国家和地区都在教师教育结构方面做了重大调整，把教师教育纳入本科教育阶段，增设了教学法课程，强化实习或实践。为了帮助职前教师能够迅速、有效地适应教学工作，重新设计教师职前教育课程就十分必要，包括拓展实践经验、开展问题解决式学习等[67]。教师的职前教育准备程度及态度与课程的成功实施有很强的正相关关系，职前教育越丰富的教师在讲解课程的核心概念时自信心越高[68]。教育实习能够促使职前教师对课程价值判断的改变，并进而调整自己的行为以适应教师职业的要求。肯德尔（Kendall）等对初职教师培训的室外教育（education outside the classroom，EOtC）培训范围和性质进行了研究，结果显示不同的参与者对这一培训模式的效果有不同的评价，而这一模式的实施也受资金、课程变化及初职教师培训期望等因素的影响[69]。

很多研究者都重视教师专业发展训练对于在职教师发展的重要性。盖茨（Gates）等的调查研究结果显示，接受过专业发展训练的教师更倾向于在课堂教学中实施个性化教学技巧与策略；教师对个性化教学策略如合作学习、见习、班会等的掌握有助于他们在教学过程中的运用[70]。教师要全面认识和理解个性化教学，就需要专业发展训练。不同研究者对于美国盛行的选择性教师资格证书课程（ATCPs）持不同的观点和态度，有研究者批判其课程逻辑模式，也有研究者质疑这种课程模式培养教师职业技能的实效性。

3. 教师教育课程设置的价值取向

对教师教育课程设置依据以及内容要素的认识反映出课程设置者的价值取向。国外研究者探讨了不同价值取向的教师教育课程设置特点：学术（知识）取向的强调教师对学科知识的系统学习，技术取向的强调教师掌握教学知识与技能，个人取向的强调教师个人的心理发展，实践取向的强调教师作为研究者和工作者的融合，社会批判取向的强调教师是社会变革的中介。

实践取向的教师教育课程在结构上与传统的教师教育课程截然不同，强调教学实践必需的有用知识。教师教育工作者指导并参与职前教师的实践教学过程有利于培养和提高他们备课能力及处理学生冲突的能力，让职前教师置身于实践情景之中，围绕教师工作记录来编排他们的学习，包括学生作业和作品的复印件、课堂教学录像以及课程材料样本。传统的教师教育要求学生要有学科专业或者"教育"专业，在师范生学完系列课程（包括学科方法论、教育心理学、教育学基础、实习等）之后就可以申请教师资格，对师范生的评价主要围绕他们完成这些课程传统的书面作业的能力。而强调教学实践的教师教育课程以具体的教学行为作为组织焦点，包括对教学实践知识的直接评价及对教师开展具体教学任务能力的直接评价。有研究者分析了职前教师教育课程，细化教学工作（包括把教学实践"分解"成小的组成部分），识别"高频"教学行为并作为职前教师教育的中心内容，强调并创造易学的"无形"工作任务；精心设计教学机会，让新手在全面开始教学工作之前排练高频教学行为、练习仿真教学；精心设计学习教学的特殊情景（包括虚拟的和真实的）以体现真实课堂教学考验能力的特征[71]。还有研究者把有明确要求的"教学活动"看作是教师教育可用的组织焦点，认为这些活动可用作动态教学工作"稳定而可排演的背景"[72]。

　　另外，有研究者探讨了职前教师教育课程对师范生的教学效能感以及专业态度的影响，结果显示教师教育课程对师范生的教学效能感有中等程度的积极影响，师范生对专业也表现出中等积极态度，但高年级师范生的积极程度远远高于低年级师范生的积极程度[73]。还有研究者研究了课程映射过程及其对组织对外英语教学（TESOL）教育硕士课程实践课程的影响，课程映射为教师参与开发明确而具有发展性的实践活动提供了结构框架，还能促进 TESOL 教师与实践指导员的合作以及与教师教育课程领域其他教师之间的合作[74]。

　　（二）国内关于教师教育课程设置的研究

　　我国教师教育体系从 20 世纪 90 年代以前的师范大学、师范专科学校（教育学院）、中等师范学校三级教师教育体系转变为师范大学、师范专科学校（教育学院）两级教师教育体系。职前、职后一体的教师教育课程体系得到越来越多研究者的认可。也有研究者对在职教师的培训模式进行了剖析与反思，提出构建由"主题讲座""课例实践""辩课互动""点评提升""研修反思"五个环节组成的"五段互动式"培训模式[75]。

　　国内对教师教育课程的研究在数量上还未能充分体现教师教育课程的重要性。研究内容涉及两个主要方面：一是我国教师教育课程设置现状与弊端、改革与实验、经验总结等，二是对国外教师教育课程设置的介绍与对比分析。

　　1. 对国内教师教育课程设置的分析和探讨

　　在基础教育及高等教育改革的大背景下，我国教师教育课程经过近二十年的改革，取得了很大成绩，如明确了以教师专业发展为导向、强调与基础教育相联系、重视对师范生实践能力的培养等，确立并逐步体现育人为本、实践取向和终身学习的教师教育课程设置理念。

　　国内研究者对教师教育课程设置的探讨大多伴随对教师教育制度和模式的探讨。从对我国教师教育制度变革的梳理中可以看出，以师范性与学术性高度融合为特征的现代教师教育课程体系正在逐步形成和发展过程中[76]。我国教师教育课程改革体现了对教师教育课程概念的界定、教师教育课程的组织与实施理念、教师教育实践课程的质变三方面的特点[77]，师范院校应在教师教育一体化课程建设中发挥主动作用[78]。很多研究者致力于探讨职前教师教育课程体系的建构，如不同学段职前教师教育课程的目标和师范大学教育学院教师教育课程体系，提出了"领域+模块+科目"的教师教育课程结构体系以及层次、专业、职前与在职、理论与实践等"多维立体"的教师教育课程体系[79]，也有研究者提出构建"通识+学科+资格+素质"的教师教育课程体系[80]。研究者们在剖析现有教师教育课程体系的基础上探讨改革教师教育课程结构、课程类型、课程内容等，提出教师教育课程设置及内容选择的系列原则，如动态性、开放性、发展性、前沿性、综合性、实践性、基础性等。很多研究者都认同实践性课程在教师教育课程体系中的重要性。除通过个案分析详细阐述实践性课程建设之外，还对建设体验、实验、践行、研究四个不同层面的教师教育课程体系进行了分析[81]。

近三十年来，九年义务教育全面普及、十二年义务教育逐步扩展、高等教育毛入学率大幅度上升等把我国的教育事业推上了历史新高度，对教师队伍的数量和质量要求越来越高。我国师范院校和教师教育机构承担着为支撑世界上最大规模基础教育提供师资保障的艰巨使命，在教师教育体系改革与建设、教师教育制度保障、教师教育培养质量和教师教育培养模式改革等方面也取得了辉煌成就。现代教师教育制度建设的探索、教师培养模式和教育教学改革等为建设高素质的教师队伍奠定了基础。在肯定我国教师教育课程设置改革成绩的同时，很多研究者认为我国教师教育课程设置仍然存在很多问题与弊端，如在课程价值取向方面表现为过分重视知识与学术而轻视人的发展，在课程实施方面表现为重视理论讲授而轻视实践操作，在课程内容方面表现为重视学科专业知识与技能而轻视教育教学知识与技能。我国传统的教师教育目标不明确或不科学（如以学科专业目标替代教师教育目标）、教师教育课程结构不合理（如基础课程薄弱、教育课程比例低、实践课程不足等）、教师教育课程内容不能满足教师专业发展的需要、职前与职后教师教育脱节、教师教育课程的学术性和师范性或理论与实践之间不平衡。

当然，教师教育课程体系建设不是一蹴而就的，通过回顾与反思我国教师教育课程建设以便吸取教训、总结经验，为推进教师教育课程体系建设奠定基础。有研究者批判了教师教育课程设置的技术理性价值取向（培养教学技术员的教师教育课程），提倡实践的价值取向，即以"反思性实践"认识论和整合课程观为理论指导，培养教师"反思性实践者"的专业形象，教师教育课程的目的是为课程学习者建构与积累实践性知识服务。还有研究者以多尔（W. E. Doll）的"过程导向"课程观为基础对职前教师教育的实习课程进行了批判，试图以此课程观来指导教育实习课程的目标、内容、组织、实施与评价等[82]。

由于本书第五章和第六章在探讨教师教育课程设置时以英语教师教育课程为例，故有必要在此先了解一下国内对英语教师教育课程设置的相关研究观点。国内研究者对我国英语教师教育课程设置进行了调查研究，认为我国目前师范类英语专业课程的课程结构、教学方式、课程资源等方面最大的缺陷就是过分强调语

言与文学，忽视英语教师教育。有研究者从后殖民主义课程观的角度对我国英语
文学教育及课程进行了剖析，批判了英语语文教育工作者学科意识淡薄、课程理
念阙如、课程责任感匮乏、对英语文学理解偏差等缺陷，提出从后殖民主义的文
化批判态度和反话语霸权的立场出发实现英语文学课程范式的变革[83]。师范院校
教育课程设置对职前英语教师专业化发展有重要预测作用，外语教育心理学类课
程、外语教学策略学类课程、外语教学个案研究类课程、外语教学与科研方法类
课程等与师范生的教师专业化发展水平之间存在明显的正相关关系，在教师知识
结构、能力结构、教师反思等方面表现得尤为明显[84]。传统的外语教师教育发展
理论使外语教师教育课程设置限于以语言学和应用语言学作为单一学科的理论指
导，导致"外语教师教育实践中存在着重学科知识，轻学科教学知识；重语言技
能培养，轻教育理念、语言学习理论和教育心理学理论指导的趋势"，很多外语教
师不能认识到外语教学过程的复杂性，不能认识教育心理学和语言学习理论对外
语教学的指导作用[85]。

2. 对国外教师教育课程设置的介绍与对比分析

我国教师教育研究及教师教育课程设置研究起步较晚，在学习、借鉴国外相
关研究的基础上逐步发展，因此介绍与分析比较其他国家或地区教师教育课程设
置的研究较多。

国内研究者介绍、分析比较集中的国家有美国、英国、日本、新加坡、澳大
利亚、德国、意大利、芬兰、瑞典、土耳其、加拿大、俄罗斯、印度、法国、韩
国、挪威、泰国等。研究者们对这些国家的教师教育课程设置进行了研究，分析
了它们的特点及优点，如教师教育课程门类多、覆盖面广，重视连贯与灵活，强
调对职前教师教育教学实践能力的培养，教师教育标准完善。叶澜教授把美国教
师教育课程的研究范式概括为行为主义取向、人格论取向、传统-技艺取向和探究
取向四种，分别指导着以实证主义知识论和行为主义心理学、现象学知识论和知觉
与发展心理学、学徒制、杜威"反省性教师"为理论基础的教师教育课程研究[2]。
学术取向、专业取向、社会（公正）取向是 20 世纪 80 年代以来美国教师教育课
程思想的价值取向，体现了融合与多元模式的思想特征和发展趋势[86]。

也有很多研究者对中外教师教育课程设置进行了比较研究。国外教师教育课
程设置存在很多优点，值得我们学习和借鉴。很多国家如美国、英国、法国、日
本、俄罗斯等都非常重视教师教育标准的研制和完善，有的国家以课程标准为依
据（如英国、法国、日本、俄罗斯等），有的国家以专业标准为依据（如美国）。
教师教育课程标准的内容包括教育价值观、教育信念、教师职业道德、教师的学
科专业能力和教育专业能力，体现以学生为中心、重视实践及教师能力的培养。
在课程设置方面，国外一些大学非常重视教师教育课程学术性与师范性相结合，
在培养职前教师较高的学术知识的同时也强调教师职业技能的训练，突出教师教

育的高学历层次特点。有研究者从教师教育课程改革历程、社会经济和教育背景的角度分析中外教师教育课程设置的现状及存在的问题与不足，提出教师教育课程改革在专业化、人文化、一体化倾向以及管理体系、教师教育课程标准等方面具有互补性[87]。

四、观点总结

通过对国内外关于教师职业发展和教师教育课程设置问题相关研究的回顾与梳理，我们可以得到如下一些结论，同时也发现一些值得思考和探讨的问题。

职业理论是教师职业发展研究的理论基础，职业发展实践探讨为教师职业发展实践提供了案例。国外研究者以丰富的职业理论为基础对教师职业发展进行了广泛而比较深入的相关研究，研究内容涉及理论基础、影响教师职业发展的因素、教师职业发展途径等；既有国别/区域研究，也有教师个案研究；定量研究与定性研究相结合。国内对于教师职业发展的相关研究还比较薄弱，要实现研究的本土化还需要更多的研究积淀和较长的研究周期。

国内外对教师教育课程设置的相关研究在批判传统教师教育的基础上探讨教师教育课程设置改革。传统教师教育的弊端在于过分强调学科知识，忽视教育知识和实践性知识，忽视对职前教师的教育教学能力及课程能力的培养。不同国家和地区对教师教育课程的内容和结构有不同的要求和规定。国内外研究者重视特定时期的社会、经济、文化、政治等因素对教师教育课程设置及其改革的影响，以及由此带给教师职业发展的影响。越来越多的研究者认识到把职前、入职与在职作为一个整体来思考教师教育课程设置的重要性。

尽管国内外对教师职业发展及教师教育课程设置的相关研究成果比较丰硕、研究方法比较丰富、研究范围比较广泛，但仍然有很多问题没有涉及或者还需要更多的探讨。例如，从教师职业发展的角度对教师教育课程设置进行理论探讨和实践探究的研究还不够多；尽管有研究者探讨了外语教师教育课程设置，也有研究者探讨了外语教师发展，但把两者结合起来探讨的还屈指可数。尽管有研究者认识到教师教育对教师职业发展影响很大，但对外语教师职业发展及教育课程设置的研究成果还不够充足，难以充分揭示教师教育课程设置与外语教师职业发展之间的关系和影响。对职前与在职一体化外语教师教育课程设置的理论探讨还不够深入，实践化成果还难以见到。职前与在职两大阶段的教师教育课程设置如何实现一体化设置？教师教育对教师的职业发展影响很大，那么如何合理设置教师教育课程并有效实施教师教育课程才能促进教师的职业发展呢？从教师作为一个"人"的发展需求的角度及教师职业发展需求的角度来看，如何设置教师教育课程的目标、结构与内容领域？

参 考 文 献

[1] 王伯庆，陈永红. 2019 年中国大学生就业报告[R]. 北京：社会科学文献出版社，2019.

[2] 中华人民共和国教育部.各级各类学校校数、教职工、专任教师情况[EB/OL].[2019-08-12].http://www.
moe.gov.cn/s78/A03/moe_560/jytjsj_2018/qg/201908/t20190812_394241.html.

[3] 中华人民共和国统计局.2018 年年末总人口[EB/OL].[2018].http://data.stats.gov.cn/easyquery.htm?cn=C01&zb=
A0301&sj=2018.

[4] 习近平. 做党和人民满意的好老师——同北京师范大学师生代表座谈时的讲话[R/OL]. [2014-09-10]. http://www.
chinanews.com/gn/2014/09-10/6575002.shtml.

[5] 陈宝生.开启乡村教师队伍建设新征程 谋求教师援藏援疆工作新发展[R/OL].[2017-06-16].http://www.moe.
gov.cn/jyb_xwfb/gzdt_gzdt/moe_1485/201706/t20170616_307067.html.

[6] 中共中央,国务院.关于全面深化新时代教师队伍建设改革的意见[EB/OL].[2018-01-31].http://www.gov.cn/
zhengce/2018-01/31/content_5262659.htm.

[7] 习近平.坚持中国特色社会主义教育发展道路 培养德智体美劳全面发展的社会主义建设者和接班人
[R/OL].[2018-09-10].http://www.chinanews.com/gn/shipin/2018-09-10/news785105.shtml.

[8] 中华人民共和国教育部. 教育部 2019 年工作要点[EB/OL]. [2019-02-22]. http://www.moe.gov.cn/jyb_xwfb/
gzdt_gzdt/s5987/201902/t20190222_370722.html.

[9] 中华人民共和国教育部. 2018 年教育统计数据[EB/OL].[2019-08-12]. http://www.moe.gov.cn/s78/A03/moe_560/
jytjsj_2018/qg/201908/t20190812_394241.html,http://www.moe.gov.cn/s78/A03/moe_560/jytjsj_2018/qg/201908/t2
0190812_394239.html.

[10] 吴艳茹，王雁. 小学教师专业素质的调查分析与思考[J]. 天津师范大学学报（基础教育版），2005, 6(4): 39-43.

[11] 叶澜，白益民，王枬，等. 教师角色与教师发展新探[M]. 北京: 教育科学出版社，2001.

[12] 江山野. 简明国际教育百科全书: 课程[M]. 北京: 教育科学出版社，1991: 132-133.

[13] BROWN D. Career Information, Career Counciling, and Career Development. 10th Edition. [M]. London: Prentice
Hall, 2011: 12-178.

[14] COLLIN A. Multidisciplinary, interdisciplinary, and transdisciplinary collaboration: implications for vocational
psychology [J]. International Journal for Educational and Vocational Guidance, 2009, （2）: 101-110.

[15] BOUTELOUP Z，BELTRAN R. Application of the occupational adaptation framework in child and adolescent
occupational therapy practice: A case study [J]. Australian Occupational Therapy Journal, 2007, 54（3）: 228-238.

[16] TOMASIK M J, HARDY S, HAASE C M, et al. Adaptive adjustment of vocational aspirations among German
youths during the transition from school to work [J]. Journal of Vocational Behavior, 2009, 74（1）: 38-46.

[17] CRITES J O. Testing for career adjustment and development [J]. Training and Development Journal, 1982, 36（2）:
22-28.

[18] KING Z. Career Self-Management: Its Nature, Causes and Consequences [J]. Journal of Vocational Behavior, 2004,
65（1）: 112-133.

[19] KAMMEYER-MUELLER J D, LIVINGSTON B A, LIAO H. Perceived similarity, proactive Adjustment, and
organizational socialization [J]. Journal of Vocational Behavior, 2011, （2）:225-236.

[20] KANTAMNENI N. Contextual factors and interest: Occupation congruence in South Asia Americans' vocational
development [M]. Proquest: Umi Dissertation Publishing, 2011: 180-205.

[21] 陈怡，冉楠，鲍威，等. 应用型本科毕业生职业发展质量的院校影响因素[J]. 北京城市学院学报，2013，（6）:

6-12，18.

[22] 黄燕. 构建大学生职业发展教育实训体系的一些思考[J]. 上海青年管理干部学院学报，2013，（4）：61-63.

[23] 魏萍，李园，戴媛媛. 大学生职业发展能力开发与培养途径研究[J]. 江苏高教，2014，（3）：103-104.

[24] 陆优优. 家庭经济困难学生职业发展教育研究——以"成长力"提升为视角[J]. 思想理论教育，2014，（6）：90-94.

[25] 李超，马迪，张意达. 积极心理学视角下英语专业学生职业发展规划刍议[J]. 西南农业大学学报（社会科学版），2013，（2）：150-151.

[26] 徐改. 成功职业女性的生涯发展与性别建构——基于生活历史法的研究[D]. 上海：华东师范大学，2007：237-262.

[27] 谢璐. 企业在旅游高职院校学生职业发展能力培养中的参与机制研究[J]. 中国成人教育，2014，（9）：108-110.

[28] 杨璐. 试析以提升学生职业发展能力为目标的学科教育[J]. 黑龙江高教研究，2014，（6）：136-138.

[29] 马力. 职业发展研究——构筑个人和组织双赢模式[D]. 厦门：厦门大学，2004：222-242.

[30] 沈新华. 高职院校职业发展教育创新价值探析[J]. 淮海工学院学报（人文社会科学版），2014，（1）：134-137.

[31] 崔智涛. 大学生生涯发展课程设计研究[D]. 上海：华东师范大学，2009：92-110.

[32] COLDWELL M. Exploring the influence of professional development on teacher careers: A path model approach[J]. Teaching and Teacher Education, 2017, 61（61）：189-198.

[33] KREČIČ M J, GRMEK M I. The reasons students choose Teaching Professions [J]. Education Studies, 2005, 31（3）：265-274.

[34] CHRISTOPHER H. Dewey's conception of vocation: existential, aesthetic, and educational implications for teachers [J]. Journal of Curriculum Studies, 2005, 37（4）：441-464.

[35] ROTS I, AELTERMAN A, VLERICK P, et al. Teacher education, graduates' teaching commitment and entrance into the teaching profession [J]. Teaching and Teacher Education: An International Journal of Research and Studies, 2007, 23(5): 543-556.

[36] ROTS I, AELTERMAN A. Teacher training for secondary education and graduates' entrance into the teaching profession [J]. Educational Studies, 2008, 34（5）：399-417.

[37] MARILYN O. Changing the context of teachers' work and professional development: A European perspective [J]. International Journal of Educational Research, 2006, 45（4/5）：242-253.

[38] JOHNSON S M. Having it both ways: building the capacity of individual teachers and their schools [J]. Harvard Educational Review, 2012, 82（1）：107-122.

[39] JONES M. Fitting in, feeling excluded or opting out? —An investigation into the socialisation process of newcomers to the teaching profession in secondary schools in England [J]. Journal of In-Service Education, 2005, 31（3）：509-526.

[40] PERKMEN S, CEVIK B, ALKAN M. Pre-service music teachers' satisfaction: Person-environment fit approach [J]. British Journal of Music Education, 2012, （3）：371-385.

[41] KIM H, CHO Y J. Pre-service teachers' motivation, sense of teaching efficacy, and expectation of reality shock [J]. Asia-Pacific Journal of Teacher Education, 2014, 42（1）：67-81.

[42] 王枬. 教师发展：从自在走向自为[M]. 桂林：广西师范大学出版社，2007：40-41.

[43] 包国庆. 教师教育从传统到现代的哲学跨越[J]. 教育导刊，2005，（10）：17-20.

[44] 肖丽萍. 国内外教师专业发展研究述评[J]. 中国教育学刊，2002，（5）：57-60.

[45] 刘录护. 科层制学校中教师职业发展的民族志研究——兼对教师专业发展研究的反思与比较[J]. 学术研究，

2017，（2）：49-58.

[46] 李长娟. "玻璃天花板"下乡村女教师职业发展的现实表征与突破路径[J]. 河北师范大学学报（教育科学版），2017，（4）：121-125.

[47] 李爱萍，沈红. 社会阶层背景对大学教师职业发展的影响——基于"2014大学教师调查"[J]. 中国高教研究，2017，（2）：75-81.

[48] 庄丽君，刘晶，施枫. 北京市属高校青年专任教师职业发展现状研究[J]. 中国电力教育，2014，（20）：27-28.

[49] 葛林波. 社会资本视角下高校青年教师的职业发展路径[J]. 中国青年研究，2014，（5）：65-67.

[50] 季春梅. 社会资本视域下高校青年教师的职业发展[J]. 江苏高教，2013，（1）：76-77.

[51] 苏红. 生理疲乏：影响农村中小学教师职业发展——对近千名农村中小学教师职业倦怠情况的整体调研[J]. 中小学管理，2013，（91）：45-46.

[52] 蒋玉梅. 大学英语女教师的职业生涯发展研究[D]. 南京：南京大学，2011：298-315.

[53] 叶澜. 改善教师发展生存环境，提升教师发展自觉[N]. 中国教育报，2007-09-15（3）.

[54] 张治国. 国外教师专业发展中的五种"过程"模式[J]. 外国中小学教育，2008，（3）：33-37.

[55] 蒋国珍. 混合式研修：信息时代的教师专业发展[M]. 北京：高等教育出版社，2011：17-37.

[56] 王嘉毅，程岭. 哈贝马斯交往理论对促进教师职业发展的启示[J]. 教育理论与实践，2014，（13）：43-46.

[57] 王斌华. 教师评价：绩效管理与专业发展[M]. 上海：上海教育出版社，2005：6-10.

[58] 阎亚军，刘信态，唐晓明. 北仑模式：区域教师专业发展探索[M]. 杭州：浙江大学出版社，2013：70-165.

[59] 马永全. 新手教师职业选择稳定性的职业锚思考[J]. 现代教育科学，2008，（10）：69-71.

[60] 刘文华. 农村地区代课教师职业选择的社会学解释[D]. 兰州：西北师范大学，2008：42-46.

[61] 董小存. 中学教师职业选择影响因素研究[D]. 长春：东北师范大学，2010：35.

[62] 刘义兵，郑志辉. 学科教学知识再探三题[J]. 课程教材教法，2010，30（4）：96-100.

[63] 包国庆. 教师教育从传统到现代的哲学跨越[J]. 教育导刊，2005，（10）：17-20.

[64] GROSSMAN P, MCDONALD M. Back to the future: Directions for research in teaching and teacher education [J]. American Educational Research Journal, 2008, 45（1）: 184-205.

[65] LAMPERT M. Learning teaching in, from, and for practice: What do we mean? [J]. Journal of Teacher Education, 2010, 61（1-2）: 21-34.

[66] HANDLER B. Teacher as curriculum leader: A consideration of the appropriateness of that role assignment to classroom-based practice [J]. International Journal of Teacher Leadership, 2010,（3）: 32-42.

[67] SCOTT J L, TEALE W H. Redesigning teacher education programs: how hign can we fly? [J]. The Reading Teacher, 2010, 64（4）: 291-293.

[68] PLEVYAK L H, BENDIXEN-NOE M, HENDERSON J, et al. Level of teacher preparation and implementation of EE: mandated and non-mandated EE teacher praparation states [J]. The Journal of Environmental Education, 2001, 32（2）: 28-36.

[69] KENDALL S, MURFIELD J, DILLON J, et al. Education outside the classroom: research to identify what training is offered by initial teacher training institutions [R]. Annesley: National Foundation for Educational Research, 2006: 62.

[70] KIMBERLY E G. A correlational study of professional development and implementation of character education in elementary schools [D]. Minneapolis: Capella University, 2008:74.

[71] BALL D L, FORZANI F M. The work of teaching and the challenge for teacher education [J]. Journal of Teacher Education, 2009, 60（5）: 497-511.

[72] LAMPERT M, GRAZIANI F. Instructional activities as a tool for teachers' and teacher educators' learning [J].

Elementary school Journal, 2009, 109（5）: 491-509.

[73] BAYRAKTAR S. Turkish preservice primary school teachers' science teaching efficacy beliefs and attitudes toward science: The effect of a primary teacher education program [J]. School Science and Mathmatics, 2011, 111（3）: 83-92.

[74] BAECHER L. Integrating clinical experiences in a TESOL teacher education program: Curriculum mapping as process [J]. TESOL Journal, 2012, 3（4）: 537-551.

[75] 潘世祥. 五段互动式培训: 教师专业发展新路径[M]. 北京: 清华大学出版社, 2013: 4-6.

[76] 鲁静. 我国教师教育课程体系的历史和逻辑分析——以华东师范大学为例[J]. 教师教育研究, 2010, （5）: 66-71.

[77] 王加强. 十年来我国教师教育课程改革与研究述评[J]. 上海教育科研, 2011, （4）: 53-57.

[78] 吴锋民. 教师教育课程一体化建设的实践与思考[J]. 课程·教材·教法, 2013, （3）: 95-99.

[79] 段兆兵, 朱家存. 多维立体: 我国教师教育课程设置的构想[J]. 课程·教材·教法, 2009, （4）: 79-83.

[80] 贺祖斌, 等. 教师教育: 从自为走向自觉[M]. 桂林: 广西师范大学出版社, 2007: 39.

[81] 周晓静. 教师教育实践课程改革与思考——以南京师范大学教师教育课程为例[J]. 中国教育学刊, 2011, （7）: 56-59.

[82] 杨秀玉, 杨勇. 后现代课程观视野下教师教育实习的革新与发展[J]. 外国教育研究, 2012, （8）: 76-83.

[83] 郭洋生. 后殖民课程观与中国英语文学课程范式改革[J]. 高等教育研究, 2012, （2）: 67-74.

[84] 吴莎. 英语师范生教师教育课程设置与教师专业化发展的相关性研究[D]. 桂林: 广西师范大学, 2009: 36-42.

[85] 周燕. 高校英语教师发展需求调查与研究[J]. 外语教学与研究, 2005, （3）: 206-210.

[86] 戴伟芬. 当代美国教师教育课程思想的三种价值取向分析[J]. 教育研究, 2012, （5）: 147-153.

[87] 娜达莎. 中俄教师教育课程改革比较研究[D]. 哈尔滨: 哈尔滨师范大学, 2012: 147-159.

第二章　教师职业发展现状

教师获得职业发展的过程不仅仅是教师的经济收入提高、社会地位上升和工作环境改善的过程，也是教师个人职业理念转变与升华、职业知识丰富与拓展、职业能力发展与提升、职业人格与职业价值观等形成与成熟的过程，是教师个体体验教师职业价值、享受个人与社会价值实现所带来的幸福感与成就感的过程。

教师的职业发展状态怎么样呢？有哪些因素影响着他们的职业发展呢？对教师教育及教师教育课程设置又有什么启示呢？我们以中小学教师为对象进行了调查分析。

第一节　教师职业发展调查

《教师法》明确规定，"参加进修或者其他方式的培训"是教师的基本权利。中小学教师参加培训或者说接受教师教育既是他们的法定权利，更是提高我国教师队伍总体水平、提高教育质量的关键。《教育部关于大力加强中小学教师培训工作的意见》明确了五年之内让全国 1 000 多万在职中小学教师接受不少于 360 学时的"全员培训"计划，而新任教师也要接受不少于 120 学时的岗前适应性培训。

为保障教师管理制度改革顺利推进而又能维护教师队伍稳定发展，教育部和各级教育管理部门采取措施积极组织和实施不同形式和层次的在职教师培训工作，极大地提升了教师队伍的整体水平。从教师培训项目主办方层次的角度来看，我国中小学教师能够参加的教师培训可分为国家级培训、地方培训（包括省级培训和市县级培训）、校级培训等。2010 年以来实施的各类中小学教师国家级培训计划（简称"国培计划"）以及各省市实施的各级中小学教师培训项目，发挥着引导和帮助中小学教师通过继续教育提升自己的专业和综合素养，进而追求教师专业发展的作用。

为了解中小学教师的职业发展基本情况，编制了两个独立问卷，一个着重于了解教师培训与职业发展基本情况，另一个着重于了解教师职业发展程度。第一个问卷通过网络平台发放和收集，第二个问卷则是现场发放与收集。由于调查时间较短，第二个问卷的调查对象都在四川省内。所有数据都运用 SPSS 17.0 进行分析处理。

一、参加培训后的教师职业发展

"教师培训与职业发展情况调查问卷"共计 40 题，前 38 题为选择题，39～40 题为开放式问答题。其中，1～5 题为调查对象背景信息，6～20 题为教师培训基本情况，21～38 题为调查对象参加培训之后获得教师职业发展的基本情况。借助网络平台实施调查，收集了 271 份有效答卷。

（一）调查对象基本情况

调查问卷中涉及的调查对象基本信息包括性别、学历、职称、教龄及任教科目。

271 名调查对象中，男教师 66 人（占调查对象总人数的 24.35%），女教师 205 人（占调查对象总人数的 75.65%），中小学教师队伍女多男少的现象非常明显。

271 名调查对象中，研究生学历教师有 16 人（占调查对象总人数的 5.90%），本科学历教师有 213 人（占调查对象总人数的 78.60%），专科学历教师有 40 人（占调查对象总人数的 14.76%），专科以下学历教师有 2 人（占调查对象总人数的 0.74%）。可见，调查对象达到了我国《教师资格条例》规定的学历要求。

271 名调查对象中，获得正高级教师（正高级）职称的有 1 人（占调查对象总人数的 0.37%），获得高级教师（副高级）职称的有 31 人（占调查对象总人数的 11.44%），获得一级教师（中级）职称的有 105 人（占调查对象总人数的 38.74%），获得二级教师（助理级）职称的有 94 人（占调查对象总人数的 34.69%），获得三级教师（员级）职称的有 40 人（占调查对象总人数的 14.76%）。可见，调查对象中初、中级职称的人数比例很高，高级职称的人数比例还较低。

271 名调查对象中，从事教学工作 20 年及以上的有 72 人（占调查对象总人数的 26.57%），从事教学工作 11～19 年的有 85 人（占调查对象总人数的 31.37%），从事教学工作 5～10 年的有 46 人（占调查对象总人数的 16.97%），从事教学工作 5 年以下的有 68 人（占调查对象总人数的 25.09%）。

（二）调查对象对教师培训的基本评价

1. 培训效果评价

第一，培训的层次。从统计数据来看，97.05% 的调查对象认为有必要参加不同层次（包括校级）的教师培训，近三年来每年都参加省级及以上教师培训项目的占 56.83%。有 70.48% 的调查对象认为低层次（学校或乡镇组织的）教师培训次数偏少，有 77.49% 的调查对象认为高层次（教育厅或教育部组织的）教师培训次数偏少；有 50.92% 的调查对象表示更喜欢参加学校或区县组织的教师培训项目，而有 82.66% 的调查对象则表示更喜欢参加教育厅或教育部组织的教师培训项目。有 89.30% 的调查对象表示更希望参加高层次的教师培训项目（如省培和国培）。

第二，培训内容对职业发展的满足度。从统计数据来看，有 82.29% 的调查对象认为大部分培训内容能够满足自己的发展需要，只有 75.28% 的调查对象认为培训的总体效果达到了自己的期望，有 65.31% 的调查对象认为低效的培训项目偏多，有 85.98% 的调查对象认为较高层次的教师培训项目效果更好。不同群体教师对培训效果的评价存在差异（见表 2.1）。

表 2.1　教师培训效果评价

教师类别		培训效果评价比例/%			
		大部分培训内容能够满足发展需要	总体效果达到了自己的期望	低效培训项目偏多	较高层次教师培训项目效果更好
性别	女	80.98	74.63	61.46	87.80
	男	86.36	77.27	77.27	80.30
学历	专科	82.50	80.00	67.50	75.00
	本科	82.63	74.18	64.32	87.79
	研究生	75.00	81.25	68.75	87.50
职称	三级教师	75.00	70.00	77.50	85.00
	二级教师	81.91	75.53	60.64	86.17
	一级教师	81.90	74.29	63.81	85.71
	高级教师	93.55	83.87	67.74	87.10
教龄	5年以下	66.18	64.71	70.59	82.35
	5～10年	80.43	73.91	60.87	91.30
	11～19年	85.88	75.29	63.53	88.24
	20年及以上	94.44	86.11	65.28	83.33
综合评价		82.29	75.28	65.31	85.98

注：样本数 N=271。

2. 培训方式评价

在 271 名调查对象中，有 76.75% 的人认为多数培训方式适合自己的特点。在调查对象中，认为多数培训方式适合自己特点的比例为：男教师 81.82%、女教师 75.12%；研究生学历 81.25%、本科学历 75.12%、专科学历 85.00%；高级教师 83.87%、一级教师 76.19%、二级教师 75.53%、三级教师 75.00%；工作 20 年以上的 88.89%、工作 11～19 年的 80.00%、工作 5～10 年的 71.74%、工作 5 年以下的 63.24%。

在常用培训方式中，仅有 54.24% 的调查对象表示喜欢听专家讲座，有 58.67% 的调查对象表示喜欢自己做教学案例分析，有 89.30% 的调查对象表示喜欢与其他教师共同研讨，有 95.94% 的调查对象表示喜欢观摩名师示范课。不同群体教师对不同培训方式的评价存在差异（见表2.2）。

表2.2　教师培训方式评价

教师类别		培训方式评价比例/%			
		专家讲座	自己做教学案例分析	与其他教师共同研讨	观摩名师示范课
性别	女	49.27	54.15	88.29	96.59
	男	69.70	72.73	92.42	93.94
学历	专科	60.00	57.50	87.50	92.50
	本科	52.11	56.34	89.67	96.24
	研究生	68.75	87.50	87.50	100.00
职称	三级教师	37.50	55.00	82.50	97.50
	二级教师	51.06	55.32	92.55	95.74
	一级教师	59.05	64.76	85.71	94.29
	高级教师	67.74	51.61	100.00	100.00
教龄	5年以下	41.18	54.41	83.82	97.06
	5~10年	50.00	56.52	93.48	93.48
	11~19年	52.94	60.00	90.59	96.47
	20年及以上	70.83	62.50	90.28	95.83
综合评价		54.24	58.67	89.30	95.94

注：样本数 N=271。

（三）调查对象职业发展的基本情况

从上面的数据可以看出，不同性别、职称、学历和教龄的教师参加的教师培训项目存在层次差异，对不同层次的教师培训也有不同的评价和期待。同时，调查对象对培训项目的总体效果、培训方式、培训内容对个人发展的价值等也有不同的认识和评价。

1. 教师参培后职业满意度

从中小学教师对工作与生活状况的满意度、对教学工作与日常生活关系的处理及对教师职业的喜爱程度等方面可以观察他们对教师职业的满意度。

数据显示，有66.42%的调查对象表示在参加教师培训后更满意自己的工作和生活状况，有87.08%的调查对象表示参加教师培训后能够更好地处理教学工作与日常生活之间的关系，有74.91%的调查对象表示在参加教师培训之后更加喜欢教师这一职业。另外，不同群体教师参加培训后对教师职业的满意度也存在差异。

2. 教师参培后教学效果变化

教师参加培训后，在教学水平、上课激情、教学方法、教学手段、学生学习、学生评价、同行领导评价等方面都有不同程度的变化。从教学水平变化情况来看，有83.03%的调查对象表示，参加教师培训后自己的教学水平有了明显提高；在教学行为变化方面，有89.67%的教师参加培训后上课更有激情，95.57%的教师更加重视学生的课堂学习参与程度，95.94%的教师上课采用了更加丰富的教学方法，95.57%的教师上课采用了更加多样的教学手段；在学生、同行领导的评价方面，有89.30%的教师表示参加培训后自己的课越来越受学生喜欢，88.93%的教师表示参加培训后自己的课越来越受同行和领导的好评。

（1）教学水平

不同教师参加培训后教学水平变化程度不同。表示参加培训后自己的教学水平有了明显提高的比例为：男教师78.79%、女教师84.39%；研究生学历教师87.50%、本科学历教师84.98%、专科学历教师70.00%；高级教师87.10%、一级教师79.05%、二级教师88.30%、三级教师77.50%；工作20年及以上的教师81.94%、工作11～19年的教师81.18%、工作5～10年的教师95.65%、工作5年以下的教师77.94%。

（2）教学行为

不同教师参加培训后上课激情、教学方法、教学手段、学生学习等教学行为都有不同程度的变化。

1）上课激情。表示参加培训后上课更有激情的比例为：男教师86.36%、女教师90.73%；研究生学历教师93.75%、本科学历教师90.61%、专科学历教师82.50%；高级教师80.65%、一级教师91.43%、二级教师90.43%、三级教师90.00%；工作20年及以上的教师84.72%、工作11～19年的教师92.94%、工作5～10年的教师97.83%、工作5年以下的教师85.29%。

2）教学方法。表示参加培训后上课采用了更加丰富的教学方法的比例为：男教师93.94%、女教师96.59%；研究生学历教师93.75%、本科学历教师96.24%、专科学历教师95.00%；高级教师93.55%、一级教师97.14%、二级教师95.74%、三级教师95.00%；工作20年及以上的教师95.83%、工作11～19年的教师96.47%、工作5～10年的教师95.65%、工作5年以下的教师95.59%。

3）教学手段。表示参加培训后上课采用了更加多样的教学手段的比例为：男教师92.42%、女教师96.59%；研究生学历教师93.75%、本科学历教师96.71%、专科学历教师90.00%；高级教师93.55%、一级教师98.10%、二级教师94.68%、三级教师92.50%；工作20年及以上的教师93.06%、工作11～19年的教师98.82%、工作5～10年的教师97.83%、工作5年以下的教师92.65%。

4）学生学习。表示参加培训后更加重视学生的课堂学习参与程度的比例为：男教师93.94%、女教师96.10%；研究生学历教师93.75%、本科学历教师95.77%、专科学历教师95.00%；高级教师96.77%、一级教师95.24%、二级教师96.81%、三级教师92.50%；工作20年及以上的教师95.83%、工作11～19年的教师97.65%、工作 5～10 年的教师 95.65%、工作 5 年以下的教师 92.65%。

（3）学生、同行领导评价

不同教师参加培训后学生、同行领导对教学效果的好评度有所不同。

1）学生评价。表示参加培训后自己的课越来越受学生喜欢的比例为：男教师 90.91%、女教师 88.78%；研究生学历教师 93.75%、本科学历教师 90.61%、专科学历教师 80.00%；高级教师 87.10%、一级教师 91.43%、二级教师 88.30%、三级教师 87.50%；工作 20 年及以上的教师 86.11%、工作 11～19 年的教师 92.94%、工作 5～10 年的教师 97.83%、工作 5 年以下的教师 82.35%。

2）同行领导评价。表示参加培训后自己的课越来越受同行和领导好评的比例为：男教师 90.91%、女教师 88.29%；研究生学历教师 81.25%、本科学历教师 90.14%、专科学历教师 85.00%；高级教师 90.32%、一级教师 88.57%、二级教师 90.43%、三级教师 85.00%；工作 20 年及以上的教师 88.89%、工作 11～19 年的教师 95.29%、工作 5～10 年的教师 91.30%、工作 5 年以下的教师 79.41%。

3. 对教师培训与职业发展关系的认识

有 94.83%的调查对象认为参加教师培训比自己探索更能促进职业发展，有 91.51%的调查对象认为参加教师培训比自己积累经验能够更快地获得职业发展。只有 26.94%的调查对象表示自己参加教师培训后获得了职称职务晋升，有 64.58%的调查对象认为学校或区县的教师培训更有利于自己的职业发展，有 84.87%的调查对象认为教育厅或教育部的教师培训更有利于自己的职业发展。

认为参加教师培训比自己探索更能促进职业发展的比例为：男教师 93.94%、女教师 95.12%；研究生学历教师 93.75%、本科学历教师 95.31%、专科学历教师 92.50%；高级教师 93.55%、一级教师 94.29%、二级教师 96.81%、三级教师 92.50%；工作 20 年及以上的教师 93.06%、工作 11～19 年的教师 96.47%、工作 5～10 年的教师 97.83%、工作 5 年以下的教师 92.65%。

认为参加教师培训比自己积累经验能够更快地获得职业发展的比例为：男教师 90.91%、女教师 91.71%；研究生学历教师 93.75%、本科学历教师 92.96%、专科学历教师 82.50%；高级教师 90.32%、一级教师 91.43%、二级教师 92.55%、三级教师 90.00%；工作 20 年及以上的教师 90.28%、工作 11～19 年的教师 94.12%、工作 5～10 年的教师 93.48%、工作 5 年以下的教师 88.24%。

认为学校或区县的教师培训更有利于自己职业发展的比例为：男教师 66.67%、女教师 63.90%；研究生学历教师 62.50%、本科学历教师 65.26%、专科学历教师 62.50%；高级教师 51.61%、一级教师 68.57%、二级教师 59.57%、三级教师 75.00%；工作 20 年及以上的教师 61.11%、工作 11～19 年的教师 58.82%、工作 5～10 年的教师 65.22%、工作 5 年以下的教师 75.00%。

认为教育厅或教育部的教师培训更有利于自己职业发展的比例为：男教师

80.30%、女教师 86.34%；研究生学历教师 87.50%、本科学历教师 85.45%、专科学历教师 80.00%；高级教师 87.10%、一级教师 83.81%、二级教师 87.23%、三级教师 80.00%；工作 20 年及以上的教师 86.11%、工作 11～19 年的教师 84.71%、工作 5～10 年的教师 91.30%、工作 5 年以下的教师 79.41%。

（四）结论

从前面的调查数据可以得出关于中小学教师培训与职业发展的如下结论。

第一，绝大多数中小学教师都认同教师培训项目对于自己职业发展的价值和意义，尤其是青年教师对高层次培训项目的价值认同度更高，但有机会参加高层次教师培训项目的中小学教师人数不多。绝大多数中小学教师认为参加教师培训项目能更好地促进自己的职业发展。

第二，培训的总体效果与中小学教师的期望之间还有较大的距离，低效的培训项目偏多。对培训项目总体效果满意的高级职称段教师人数比例明显高于初级职称段的教师人数比例、工作 20 年及以上的教师人数比例明显高于工作 5 年以下的教师人数比例。认为低效培训项目偏多的职称低、教龄短的教师人数比例明显高于职称高、教龄长的教师人数比例。

第三，绝大多数中小学教师认可培训内容对自己职业发展的价值。认可培训内容促进自己职业发展的职称高、教龄长的教师人数比例大大高于职称低、教龄短的教师人数比例。

第四，常规培训方式与中小学教师特点的切合度还有待改善，中小学教师对不同培训方式的喜好程度差异很大。绝大多数中小学教师都喜欢观摩名师示范课和与同行研讨，但有相当一部分中小学教师不喜欢专家讲座和自己做教学案例分析。

第五，教师培训项目在提升中小学教师的职业满意度及促进对教师职业的热爱程度方面还有待提高。教师培训项目对教师职业发展的促进作用没有充分显现，尽管大多数中小学教师能够更好地处理工作与生活的关系。

第六，绝大多数中小学教师参加教师培训项目后，教学行为和效果变化较大，尤其是教学方法、教学手段及对学生学习参与程度的关注等方面。在不同类型的中小学教师群体中，参加教师培训项目之后改进教学方法、教学手段及对学生学习参与程度的关注度等人数比例最多的是中青年教师（不包括初职教师）。另外，学生、同行和领导对绝大多数中小学教师的课堂教学的满意度有所提高。

各地教育行政部门和学校政策差异及在职教师自身条件差异决定了各地在职教师接受教师教育（参加培训）的情况会有较大差异。地方教育部门和学校要努力让更多的中小学教师参加高层次的教师培训项目，而教师培训机构则须要努力优化培训课程（模块），提高培训质量，提升培训总体效果，提升参培教师的满意度，满足参培教师的专业发展需要。调查中还发现，绝大多数调查对象对各级教师培训项目的学习态度是积极的。有 90.3% 的调查对象说自己每一次培训都自始至终认真参加。

常用培训方式更适合工作时间较长的教师，工作时间较短的教师期望培训方式有所变化。工作时间较长的教师比其他教师更能够接受培训内容理论性偏强的专家讲座，初入职或新手教师则难以接受。高级教师都喜欢与同行研讨和观摩名师示范课，同时也比中低级职称的教师更能够接受培训内容理论性偏高的专家讲座，而对教学案例分析却没有其他教师那么热心。初低级职称的教师对专家讲座兴趣极低，喜欢自己亲自做教学案例分析的也不多。很多中小学教师认为专家讲座内容的理论太多，枯燥无趣，抽象难懂，与课堂教学联系不紧密，因此不喜欢听。做教学案例分析虽然是实践的成分多一些，但难度大，任务量大，而且还会有分析不准确而失颜面的风险，因此也不大受欢迎。与其他老师共同研讨，自己能够掌控自己发言的内容以及发言的次数和时间长短，而且可以根据自己对话题的熟悉程度有选择性地发言，同时还可以学习其他教师的经验，即使一言不发也不会有失颜面。观摩名师示范课对参加培训的学员来说任务量最小、最轻松，同时还可能学到自己能够直接照搬的方法和技巧，因此最受调查对象欢迎。

二、在职教师的职业发展

获得较高发展程度的在职教师，其职业适应状态良好，职业适应能力较强，能够顺利应对教师职业环境和职业内容中的挑战，胜任教育教学工作的要求，获得较高的教学效能感和职业发展满意度。因此，通过考察在职教师的职业发展满意程度、教学效能感和职业压力应对能力，可以判断他们的职业发展状态。

（一）职业发展满意度

教师职业发展满意度是指教师对自己在职业领域发展状态的满意程度，包括职业环境、职业内容等是否有利于自己社会价值和个人价值的实现。调查对象对职业发展满意程度的评价是反映他们职业发展质量最直接的参照。调查对象采用五分法（"非常满意""比较满意""一般""不太满意""很不满意"，分别对应 5 分至 1 分）对自己的职业发展状况进行评价。

调查结果显示，多数调查对象对自己的职业发展满意度评价较高（均值=3.44，评价值众数为 4，"比较满意"）。有 6.22%的调查对象对自己的职业发展表示"非常满意"，有 46.89%表示"比较满意"，有 34.21%表示"一般"，有 9.57%表示"不太满意"，有 3.11%表示"很不满意"。

从调查对象对职业发展满意度评价均值及他们对职业发展满意度持肯定性评价（"非常满意""比较满意"）的人数比例来看，男教师高于女教师，研究生学历教师高于本科学历教师，本科学历教师高于专科学历教师，职称高的教师高于职称低的教师，高中学校任教的教师高于初中和小学学校任教的教师，工作 20 年及以上的教师高于其他教师（见表 2.3）。

表2.3 在职教师职业发展满意度

教师类别		教师职业发展满意度评价比例/%					评价均值/分
		非常满意	比较满意	一般	不太满意	很不满意	
性别	女	5.72	45.48	35.54	9.94	3.32	3.40
	男	8.14	52.33	29.07	8.14	2.32	3.56
学历	专科	13.89	27.78	39.81	17.59	0.93	3.36
	本科	2.68	53.85	32.44	7.02	4.01	3.44
	研究生	30.00	50.00	20.00	0	0	4.10
职称	三级教师	2.44	21.95	41.46	34.15	0	2.93
	二级教师	10.91	29.09	45.45	9.09	5.46	3.31
	一级教师	4.20	57.57	29.41	5.88	2.94	3.56
	高级教师	10.34	62.07	20.69	6.90	0	3.60
工作学校层次	小学	8.74	37.16	38.80	14.21	1.09	3.38
	初中	4.11	47.26	38.36	5.48	4.79	3.38
	高中	4.49	66.29	17.98	6.74	4.50	3.62
教龄	5年以下	1.45	20.29	44.92	28.99	4.35	2.87
	5~10年	10.94	45.31	32.81	7.03	3.91	3.54
	11~19年	4.24	53.33	33.94	6.06	2.42	3.51
	20年及以上	7.14	64.29	25.00	1.79	1.78	3.70
综合评价		6.22	46.89	34.21	9.57	3.11	3.44

注：样本数 N=418。

可见，调查对象对自己职业发展状况的总体满意程度较高，但不同群体教师之间的差异也很明显。

（二）教学效能感

教师的教学效能感是指教师对自己能否以及在多大程度上影响学生的学习行为和学习成绩的主观判断，或者说教师对自己教学效果的判断。教学效能感影响教师对学生的期望、对学生的指导等行为，从而影响教师的工作效率，也影响教师的职业发展。

调查对象采用五分法（"非常满意""比较满意""一般""不太满意""很不满意"，分别对应 5 分至 1 分）对自己的教学效能感进行评价。结果显示，调查对象对自己的教学效能感评价较高（均值=3.55，评价值众数为 4，"比较满意"），其中有 3.11%的教师对自己的教学效能感感到"非常满意"，有 56.46%表示"比较满意"，有 33.25%表示"一般"，有 6.94%表示"不太满意"，有 0.24%表示"很不满意"。

从调查对象的教学效能感评价均值及对教学效能感持肯定评价（"非常满意"及"比较满意"）的人数比例来看，男教师略高于女教师，研究生学历教师高于本科学历教师，本科学历教师略高于专科学历教师，职称较高的教师明显高于职称较低的教师，高中与初中教师相差很小，但高于小学教师，教龄较长的教师高于教龄较短的教师（见表 2.4）。

表 2.4　在职教师的教学效能感

教师类别		教学效能感评价比例/%					评价均值/分
		非常满意	比较满意	一般	不太满意	很不满意	
性别	女	2.71	54.22	36.45	6.32	0.30	3.53
	男	4.65	65.12	20.93	9.30	0	3.65
学历	专科	2.78	44.44	46.30	5.55	0.93	3.43
	本科	3.34	59.87	29.10	7.69	0	3.59
	研究生	0	90.00	10.00	0	0	3.90
职称	三级教师	2.44	39.02	53.66	4.88	0	3.39
	二级教师	1.79	43.75	43.75	10.71	0	3.36
	一级教师	3.67	63.68	26.53	5.71	0.41	3.63
	高级教师	5.00	75.00	15.00	5.00	0	3.83
学校	小学	2.73	45.36	43.72	7.65	0.54	3.42
	初中	1.40	66.43	27.97	4.20	0	3.66
	高中	6.53	63.04	20.65	9.78	0	3.65
教龄	5年以下	1.41	36.62	52.11	9.86	0	3.29
	5～10年	1.53	62.59	27.48	8.40	0	3.56
	11～19年	3.68	55.84	33.74	6.13	0.61	3.56
	20年及以上	7.55	69.81	20.75	1.89	0	3.82
综合评价		3.11	56.46	33.25	6.94	0.24	3.55

注：样本数 N=418。

可见，调查对象对自己的教学效能感满意度较高，不同群体之间差异不明显。

（三）职业压力应对能力

基础教育改革的深化必然会给在职教师带来挑战和压力，不同在职教师对教师职业压力的感受程度不同，应对能力程度也不相同。能否成功或顺利应对面临的职业压力会影响在职教师的职业发展速度及质量。

调查对象采用三分法（"压力增大""压力未变""压力减小"，分别对应 3 分至 1 分）对教师职业压力变化情况进行评价。结果显示，调查对象认为教师职业压力增大（均值=2.72，众数为 3，"压力增大"）。有 73.69%的调查对象认为教师职业压力在基础教育改革过程中有所增大，有 24.64%表示"压力未变"，只有 1.67%

表示"压力减小"。

从调查对象对教师职业压力评价均值以及认为教师职业压力增大的人数比例来看，女教师高于男教师，本科学历教师高于专科和研究生学历教师，中等职称的教师高于高级与初级职称的教师，初中教师高于高中和小学教师，教龄处于中间阶段的教师高于教龄最长和最短的教师（见表2.5）。

表2.5　在职教师的职业压力变化感受

教师类别		教师职业压力评价比例/%			评价均值/分
		压力增大	压力未变	压力减小	
性别	女	75.00	24.40	0.60	2.74
	男	68.60	25.59	5.81	2.65
学历	专科	64.81	35.19	0	2.65
	本科	77.93	19.73	2.34	2.76
	研究生	50.00	50.00	0	2.50
职称	三级教师	51.22	48.78	0	2.51
	二级教师	73.64	26.36	0	2.74
	一级教师	78.57	18.49	2.94	2.75
	高级教师	65.52	34.48	0	2.65
学校	小学	64.48	34.43	1.09	2.64
	初中	82.19	14.39	3.42	2.80
	高中	78.65	21.35	0	2.75
教龄	5年以下	63.77	36.23	0	2.65
	5～10年	73.44	25.78	0.78	2.71
	11～19年	80.00	16.97	3.03	2.79
	20年及以上	67.85	30.36	1.79	2.64
综合评价		73.69	24.64	1.67	2.72

注：样本数 N=418。

既然绝大多数调查对象认为教学工作压力增大了，那么他们又能否应对这增大了的压力呢？调查对象采用三分法（"容易应对""略有难度""无法应对"，分别对应3分至1分）对能否应对教师职业压力进行评价。结果表明，调查对象认为自己能够较好地应对所面临的职业压力（均值=2.60，众数为3，"容易应对"）。有60.05%的教师表示能够自如应对增大了的职业压力，有39.71%表示"略有难度"，有0.24%表示"无法应对"。

从调查对象对压力应对能力的评价均值以及认为能够轻松应对职业压力的人数比例来看，女教师略高于男教师，研究生学历的教师明显高于本科学历和专科学历教师，职称较高的教师高于职称较低的教师，高中教师高于初中和小学教师，教龄较长的教师高于教龄较短的教师。

可见，大多数调查对象认为教师职业压力大，而且大多数也有信心应对压力，不同教师群体之间的差异比较明显。

第二节　教师职业发展影响因素

教师的职业发展受多种因素影响，那么哪些因子对在职教师的职业发展影响较大呢？

一、职业发展满意度影响因子

方差分析显示：在职教师的职称、教龄、教学效能感、职业压力感受程度、职业压力应对能力与他们的职业发展满意度之间存在显著的线性相关关系。

Pearson 相关分析结果显示：在职教师的职称、教龄、职业性质认识、职业压力应对能力和应对程度等因素与他们的职业发展满意度之间相关性程度较低，而教学效能感和职业情感倾向与教师职业发展满意度之间存在中等强度的显著正相关性（见表 2.6）。

表 2.6　在职教师职业发展满意度因素相关性

相关性检测	性别	学历	职称	学校层次	教龄	教学效能感	职业性质认识	职业情感倾向	职业压力应对能力和应对程度
Pearson 相关性	0.072	0.089	0.237*	0.085	0.257*	0.478*	0.209*	0.536*	0.292*
显著性（双侧）	0.140	0.070	0.000	0.081	0.000	0.000	0.000	0.000	0.000
N	418	418	418	418	418	418	418	418	418

* 在0.01水平（双侧）上显著相关。

由于多数在职教师对自己的职业发展评价是"比较满意"，我们以此为因变量对 17 个因素作主成分因子分析，KMO 度量值（0.090）提示不太适合作因子分析，但 Bartlett 球形检验 Sig 值（0.000）提示适合作因子分析。公因子方差结果提示，因子分析的变量共同度都非常高，说明因子分析的结果是有效的（见表 2.7）。

表 2.7　在职教师职业发展满意度变量共同度

影响因子	（公因子方差*） 初始	提取	影响因子	（公因子方差*） 初始	提取
教材	1.000	0.775	性别	1.000	0.539
学生学习积极性	1.000	0.787	学历	1.000	0.641
社会期望	1.000	0.848	职称	1.000	0.821
绩效考核	1.000	0.777	学校层次	1.000	0.577
班级规模	1.000	0.949	教龄	1.000	0.814

（公因子方差*）			（公因子方差*）		
影响因子	初始	提取	影响因子	初始	提取
课程理念与教育体制	1.000	0.770	教学效能感	1.000	0.695
在职培训	1.000	0.870	职业性质认识	1.000	0.571
专业知识与技能	1.000	0.903	职业情感倾向	1.000	0.643
教育知识与技能	1.000	0.635			

注：提取方法为主成分分析法。

* 在这一分析阶段将只使用"职业发展满意度=比较满意"的案例。

对这 17 个因子的贡献率分析来看，有 9 个因子的特征值大于 1，这 9 个因子的特征值之和占总特征值的 74.223%，因此共提取出 9 个因子作为主因子。其中第一个因子的特征值（2.242）和贡献率（13.188%）最大（见表 2.8）。

表 2.8　在职教师职业发展满意度影响因子贡献率表

	初始特征值			提取平方和载入			旋转平方和载入		
成分	合计	方差/%	累积/%	合计	方差/%	累积/%	合计	方差/%	累积/%
	（解释的总方差*）								
1	2.242	13.188	13.188	2.242	13.188	13.188	1.854	10.907	10.907
2	1.662	9.777	22.965	1.662	9.777	22.965	1.628	9.577	20.485
3	1.561	9.182	32.147	1.561	9.182	32.147	1.584	9.316	29.801
4	1.442	8.481	40.628	1.442	8.481	40.628	1.474	8.668	38.469
5	1.317	7.746	48.373	1.317	7.746	48.373	1.276	7.505	45.974
6	1.226	7.211	55.585	1.226	7.211	55.585	1.267	7.453	53.427
7	1.093	6.429	62.014	1.093	6.429	62.014	1.232	7.249	60.676
8	1.063	6.254	68.268	1.063	6.254	68.268	1.210	7.119	67.795
9	1.012	5.955	74.223	1.012	5.955	74.223	1.093	6.428	74.223
10	0.932	5.480	79.703						
11	0.750	4.413	84.117						
12	0.691	4.064	88.180						
13	0.631	3.714	91.894						
14	0.592	3.480	95.375						
15	0.482	2.836	98.210						
16	0.293	1.721	99.931						
17	0.012	0.069	100.000						

注：提取方法为主成分分析法。

* 在这一分析阶段将只使用"职业发展满意度=比较满意"的案例。

为进一步探明这 9 个主因子，我们采用 Kaiser 标准化正交旋转法对 17 个变量的因子载荷进行计算，并做出各变量成分得分系数矩阵（见表 2.9）。根据各变量成分得分，对这 9 个因子进行进一步分类，可归为教师素养因子（学历、教育知识与技能、专业知识与技能、职业情感倾向）、职业发展状态因子（教龄、职称）、政策因子（教材、课程理念与教育体制、绩效考核）和环境因子（学校层次、社会期望）。

表 2.9　在职教师职业发展满意度影响因子成分得分系数矩阵

影响因子	成分								
	1	2	3	4	5	6	7	8	9
教材	−0.020	−0.091	0.552	−0.021	−0.037	0.041	−0.021	−0.038	−0.006
学生学习积极性	−0.194	0.082	−0.237	−0.131	0.314	0.252	−0.099	−0.106	−0.165
社会期望	−0.016	0.089	−0.022	−0.007	−0.080	0.048	0.768	−0.192	−0.043
绩效考核	0.248	−0.091	−0.094	−0.308	−0.367	0.443	−0.060	−0.040	−0.037
班级规模	0.038	−0.013	−0.088	−0.095	−0.047	−0.712	−0.058	−0.044	−0.058
课程理念与教育体制	0.034	−0.034	−0.071	0.579	0.041	0.043	−0.133	−0.159	0.035
在职培训	0.031	0.051	−0.032	−0.036	−0.019	0.033	−0.162	0.791	0.006
专业知识与技能	−0.111	0.052	−0.006	0.048	−0.057	0.042	−0.037	0.023	0.867
教育知识与技能	0.019	0.056	0.479	−0.036	0.102	0.008	0.001	0.002	−0.013
性别	0.082	0.062	0.002	0.174	−0.136	0.029	−0.329	−0.304	−0.011
学历	0.442	−0.058	−0.066	0.041	0.141	−0.058	−0.027	0.048	−0.138
职称	0.044	0.507	−0.070	0.083	0.031	0.085	0.061	0.034	0.078
学校层次	0.371	0.037	0.068	0.011	−0.026	0.045	−0.018	0.001	−0.049
教龄	−0.102	0.562	0.033	−0.115	−0.034	−0.063	0.035	0.035	−0.050
教学效能感	0.329	−0.210	−0.047	−0.236	0.339	−0.118	0.064	−0.085	0.322
职业性质认识	0.055	−0.065	0.004	0.345	−0.010	0.008	0.248	0.195	0.007
职业情感倾向	0.091	−0.023	0.066	0.032	0.628	−0.007	−0.033	0.025	−0.019

注：提取方法为主成分分析法；旋转法指具有Kaiser标准化的四分旋转法。

可见，在职教师的教师素养因子（学历、教育知识与技能、专业知识与技能、职业情感倾向）、职业发展状态因子（教龄、职称）、政策因子（教材、课程理念与教育体制、绩效考核）和环境因子（学校层次、社会期望）是影响他们职业发展满意度的主要因子。

二、职业压力影响因子

从前面的分析中发现，绝大多数调查对象认为教师职业压力增大了，那么哪些因素导致职业压力增大呢？

方差分析和 Pearson 相关分析结果都显示：性别、学历、职称、学校层次、教龄、教学效能感、职业性质认识、职业情感倾向等因素中，只有学校层次及职称因素与他们对教师职业压力增大的判断有微弱（$r < 1.5$）的相关性。

在文献分析及访谈的基础上，我们选择了政策性因子中的教材、绩效考核、课程理念与教育体制，环境性因子中的班级规模、社会期望、在职培训、学生学习积极性及教师素养因子中的专业知识与技能、教育知识与技能 9 个因子进行分析。结果显示：在职教师认为导致他们职业压力增大的主要因素是学生学习积极性（33.3%）、教材（19.1%）及班级规模（14.1%），不同群体之间差异明显。而对这些因素作 Pearson 相关分析，结果却显示，只有"在职培训"与教师职业压力增大的判断有微弱（$r=0.131$）的相关性。对这几个因子作主成分因子分析，KMO 度量值（0.037）提示不太适合作因子分析，但是 Bartlett 球形检验 Sig 值（0.000）提示可以作因子分析。采用主成分分析法共提取了 7 个变量，合计贡献率达 93%，但除前 2 个变量特征值略大（＞1.3）之外，另外 5 个变量的特征值相差很小。这 7 个因子分别是：政策因子中的教材、课程理念与教育体制、绩效考核，环境因子中的班级规模、在职培训、社会期望，教师素养因子中的专业知识与技能。可见，政策因子与环境因子对在职教师判断教师职业压力增大的影响最大。

为进一步理解政策因子、环境因子、教师素养因子和职业发展状态因子中 17 个变量对教师职业压力增大的影响程度，我们对这些变量全部作因子分析，KMO 度量值（0.121）提示不太适合作因子分析，但是 Bartlett 球形检验 Sig 值（0.000）提示可以作因子分析。公因子方差结果提示，除性别和教学效能感两个变量之外，其他因子分析的变量共同度都非常高，说明因子分析的结果是有效的（见表 2.10）。

表 2.10　在职教师职业压力增大变量共同度

（公因子方差*）			（公因子方差*）		
影响因子	初始	提取	影响因子	初始	提取
教材	1.000	0.742	性别	1.000	0.435
学生学习积极性	1.000	0.747	学历	1.000	0.521
社会期望	1.000	0.610	职称	1.000	0.758
绩效考核	1.000	0.840	学校层次	1.000	0.576
班级规模	1.000	0.944	教龄	1.000	0.746
课程理念与教育体制	1.000	0.817	教学效能感	1.000	0.476
在职培训	1.000	0.919	职业性质认识	1.000	0.504
专业知识与技能	1.000	0.813	职业情感倾向	1.000	0.541
教育知识与技能	1.000	0.626			

注：提取方法为主成分分析法。
* 在这一分析阶段将只使用"教师职业压力增大=是"的案例。

对这 17 个因子的贡献率分析来看，有 8 个因子的特征值大于 1，这 8 个因子的特征值之和占总特征值的 68.306%，其中第一个因子特征值最大（2.790），贡献率为 16.414%（见表 2.11）。

表2.11 在职教师职业压力增大因子贡献率

（解释的总方差*）

成分	初始特征值			提取平方和载入			旋转平方和载入		
	合计	方差/%	累积/%	合计	方差/%	累积/%	合计	方差/%	累积/%
1	2.790	16.414	16.414	2.790	16.414	16.414	2.139	12.582	12.582
2	1.693	9.958	26.373	1.693	9.958	26.373	1.695	9.968	22.550
3	1.398	8.226	34.599	1.398	8.226	34.599	1.655	9.735	32.285
4	1.296	7.626	42.225	1.296	7.626	42.225	1.420	8.351	40.635
5	1.194	7.023	49.248	1.194	7.023	49.248	1.254	7.378	48.014
6	1.111	6.533	55.781	1.111	6.533	55.781	1.231	7.239	55.252
7	1.102	6.484	62.265	1.102	6.484	62.265	1.137	6.690	61.943
8	1.027	6.040	68.306	1.027	6.040	68.306	1.082	6.363	68.306
9	0.983	5.784	74.090						
10	0.957	5.628	79.718						
11	0.806	4.738	84.457						
12	0.691	4.065	88.521						
13	0.636	3.738	92.260						
14	0.558	3.283	95.543						
15	0.433	2.549	98.092						
16	0.307	1.805	99.897						
17	0.017	0.103	100.000						

注：提取方法为主成分分析法。

* 在这一分析阶段将只使用"教师职业压力增大=是"的案例。

为进一步探明这8个主因子，我们采用Kaiser标准化正交旋转法对17个变量的因子载荷进行计算，并做出各变量成分得分系数矩阵（见表2.12）。

表2.12 在职教师职业压力影响因子得分系数矩阵

影响因子	成分							
	1	2	3	4	5	6	7	8
教材	-0.001	0.498	-0.070	-0.052	-0.043	-0.032	-0.070	0.036
学生学习积极性	0.125	-0.242	-0.330	-0.003	-0.194	-0.147	-0.122	-0.196
社会期望	-0.151	0.045	0.146	0.527	-0.184	0.015	-0.069	0.209
绩效考核	-0.102	-0.050	-0.054	0.024	-0.077	0.765	-0.004	-0.078
班级规模	-0.034	-0.073	-0.005	-0.079	0.775	-0.108	-0.081	-0.010
课程理念与教育体制	0.019	-0.154	0.497	-0.239	-0.220	-0.183	-0.325	-0.161
在职培训	0.054	-0.092	0.017	-0.105	-0.089	-0.034	0.826	-0.004

影响因子	成分							
	1	2	3	4	5	6	7	8
专业知识与技能	0.042	−0.019	−0.034	0.010	0.002	−0.065	0.010	0.834
教育知识与技能	−0.005	0.459	0.004	0.027	−0.051	−0.062	−0.034	−0.075
性别	0.213	−0.117	−0.105	−0.164	−0.092	0.238	−0.189	0.199
学历	0.138	0.054	0.166	−0.021	0.036	0.157	0.098	−0.168
职称	0.464	−0.069	−0.031	0.004	−0.162	−0.137	−0.007	0.095
学校层次	0.118	0.081	0.183	0.001	0.090	0.190	0.001	−0.046
教龄	0.465	0.014	−0.177	−0.018	0.040	−0.121	0.033	−0.005
教学效能感	0.050	−0.087	−0.029	0.363	0.161	0.080	−0.093	−0.003
职业性质认识	−0.079	−0.069	0.429	0.106	−0.013	−0.094	0.073	0.015
职业情感倾向	0.063	−0.007	−0.095	0.454	−0.050	−0.083	0.009	−0.181

注：提取方法为主成分分析法；旋转法指具有Kaiser标准化的四分旋转法。

可见，在职教师的职业发展状态因子（教龄、职称）、教师素养因子（专业知识与技能、教育知识与技能）、环境因子（社会期望、班级规模、在职培训）及政策因子（教材、绩效考核、课程理念与教育体制）等是影响他们职业压力判断的主要因子，而很多教师认为学生学习积极性不构成主要因子之一。

对不同因素与在职教师的职业压力应对能力作 Pearson 相关检验，结果显示：性别、学历、职称、学校层次、教龄、教学效能感、职业性质认识、职业情感倾向等因素中除性别因素外，其他各因素与在职教师的职业应对能力都有显著相关性，只有教学效能感与职业压力应对能力之间存在中等强度的正相关性，其他因素的相关强度不高（见表 2.13）。

表 2.13　在职教师职业压力应对能力相关性

相关性检测	学历	职称	学校层次	教龄	教学效能感	职业性质认识	职业情感倾向	性别
Pearson 相关性	0.218*	0.252*	0.213*	0.197*	0.510*	0.226*	0.179*	−0.008
显著性（双侧）	0.000	0.000	0.000	0.000	0.000	0.000	0.000	0.875
N	418	418	418	418	418	418	418	418

* 在0.01 水平（双侧）上显著相关。

为进一步了解哪些因素对于在职教师的职业压力应对能力影响更大，我们对前面提到的 17 个因素作因子分析。KMO 度量值（0.110）提示不太适合作因子分析，但是 Bartlett 球形检验 Sig 值（0.000）提示可以作因子分析。公因子方差结果提示，因子分析的变量共同度都非常高，说明因子分析的结果是有效的（见表 2.14）。

表 2.14 在职教师职业压力应对能力变量共同度

（公因子方差*）			（公因子方差*）		
影响因子	初始	提取	影响因子	初始	提取
教材	1.000	0.796	性别	1.000	0.530
学生学习积极性	1.000	0.843	学历	1.000	0.675
社会期望	1.000	0.920	职称	1.000	0.774
绩效考核	1.000	0.880	学校层次	1.000	0.579
班级规模	1.000	0.951	教龄	1.000	0.669
课程理念与教育体制	1.000	0.921	教学效能感	1.000	0.706
在职培训	1.000	0.813	职业性质认识	1.000	0.582
专业知识与技能	1.000	0.869	职业情感倾向	1.000	0.622
教育知识与技能	1.000	0.613			

注：提取方法为主成分分析法。

* 在这一分析阶段将只使用"顺利应对职业压力=是"的案例。

对这 17 个因子的贡献率分析来看，有 9 个因子的特征值大于 1，这 9 个因子的特征值之和占总特征值的 74.963%，但除前 3 个因子的特征值和贡献值较大之外（尤其是第一个因子特征值 2.680，贡献率达 15.767%），其他 6 个因子之间差异较小（见表 2.15）。

表 2.15 在职教师职业压力应对能力影响因子贡献率

成分	初始特征值			提取平方和载入			旋转平方和载入		
	合计	方差/%	累积/%	合计	方差/%	累积/%	合计	方差/%	累积/%
1	2.680	15.767	15.767	2.680	15.767	15.767	2.517	14.803	14.803
2	1.739	10.230	25.997	1.739	10.230	25.997	1.598	9.402	24.205
3	1.462	8.598	34.595	1.462	8.598	34.595	1.445	8.499	32.705
4	1.337	7.865	42.461	1.337	7.865	42.461	1.403	8.251	40.956
5	1.209	7.114	49.575	1.209	7.114	49.575	1.181	6.948	47.904
6	1.160	6.823	56.398	1.160	6.823	56.398	1.177	6.924	54.828
7	1.097	6.451	62.849	1.097	6.451	62.849	1.177	6.923	61.750
8	1.043	6.133	68.981	1.043	6.133	68.981	1.134	6.673	68.423
9	1.017	5.981	74.963	1.017	5.981	74.963	1.112	6.540	74.963
10	0.881	5.182	80.145						
11	0.767	4.515	84.659						
12	0.721	4.241	88.901						
13	0.635	3.733	92.633						

（解释的总方差*）

续表

	（解释的总方差[*]）								
成分	初始特征值			提取平方和载入			旋转平方和载入		
	合计	方差/%	累积/%	合计	方差/%	累积/%	合计	方差/%	累积/%
14	0.583	3.430	96.063						
15	0.426	2.508	98.571						
16	0.230	1.355	99.926						
17	0.013	0.074	100.000						

注：提取方法为主成分分析法。

* 在这一分析阶段将只使用"顺利应对职业压力=是"的案例。

为进一步探明这 9 个主因子，我们采用 Kaiser 标准化正交旋转法对 17 个变量的因子载荷进行计算，并做出各变量成分得分系数矩阵（见表 2.16）。

表 2.16　在职教师职业压力应对能力影响因子成分得分系数矩阵

影响因子	成分								
	1	2	3	4	5	6	7	8	9
教材	−0.086	0.537	0.081	0.009	−0.048	−0.055	−0.021	0.023	−0.010
学生学习积极性	0.036	−0.153	−0.503	0.141	0.007	−0.070	−0.055	−0.257	−0.064
社会期望	−0.018	−0.070	0.045	−0.035	−0.028	−0.039	−0.013	0.834	−0.038
绩效考核	0	−0.065	0.022	0.017	−0.119	−0.110	0.784	−0.009	−0.056
班级规模	0.036	−0.229	0.424	−0.129	−0.322	−0.359	−0.310	−0.244	−0.099
课程理念与教育体制	−0.008	−0.103	0.064	−0.065	−0.088	0.792	−0.120	−0.047	−0.079
在职培训	0.047	0.001	0.031	−0.027	0.753	−0.040	−0.122	−0.033	0.074
专业知识与技能	−0.025	−0.074	0.017	−0.026	0.065	−0.088	−0.040	−0.025	0.843
教育知识与技能	0.078	0.478	−0.042	0.052	0.044	−0.049	−0.040	−0.113	−0.075
性别	0.135	0.116	−0.083	0.039	−0.300	0.196	−0.045	−0.047	0.315
学历	0.313	−0.016	−0.031	−0.063	0.173	0.070	0.048	−0.106	−0.120
职称	0.353	−0.052	−0.110	0.025	−0.002	−0.020	−0.069	0.067	0.101
学校层次	0.239	0.025	0.104	0.006	0.022	0.044	0.203	−0.163	−0.013
教龄	0.317	0.036	−0.106	0.033	−0.088	−0.133	−0.143	0.087	−0.033
教学效能感	−0.025	0.031	0.122	0.616	0.006	−0.044	0.170	−0.081	0.110
职业性质认识	−0.050	−0.004	0.471	0.265	0.147	0.055	0.047	−0.060	−0.020
职业情感倾向	0.020	0.026	−0.035	0.492	−0.044	−0.027	−0.140	0.027	−0.150

注：提取方法为主成分分析法；旋转法指具有 Kaiser 标准化的四分旋转法。

可见，在职教师的职业发展状态因子（职称、教龄、教学效能感）、教师素养因子（学历、专业知识与技能、教育知识与技能）、环境因子（在职培训、社会期望、班级规模）及政策因子（教材、绩效考核、课程理念与教育体制）等是影响他们职业压力应对能力的主要因子。

　　另外，从方差分析来看，职称、教龄、学历、工作学校层次与在职教师的教学效能感之间存在显著的线性相关关系。

三、结论

　　通过对影响在职教师职业发展状况各因素作相关分析和因子分析，我们可以得到如下观点。

　　第一，教师职业素养和教育政策是影响在职教师对职业压力程度和压力应对程度判断的共同因子。影响在职教师对职业压力判断和压力应对程度判断的主要因子有职业发展、教师素养、教育环境及教育政策。

　　第二，教师职业素养、教育政策及教育环境是影响教师职业发展满意度的主要因子。通过教师的学历、职称和教龄等可以观察教师教育和教师发展状态，与他们的教师素养因子（教育知识与技能、专业知识与技能、职业情感倾向）密切相关，而这些因素是决定他们职业发展满意度的最主要因子。

第三节　关于教师职业发展的思考

　　教师的职业发展与其职业价值、自我价值的实现、职业成就感和职业幸福感的强弱等相关联，促进其职业发展也是教师专业发展的内容。《纲要》提出，我国教育改革发展的战略主题是坚持以人为本，全面实施素质教育。

　　从前面对教师职业发展现状及影响因子的分析中可以看出，教师素养因子、政策因子和环境因子是影响教师职业发展的主要因子，这些因子涉及教师、学校、政府及社会其他团体。因此，教师个人及教师教育机构采取措施提高职业素养，政府、学校等采取措施改善教师职业发展环境，创造有助于促进教师职业发展的政策及教育环境，是促进教师职业发展的根本途径。

一、改革教师培养培训，搭建教师职业发展平台

　　我国传统的职前和在职教师教育都是由师范院校或者综合性大学的教育学院承担和完成的，"闭门造车"现象很普遍，造成职前教育不能使中小学教师适应或胜任中小学教育教学工作，而在职中小学教师的职业倦怠渐趋严重和普遍，职业发展缓慢甚至停止。因此，必须对传统的中小学教师教育，包括其培养培训机制和课程设置，进行改革。有研究者主张"通过明确统筹主体、统筹规划教师专业发展目标、建立制度规范、形成协同机制、共建共享优质资源、搭建共生发展平台、完善评价与问责制度等，促进教师教育一体化发展的体制机制创新"[1]。

（一）改革教师教育管理

师范院校要推进职前教师教育管理改革，就要从课程设置、教学管理、教学模式和教学方法、教学评价等方面进行综合改革，尤其是要在课堂教学中落实育人为本、实践取向、终身学习的基本理念，在教学管理中体现以人为本的基本理念，把学生的全面发展作为教育教学的中心目标，加强课堂教学与中小学教育和教学的联系，加强与职前教师生活世界的联系。因此，师范院校教师教育课程设置要注重与在职教师教育的衔接，强化实践教育并落实与中小学校共同育人的"双导师制"，推行并深化形成性评价方式，强化教育教学能力评价，扩大评价主体范围。

承担中小学教师培训项目的高等院校及其他教育机构也要改革在职教师的教育管理。参加各级中小学教师培训项目的学员，其社会身份是教师而不是在校学生，他们是成年人而不是未成年人。因此，对参加中小学教师培训的学员的管理方式，必须有别于对在校学生的管理方式。承担培训任务的相应机构要强化多方协同的管理模式。

（二）改革教师教育模式和方式

对教师教育模式及方式改革的探讨和实验较多，不仅仅是国内的重点师范大学或综合型大学在试点，一些普通师范院校也在积极试点，各有特色。一些重点师范大学或综合型大学设立教师教育学院，探讨教师教育培养模式的改革，如北京师范大学和华中师范大学试验的"4+2"本科及硕士教师教育相连的培养模式和课程设置模式，华东师范大学从2006年开始试验的"4+1+2"的本科及硕士教师教育相连的培养模式和课程设置模式，强调职前教师厚实的专业基础和教育知识基础，客观上提高了教师入职的学历层次。另外，很多地方普通师范院校受教育资源的限制，也考虑到学生需求及本校师资的实际情况，没有照搬重点大学或综合型大学在学制方面所作的改革试验，而是更多地在大学本科四年学制框架之内探讨突出教育实践课程和环节的"3+1""3.5+0.5"的培养模式和课程设置模式，强调职前教师的课堂教学实践能力培养。这些不同类型和层次学校所作的教师教育课程设置改革探讨，都强调对职前教师教学能力的培养，重视对职前教师现代教育理念的引导，重视对职前教师行动研究能力和教育反思能力的培养，既结合了学校的实际又突出了学校的特点。这些改革试验和探索，为教师职业发展创建崭新平台提供了非常有价值的经验。

师范院校要改革职前中小学教师的培养方式。打破封闭培养传统，探索（高）校（中小学）校联合培养。建立与中小学校的合作，实行导师制，培养和提升教师的教育教学实践能力。师范院校或者其他教师教育机构与中小学校建立校校合作关系，中小学校成为职前教师了解和熟悉教师职业环境、职业内容的基地。师范院校或者其他教师教育机构将学科专业教学与教育实践教学相结合，提高职前教师的职业准备度，增强他们的职业自信心。职前教师在教师教育机构进行系统的理论学习，接受校内导师的技能训练指导，并到中小学校将学得的教育理论知识运用到中小学课堂中进行教学技能训练。职前教师到中小学校了解与接触教育实习工作，教师教育机构安排导师精心指导他们在学习和实习过程中反思，目的是培养和训练他们掌握教学所必备的基本能力。职前教师对教学实践的反思常常作为评价他们教学能力的依据。反思能力是着眼于探究的，是教师回顾自己的教学经历、检视自己的教学理念和实践、在具体环境中做出正确决策的能力，这些都是有效教师的基本特征。反思是一个建构或重构经历、问题、现有知识或理解的心智过程。越来越多的研究者和教师都认识到，通过实践学来的实践知识远远不够，教师还须要掌握关于他们自己教学的系统理论知识。在教学法课程教学过程中，职前教师通过撰写对话日志或回应日志，可以培训和训练反思习惯及能力，为将来的教学反思奠定基础。组织职前教师开展反思性教育实践活动与建立具有特色的学科专业课程体系相结合，是培养职前教师职业能力的重要策略[2]。

　　承担中小学教师培训项目的高等院校及其他教育机构要改革培训方式。培训方式既影响参加教师培训项目的学员的情感体验，又影响培训项目的绩效。近年来，不论是国家级中小学教师培训项目还是省市级中小学教师培训项目，都倡导混合式的培训方式，要求现场研修与网络研修相结合、集体研修与个人研修相结合。因此，专题讲座、互动研讨、专家引领、任务驱动、问题剖析、微课推送、模拟演练、实践反思、主题研讨、现场体验、案例分析等培训方式的应用越来越广泛。传统的专家专题讲座培训方式或学员难以亲身体验和参与的培训方式，是不受参培学员欢迎的。在培训手段方面，要充分利用现代信息技术手段组织学员参与整个学习过程，也要充分利用现代信息技术手段实现对学员的日常管理。

　　（三）提升教师教育质量

　　从前面的调查研究中可以看出，教师教育质量是影响教师职业发展的一个关键因子。因此，不论是职前教师培养，还是在职教师培训，教师教育机构都应该着力提升教师教育质量。提升教师教育质量，可以增强职前教师对教师职业价值的认同感，强化他们对教师职业的积极情感倾向，同时为从事教育教学工作奠定坚实的素养基础。对于在职教师而言，提升教师教育质量可以进一步强化他们对教师职业价值及个人价值的认同，提高从事教师职业的自豪感，提高应对职业挑战能力、获得职业发展的自信心。

　　1. 优化教师教育内容设计

　　教师教育课程是教师教育内容最主要也是最重要的载体。教师教育课程设置是否科学、合理会直接影响教师职业素养结构的合理性及其发展水平，进而影响教师职业发展。因此，改革和完善教师教育课程设置，是保障教师职业素养培养的基础。

师范院校是我国培养职前教师的主体，因此对提高职前教师教育质量负主要责任。师范院校有必要对中小学教师的职业素养结构进行系统的、全面的调查和分析，并用以指导课程设置。对于传统的片面强调学科专业知识和专业技能的教师教育课程设置，必须进行改革和调整。师范院校要通过对职前教师进行学习策略、时间管理、资源应用与管理等专项训练的方式帮助他们提高学习效率和效果，提升他们学习满意度。师范院校或者其他教师教育机构要按照我国教师专业标准的要求引导低年级阶段的学生认真学习，除了掌握一般文化知识与技能和学科专业知识与技能之外，还要掌握教师职业知识和技能，为提高教师职业胜任能力奠定基础。同时，师范院校也要引导并大力倡导学生充分利用教育见习、教育实习等机会，走进中小学校，走进课堂，走近师生，在实践活动中获得更多的教师实践性知识，在实践活动中提升自己胜任教师职业的信心。

有资质承担中小学教师培训项目的高等院校及其他教育机构是承担在职中小学教师培训项目的主体，对提高在职教师培训质量负主要责任。不同层次、不同类型的中小学教师培训项目，培训目标定位差异很大，课程体系设计也有很大差异。但是，培训项目的课程体系必须要体现项目主管部门的基本要求，要充分体现参加培训的中小学教师的学习和发展需求，同时也要体现培训项目促进参培学员职业发展的追求。在内容模块方面，师德与法治教育、教师专业知识、教师专业能力等都是必不可少的，只是在选择的侧重点方面须根据培训项目的目标定位而变化。另外，教育部提出了中小学教师五年一周期的全员培训要求，因此中小学教师培训项目的课程设计还必须体现层次性、关联性、逻辑性，尤其是跨年度培训项目的课程设计必须体现螺旋式上升的特点。

2. 做好教师职业指导

不论是在职前阶段还是在在职阶段，高等院校或其他教师教育机构都要为中小学教师提供职业发展指导。抓好职业指导工作，有利于职前教师更好地认识自己，更深入地理解教师职业的价值和要求；也有利于在职教师克服职业倦怠，明确职业发展方向和路径，促进职业发展。

师范院校要引导职前教师正确认识和理解教师职业的价值，学会欣赏教师职业。同时，要给职前教师创造体验教师职业价值的机会（如教育见习、教育实习、教育调查等），让他们在欣赏教师职业价值的过程中建立或者强化对教师职业的积极情感。师范院校或者其他教师教育机构要扎扎实实地做好职业指导工作，引导和帮助职前教师以发展的观点来看待重要人物的影响，全面分析社会发展需求及自己的发展需求。家人或者亲戚等重要人物的影响较大，比如有的职前英语教师选择英语专业就是因为父母或者家中其他长辈建议，选择职业的时候也是因为这些重要人物的影响。同样地，从事教师职业的重要人物的职业发展状况、社会价值及个人价值的实现程度也会影响职前教师对教师职业价值的认识和判断，进而影响对教师职业的选择。职前教师在思考是否选择教师职业时，可能会下意识地以这些重要人物为参照来比较自己，从而判断自己是否合适或者能否胜任教师职业。

另外，承担中小学教师培训项目的高等院校及其他教育机构也要为参加培训的中小学教师提供职业发展指导。教师教育机构要引导、帮助中小学教师理解教师职业发展的特点、规律、途径等内容。职业倦怠是影响中小学教师职业发展的因素之一，教师教育机构要引导和帮助中小学教师准确分析导致职业倦怠的主、客观原因，积极探讨消除职业倦怠的途径。同时，还要积极引导和帮助中小学教师充分理解职业发展规划的积极意义，为中小学教师做好职业发展规划提供智力和资源（如教师职业发展研究作品、教学名师的成长案例及有助于支持中小学教师设计个性化教学方案的教学资源等）支持。

3. 培养和提升教师职业能力

学生学习积极性不高或者学习兴趣低、班级规模大、教材更新快等是现阶段多数中小学教师必须面对的教师职业环境和职业内容。而教师的学生学习指导能力、教材处理能力、学生和班级管理能力是教师职业能力的重要组成部分。

国内外研究者提出了各种教师职业能力培养和提升策略。有的强调教师的在岗学习和教师之间的合作互助，有的认为教师要学会并开展研究，通过研究提高教学创新能力，做好研究社会、研究学生、研究教育教学规律、研究教育教学内容和方法等四项研究以保持职业能力持续提升。运用行动学习、同伴辅导、学习小组等三项专业发展策略提高职前英语教师的课堂管理能力、教学评价能力和职业特性[3]。

在各种发展教师职业能力的策略中，鼓励、组织中小学教师参与教育行动研究，培养和提升他们的教学研究和教学反思能力最受重视。教育行动研究常指教师为了提高自己的教学实践而进行的系统探究。人们常常把关于教和学的知识分为理论知识和实践知识，这种二分法把教师和研究者相互对立、相互隔离。而教育行动研究倡导、鼓励教师对自己的教学开展有意义的研究，消除教师与研究者、认识者与行为者、专家与新手之间的隔阂。教育行动研究赋予那些通常被排斥在教育研究及教师专业知识生产领域之外的教师一定的话语权，让他们平等参与追寻教学知识。教育行动研究促使一线教师转变职业角色，从教书匠或知识的传授者转变为知识的认识者和代理人。参与教育行动研究的教师，不仅仅提高了自己的专业化水平，还积极参与提高教师专业化的活动。有研究者提出，教育行动研究是促使职前教师教育向在职教师专业发展的纽带[4]。

新手教师执教后面临的第一大困难就是职业生存问题，他们常常为在教学实践中遭遇的各种问题和挑战而感到头痛。很多新手教师都埋怨他们在大学里接受的教师教育课程并没有让他们在心理上、知识上和技能上等做好执教的准备，以至于他们对执教第一年遇到的复杂教学现实感到手足无措。当然，师范院校不可能把所有的教学情景、教学问题和解决办法都教给师范生。新手教师们需要的不是"菜谱式"的教师教育，而是掌握分析他们遇到的挑战和困难的方法和手段，并知道如何圆满解决这些问题。而教育行动研究就是帮助和支持新手教师们度过执教初期的困难的有效方式。因此，教育行动研究能力是教师适应教学工作、在自己的教学工作中获得专业发展必不可少的职业能力要素之一。开展教育行动研究可以提供职前中小学教师和新手教师关于他们的教学理念及教学实践的原始的、第一手的资源，这样有助于缓和从学生到教师身份转变过渡时的压力感。

职前教师参与教育行动研究，可以帮助他们更好地理解教育教学研究与开展教育教学研究之间的联系，促使他们学习教育研究的基础理论知识并学会相应的研究方法（如质的研究、量的研究等），并在参与教育行动研究的过程中进一步练习所学的研究方法和研究手段。职前教师参与教育行动研究，可以在一种相互支持的气氛中提出并讨论他们关心或不敢确定的问题，有助于提升自信心并促进合作，有助于打破现在很多中小学校教研课中存在的教条主义现象。在职前教师参与教育行动研究的过程中，指导教师可根据他们的实际情况给予适当的个别辅导，有助于职前教师运用建构主义的学习方法更好地理解教育教学研究。在职前教师教育课程体系中引进教育行动研究还没有引起师范院校或者教师教育机构的足够重视。在传统的教师教育模式中，职前教师常常被告知他们在课堂上要做什么，应该做什么。而新的教师教育模式认为教学是以学习者为中心，教师是反思的实践者，对他们自己的专业发展负责，为教学的持续更新和进步而努力。参与教育行动研究可以帮助教师系统记录自己的教学实践经历，从而把缄默的专业知识转化为明确的意识，这有助于他们形成有个性特点的、实用的教学理论体系。

二、改善社会支持系统，促进教师职业发展

与教师教育机制一样，社会支持系统也是影响教师职业发展的重要因素。对教师而言，教育政策与教育环境是社会支持系统的重要方面。

（一）改善教师职业发展环境

对教师而言，建立、健全职业发展机制和社会支持体系是促进职业发展的关键外部保障条件[5]。教师职业发展的外围环境主要包括国家及地方的教育政策和学校的管理规章制度组成的教师职业环境、社会舆论环境等。

1. 改善职业环境，保障职业发展

教师的职业环境是指受诸如政治、经济、文化、科技等因素构成的社会大环境综合影响下的教育环境。教育环境是以教育为中心的不同层级空间和各种环境，它们限制、调控着教育的产生和发展，是一个由自然环境、社会环境及精神环境组成的生态系统。

很多教育家、学者和研究者都讨论过教育环境及其价值问题，普通民众也能够感知到教育环境的影响与价值。中国历史上著名的"孟母三迁"这一典故就是思考教育环境问题的最好例证。夸美纽斯是最早系统讨论学校教育环境问题的教育家。维果茨基等人的交互环境论、吉布森的给养观以及生态系统观、环境保护观等都是对教育环境探讨的有益成果。随着信息技术的快速发展及各种便携式设备的普及，一些研究者开始关注新教育环境下的学习管理问题，还有研究者讨论了教育环境对创造力的影响。

从教育管理主体的角度来看，教师的职业环境由国家、地方及学校三个不同层级的职业环境组成。国家层面的教育环境是宏观教育环境，由国家的教育法律法规和教育政策组成，影响并决定中观和微观教育环境的状态。中华人民共和国成立七十年来，一方面，九年义务教育的普及、高等教育的大众化是中国教育事业的两大发展，职业教育的加速发展使教育取得了结构性调整的突破，教育公平方面迈出重大步伐；另一方面，在改革过程中也出现了一些新问题，如教育公平问题、以法治教问题等，很大程度上消减了改革取得的成绩。在法律、法规的要求和指导下，各级政府部门努力采取措施改善中小学教师的工作环境。教师考核与晋级得到改善，乡村地区或者贫困地区的教师能够享受同工同酬，不过还有很多方面需要更大的努力。从教师职业发展的角度来看，国家层面的教育环境是最松散的环境，也是感受不很明显的环境，但这一层面的环境既指明又限制了教师职业发展的方向。

地方层面（省、市、区、县）的教育政策以及对国家教育政策的执行情况构成了地方层面的教育环境，或者说是中观教育环境。包括对教师物质待遇、奖励和福利等的财政支持力度，与教师专业发展密切相关的教师任职与聘用、培养与培训、评价、职务职称晋升等制度，以及地方政府所采取的其他措施。地方层面的教育环境（中观教育环境）与宏观教育环境相比，显得更加严厉，更加具体，更有约束力，也更显得压抑。从教师职业发展的角度来看，这一层面的教育环境弹性最大，既可能让一名教师在很短的时间内迅速发展，也可能让一名教师历经磨难才获得一定的发展。

国家与地方的教育环境规范并限制了教师的行为，也明确了教育从业人员的行为规范。但最终决定教师工作的快乐程度与职业成就感的是学校及班级层面的教育环境，即微观教育环境。微观教育环境十分复杂，但影响范围及程度都最大，因为全国有 25 万余所普通小学和 8 万余所普通中学，校际差异非常悬殊。每一所学校都有自己的规章制度，涉及学校的方方面面。学校层面的教育环境，或微观教育环境，是教师必须经常面对的最艰难、最有挑战性的教育环境，各种不确定性或者意外情况随时都有可能发生。因此，从教师职业发展的角度来看，这一层面的教育环境既可能加速，也可能迟缓甚至阻碍教师的职业发展。

国家及地方教育法律法规和教育政策等一方面确定了国家或者地方的教育发展方向和教育价值追求，另一方面也规约着中小学教师的行为举止。由于国家或地方在教育发展中起着指控方向的作用，影响广泛而深远，因此加强政策的正面导向功能对于促使职前与在职教师树立正确的职业理念非常关键。基础教育改革在为学生"减负"的同时，也应该为中小学教师"减负"，以帮助他们更好地获得职业发展。

充分发挥学校微观教育环境作为隐性课程的教育功能意义非同一般。由于学校层面的教育环境即微观教育环境对在职教师的影响最大、最直接，这就要求中小学校管理者采取措施改善教师的职业环境，如美化校园、教室与办公室，完善教学设施，改善办学条件，管理中落实教学工作的中心地位，构建融洽、和谐、健康的校园人际关系氛围，尊重教师的教育权和学生的受教育权等。这些改变微观教育环境的措施都能够发挥隐性课程的教育功能，能够激励教师热爱自己的职业，强化他们对教师职业的积极情感倾向。同时，中小学校管理者还要为教师提供学习进修的条件，组织教师有效开展校内教学研讨活动以及校际教学研讨交流活动，邀请校外专家或优秀教师为本校教师开展针对性较强的培训。通过这些方式引导教师转变职业理念，丰富专业知识，提高职业能力，从而提高教师的教学效能感，进而激励他们热爱自己的职业，强化对教师职业的积极情感倾向，端正职业态度。

从学校层面来看，加强对职前教师职业理念的引导还体现在如何引导他们处理职业选择问题。个体在选择职业时要遵循社会分工的基本要求，要考虑自己的知识和技能层次及类型，在为社会创造物质及精神财富的同时获取合理的报酬以满足自己的物质与精神生活。在现实中，一方面，职前教师择业时"眼高手低""高不成，低不就"的现象比较普遍。有的职前教师总是想着要到待遇高、环境好、工作轻松的单位工作，而对于普通中小学校尤其是乡村地区或相对落后地区的学校，则丝毫没有想去的念头；另一方面，有的职前教师本身的职业素养又无法满足那些能够提供较高待遇和较好工作环境的单位的要求。对此，学校不仅要在职业生涯规划与就业指导课程教学过程中加强对学生的思想指导，更要在平常的教学与教学管理中经常性地宣传和引导。

2. 改善社会环境，保障教师获取职业发展的合法权利

树立正确的政策导向，强化"以法治教"，引导社会正确认识和理解教师职业，保障教师合法权益。我国已经制定和颁布了《义务教育法》《教师法》《中华人民共和国未成年人保护法》等法律、法规及中小学教师职业道德规范、课程标准、中小学教师专业标准等行业规则，为保护教师和学生的合法权益提供了法律和行业依据，为推进法制建设、提升全民族素质等提供了保障。

（二）推进教师资格制度改革

国家法律、法规、教育政策等所构成的教师职业发展环境是教师组织获得专业化发展的保障，但教师组织的专业化发展还需要组织制度的建立和健全。因此，推进和强化教师资格制度改革是保障和促进教师个人获得职业发展的基础。

教师职业资格规定了什么样的人才有资格选择和从事教师职业，实际上是对准备选择和从事教师职业的人员是否适合进行条件性筛选，也可以说是教师职业适应的先决条件。一般情况下，想要从事教师职业的人必须学习高校的教师教育或教师培训课程，至少要有大学文凭和学士学位，也就是说要接受传统的教师教育。另外，申请教师职业资格的人员还必须接受资格审查或者资格考试，只有合格者才能获得教师职业职位。

21世纪以来，为了提高教师队伍质量，很多国家强化了教师培养与资格认证制度，提高了教师入职门槛，而一些师资短缺的国家却降低了教师入职要求，鼓励非教师教育背景的其他人员从教。在美国，教师许可证制度和教师资格证制度并行实施，差异在于前者由政府部门颁发用以证明达到入职最低要求，而后者由教师教育专业机构颁发用以证明达到教师专业水平。美国部分州政府为了解决师资短缺的矛盾，设置了选择性教师证书计划（ATCP），通过规定课程考试的人员也能够获得教师许可证并从事教师职业。有研究者认为，学术能力较强但没有接受过传统教师教育的人比接受过传统教师教育的人在教学中更能发挥个人才能，而通过短期培训的人在教学中的表现最差[6]。如果既有助于提高学生的学习成绩，又不打击那些非教师教育背景但想以教师为职业的人，那么这就是好政策。因此，对于允许什么样的人从事教师职业以及教师职业资格考试的必要性等问题，现有的研究还难以达成比较有说服力的结论。

我国古代在选拔和任用官学中的教师时有非常苛刻的要求和严格的程序。周代国学教师（师氏、保氏）由官员担任，乡学教师则由德高望重的老年人担任。汉代以来，只有学优德劭者才能担任中央官学的教师。1993年颁布的《教师法》首次以国家法律的形式明确了教师资格制度在我国的实施。1995年12月12日，国务院发布《教师资格条例》，明确规定在各级各类学校和其他教育机构中专门从事教育教学工作的中国公民必须具有教师资格，并对申请和认定教师资格作了详细规定。1998年，教育部在上海、江苏、湖北、广西、四川、云南等部分直辖市、省、自治区进行教师资格认定试点工作。2000年9月23日发布《〈教师资格条例〉实施办法》，对资格认定条件、资格认定申请、资格认定、资格证书管理等做了详细说明。这样，国家以法律、法规的形式确认了教师选拔和任用工作的严肃性。2012年2月10日，《教育部关于印发〈幼儿园教师专业标准（试行）〉〈小学教师专业标准（试行）〉和〈中学教师专业标准（试行）〉的通知》明确指出教师是履行教育教学工作职责的专业人员，须要经过严格的培养与培训，具有良好的职业道德，掌握系统的专业知识和专业技能。

国内外学者对于教师的职业素质有不同的描述，如学科专业知识、教育专业知识、专业精神、职业理想、教育观念、教育能力、研究能力等。

强化教师入职资格审核及教师资格审查，突出教师职业专业性特点。《教师法》明确提出我国实行教师资格证制度，并规定了相应的资格条件。《中小学教师资格考试暂行办法》《中小学教师资格定期注册暂行办法》等为我国中小学教师的入职资格及在职考查确立了依据。强化教师入职资格审核，特别是教师职业能力和职业理念的考核，保障入职教师的质量；同时，加大对在职教师的职业能力、职业理念与职业道德考核，全面实施教师退出机制，及时清退不合格教师，打破教师职业"铁饭碗"的观念。

参 考 文 献

[1] 刘义兵，付光槐. 教师教育一体化发展的体制机制创新[J]. 教育研究，2014，（1）：111-116.

[2] 付丽萍. 师范生教师职业能力培养策略探析[J]. 中国大学教学，2013，（5）：33-35.

[3] HALIM S M A. The Effect of Using Some Professional Development Strategies on Improving the Teaching Performance of English Language Student Teacher at the Faculty of Education, Helwan University in the light of Pre-Service Teacher Standards [D]. Helwan University, 2008: 145-187.

[4] SMITH K, SELA O. Action research as a bridge between pre-service teacher education and in-service professional development for students and teacher educators [J]. European Journal of Teacher Education, 2005, 28(3): 293-310.

[5] 顾志勇. 大学新教师职业发展的社会支持体系构建[J]. 教育评论，2014，（11）：35-37.

[6] SASS T R. Certification Requirements and Teacher Quality: A Comparison of Alternative Routes to Teaching [R]. Washington D.C.: Center for Analysis of Longitudinal Data in Education Research, 2011: 12.

第三章　教师教育课程的职业发展价值

从对教师职业发展的分析中可以看出，教师素养因子、环境因子及政策因子是影响教师职业发展的主要因子，尤其是教师素养因子。教师的职业素养是在接受教师教育以及参与教育教学活动实践的过程中养成的，与教师教育课程设置与实施质量有着密切联系。课程设置的科学性、合理性直接影响课程实施及其质量，而课程实施质量关系着人才培养的质量乃至社会的发展。

第一节　职前教师教育课程的职业发展价值

《教育部关于大力推进教师教育课程改革的意见》指出："教师教育课程在中小学和幼儿园教师培养中发挥着重要作用，是提高教师教育质量的关键环节。"通过对职前教师教育课程的评价可以观察职前教师教育质量，是对职前教师教育课程设计及实施效果的反映，能为师范院校或其他教师教育机构设置教师教育课程提供非常有价值的参考。

职前教师教育课程是职前教师通过学习获得从事中小学教学所需要的职业理念、职业知识和职业能力、准备教师入职以及适应教师职业环境和职业内容要求的基础。职前教师对教师教育课程的评价不仅可以帮助我们了解他们对教师教育课程的价值判断，还可以帮助我们了解他们的职业素养结构，为职前教师教育课程设置改革提供重要参考。

在职教师从事教育教学工作的过程是以职前教师教育阶段学得的教育教学理念为指导，把所学得的知识、技能及生活理念等传授给学生的过程，是他们通过教师职业实现自己的社会价值和个人价值的过程，也可以说是他们检验自己职前教师教育阶段学习成效的过程，同时也是不断充实自己和实现自我的过程。在职教师对教师职业环境、职业内容、职业压力等的感知和认识都比职前教师更真切、更丰富、更深刻。因此，了解和分析在职教师对职前教师教育课程的评价对于确定职前教师教育课程结构和内容设置有着非常直接和重要的参考价值，同时还有助于我们评价和反思职前教师教育课程设置及实施的实效，或者说评价和反思职前教师教育的实效。

职前与在职教师对职前教师教育课程的评价包括对教师教育课程价值的总体评价和对各模块课程的价值评价两个方面。

一、总体评价

我们按照通用的以模块课程分类的方式，把职前教师教育课程体系分为文化知识课程、专业知识课程、专业技能课程、教育知识课程、教育实践课程。调查对象根据各模块课程对于教师职业发展的重要程度采用五分法进行评价（"非常重要""比较重要""一般""不太重要""不重要"，分别对应 5 至 1 分），从而构成对教师教育课程职业发展价值的总体评价。

（一）职前教师的评价

调查对象认为专业技能课程对于教师职业发展的价值最高，其次是专业知识课程、教育知识课程、教育实践课程，对文化知识课程的价值评价最低（见图 3.1）。

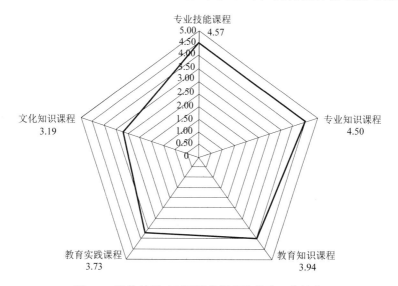

图 3.1　职前教师对不同模块课程价值的评价均值

调查对象对文化知识模块课程的评价众数是"3"（"一般"），对其他四个模块课程的评价众数都是"5"（"非常重要"）。从职前教师对各模块课程价值的评价均值看，多数对各模块课程的职业发展价值持肯定性评价（"非常重要"及"比较重要"），除对文化知识课程的评价呈正态分布（偏度系数|SK|=0.140<1）之外，对其他模块课程的评价都呈右偏态，其中对专业技能课程和专业知识课程的评价右偏最严重（偏度系数|SK|>1.8）。

对于不同模块课程的重要性，职前教师中认为专业技能课程"非常重要"的人数比例最高，其次是专业知识课程，都远远超过对其他模块课程的评价（见表 3.1）。

表3.1　职前教师对不同模块课程的重要性评价　　　　　单位：%

重要性	文化知识	专业知识	专业技能	教育知识	教育实践
不重要	13.66	1.67	0.65	2.45	5.15
不太重要	16.11	4.64	2.06	7.60	12.37
一般	29.51	6.32	8.76	20.36	22.42
比较重要	18.81	20.36	18.94	33.63	25.13
非常重要	21.91	67.01	69.59	35.96	34.93
合计	100	100	100	100	100

注：样本数 N=776。

不同性别、学历、年级、家庭背景、专业态度、学习结果满意度和奖学金获得情况的职前教师对不同模块课程的职业发展价值评价均值也不同（见表3.2）。

表3.2　职前教师对不同模块课程的职业发展价值评价均值　　　单位：分

职前教师		文化知识	专业知识	专业技能	教育知识	教育实践
性别	女	3.18	4.49	4.59	3.99	3.78
	男	3.30	4.11	4.23	3.48	3.22
学历	专科	3.28	4.49	4.58	4.04	3.74
	本科	3.16	4.44	4.54	3.91	3.72
年级	大一年级	2.92	4.39	4.54	4.00	3.71
	大二年级	3.44	4.47	4.52	3.87	3.73
	大三年级	3.30	4.51	4.57	3.90	3.74
家庭背景	非教师家庭	3.26	4.45	4.62	4.05	3.74
	教师家庭	3.14	4.45	4.49	3.84	3.71
专业态度	很不喜欢	5.00	5.00	5.00	5.00	4.00
	不太喜欢	2.97	4.72	4.53	3.91	3.78
	一般	3.18	4.30	4.45	3.88	3.45
	比较喜欢	3.15	4.42	4.55	3.90	3.72
	非常喜欢	3.30	4.51	4.57	3.99	3.77
学习结果满意度	很不满意	3.21	4.41	4.46	4.03	3.70
	不太满意	3.22	4.42	4.54	3.93	3.74
	一般	3.00	5.00	4.50	3.50	4.50
	比较满意	3.10	4.54	4.62	3.89	3.71
	非常满意	3.00	4.86	4.71	3.43	3.14
奖学金获得情况	未获得	3.14	4.38	4.52	3.90	3.67
	获得	3.29	4.58	4.60	3.99	3.81
综合评价		3.19	4.45	4.55	3.94	3.73

可见，职前教师对专业技能课程和专业知识课程的重要性评价大大高于对教

育知识课程、教育实践课程和文化知识课程的评价。不同群体的评价存在差异。方差分析和 Pearson 相关分析显示，职前教师的性别、学历、年级、家庭背景、专业态度、学习结果满意度、奖学金获得情况等因素与他们对各模块课程的职业发展价值评价之间不存在显著正相关性。

（二）在职教师的评价

在职教师对职前教师教育课程促进其职业发展的价值评价对于教师教育课程设置具有很高的参考价值。从在职教师对职前教师教育不同模块课程促进自己职业发展的价值评价来看，教育实践课程的价值最高，其次是专业技能课程、专业知识课程、教育知识课程，而对文化知识课程的价值评价最低（见图3.2）。

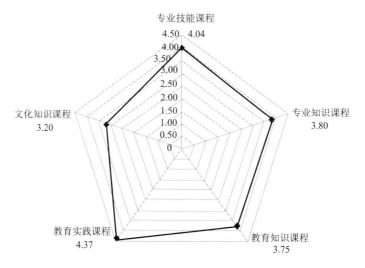

图 3.2　在职教师对不同模块课程价值的评价均值

将在职教师对各模块课程价值的评价均值对比后发现，只有对教育实践课程的评价众数是"5"（"非常重要"）；对专业技能和教育知识课程的评价众数虽然都是"4"（"比较重要"），但在职教师认为专业技能课程对自己教师职业发展的价值高于教育知识课程；对专业知识和文化知识课程的评价众数都是"3"（"一般"），但在职教师认为专业知识课程对自己教师职业发展的价值高于文化知识课程。从对不同模块课程价值的评价来看，在职教师都重视各模块课程在促进自己职业发展方面的价值。对不同模块课程的价值评价总体呈正态分布（偏度系数|SK|<1），教育实践课程、教育知识课程和专业技能课程评价分布为左偏态，专业知识课程和文化知识课程评价分布为右偏态，教育实践课程评价分布偏度略大。对专业知识课程的评价均值虽然略高于教育知识课程，但分散程度偏大（$\sigma=0.871$），说明多数教师对教育知识课程的价值评价高于对专业知识课程的价值评价，且对专业知识课程的价值评价分歧很大。

从在职教师对不同模块课程促进自己职业发展的价值评价来看，认为教育实践课程"非常重要"的人数比例远远超过对专业知识与专业技能课程的评价，而对文化知识课程持肯定性评价（"非常重要"及"比较重要"）的人数比例最低（见表3.3）。

表3.3 在职教师对不同模块课程的重要性评价 单位：%

重要性	文化知识	专业知识	专业技能	教育知识	教育实践
不重要	0.24	0	0	0	0
不太重要	9.57	3.35	0	0.96	1.20
一般	61.24	39.00	15.79	31.82	11.96
比较重要	27.51	30.86	64.35	58.37	35.41
非常重要	1.44	26.79	19.86	8.85	51.43
合计	100	100	100	100	100

注：样本数 N=418。

不同性别、学历、职称、学校层次和教龄的在职教师对不同模块课程的职业发展价值评价均值也不同（见表3.4）。

表3.4 在职教师对不同模块课程的职业发展价值评价均值 单位：分

教师类别		文化知识	专业知识	专业技能	教育知识	教育实践
性别	女	3.22	3.83	4.07	3.76	4.36
	男	3.13	3.76	3.94	3.73	4.42
学历	专科	3.02	4.11	4.19	3.64	4.36
	本科	3.27	3.70	3.99	3.79	4.38
	研究生	3.30	3.80	3.90	3.80	4.30
职称	三级教师	2.98	3.90	4.15	3.56	4.44
	二级教师	3.19	3.87	4.11	3.70	4.39
	一级教师	3.24	3.74	3.99	3.79	4.37
	高级教师	3.31	4.00	4.03	3.90	4.24
学校层次	小学	3.08	3.99	4.18	3.68	4.34
	初中	3.29	3.59	3.85	3.79	4.47
	高中	3.30	3.81	4.07	3.83	4.27
教龄	5年以下	3.06	3.87	4.22	3.65	4.23
	5～10年	3.14	3.80	4.09	3.76	4.45
	11～19年	3.29	3.79	3.96	3.76	4.38
	20年及以上	3.27	3.82	3.93	3.82	4.34
综合评价		3.20	3.81	4.04	3.75	4.37

可见，在职教师对教育实践和专业技能课程的职业发展价值评价最高，而对文化知识课程的职业发展价值评价最低。从方差分析及 Pearson 相关分析来看，

在职教师的性别、学历、职称、工作学校层次和教龄与他们对各模块课程的职业发展价值评价之间不存在显著正相关性。

通过职前与在职教师对职前教师教育不同模块课程促进职业发展的价值评价来看，他们都不重视文化知识课程，职前教师最重视专业技能课程，而在职教师最重视教育实践课程（见图3.3）。

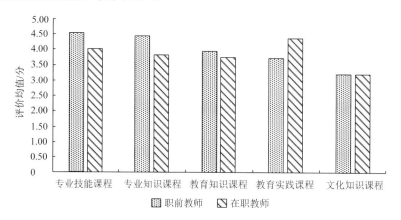

图 3.3　职前与在职教师对教师教育课程职业发展价值的评价均值

调查还显示：只有略多于一半的职前教师和五分之三的在职教师对职前教师教育课程的职业发展价值持肯定性评价。这可能暗示职前教师对教师教育质量还不太满意，或者还未充分认识到教师教育课程对职业发展的价值，也可能暗示现行教师教育课程设置及实施未能充分体现其对于教师职业发展的应有价值。

二、不同模块课程的价值评价

不同模块课程涵盖不同的知识与技能内容领域，在教师职业素养形成和发展过程中指向的内容不同。在了解职前与在职教师对职前教师教育课程总体价值评价的基础上，进一步了解他们对不同模块课程的价值评价，有助于我们更好地把握不同模块课程对教师职业素养养成及教师职业发展的影响力，为设置和调整不同模块课程在教师教育课程体系中的课时和门数比例提供参考。

（一）文化知识课程

职前教师对文化知识课程促进教师职业发展的价值评价（均值=3.19）大大低于他们对其他模块课程的价值评价。仅有21.91%的职前教师认为文化知识课程对教师发展"非常重要"，认为"比较重要"的有18.81%，认为"一般"的有29.51%，认为"不太重要"的有16.11%，认为"不重要"的有13.66%。

男性职前教师对文化知识课程的职业发展价值评价略高于女性，专科学历的略高于本科学历的，大二年级阶段的高于大三年级和大一年级阶段的，非教师家庭背景的略高于教师家庭背景的，喜欢自己所学专业的微高于不喜欢自己所学专业的，对学习结果感到满意的略高于对学习结果不满意的，获得过奖学金的略高于未获得过奖学金的（见表3.5）。

在职教师对文化知识课程促进教师职业发展的价值评价（均值=3.20）也大大低于他们对其他模块课程的价值评价。只有1.44%的在职教师认为文化知识课程对他们的职业发展"非常重要"，有27.51%认为"比较重要"，有61.24%认为"一般"，有9.57%认为"不太重要"，有0.24%认为"不重要"。

表3.5　职前教师对文化知识课程的职业发展价值评价

职前教师		文化知识课程评价/%					评价均值/分
		不重要	不太重要	一般	比较重要	非常重要	
性别	女	12.95	17.27	29.93	18.56	21.29	3.18
	男	19.75	6.17	25.93	20.99	27.16	3.30
学历	专科	9.47	18.93	27.81	20.12	23.67	3.28
	本科	14.85	15.35	30.03	18.48	21.29	3.16
年级	大一年级	16.83	22.12	29.37	15.84	15.84	2.92
	大二年级	12.12	12.12	22.94	25.11	27.71	3.44
	大三年级	11.16	12.39	35.95	16.53	23.97	3.30
家庭背景	非教师家庭	10.00	17.65	31.76	17.35	23.24	3.26
	教师家庭	16.40	14.78	27.94	20.09	20.79	3.14
专业态度*	不太喜欢	12.49	31.25	15.63	28.13	12.50	2.97
	一般	12.49	20.00	30.00	12.50	25.00	3.18
	比较喜欢	14.01	17.24	29.31	18.53	20.91	3.15
	非常喜欢	13.39	11.30	31.80	19.24	24.27	3.30
学习结果满意度**	很不满意	11.40	15.79	35.09	15.79	21.93	3.21
	不太满意	13.81	15.69	27.62	20.08	22.80	3.22
	比较满意	14.86	17.14	30.28	18.29	19.43	3.10
	非常满意	14.29	28.57	28.57	0	28.57	3.00
奖学金获得情况	未获得	13.57	18.16	28.75	20.16	19.36	3.14
	获得	13.97	12.50	30.51	16.18	26.84	3.29
综合评价		13.66	16.11	29.51	18.81	21.91	3.19

注：样本数N=776。评价均值为加权平均值。
* 专业态度"很不喜欢"的只有1人，没有统计学意义，表中忽略未计。
** 学习结果满意度为"一般"的只有2人，没有统计学意义，表中忽略未计。

总的来看，不同群体在职教师对文化知识课程的职业发展价值的评价差异不大。女教师比男教师给予的评价略高，研究生学历教师比本科及专科学历教师的评价略高，较高职称的教师比低职称教师的评价略高，高中教师比初中和小学教师的评价略高，教龄较长的教师比教龄较短教师的评价略高（见表3.6）。

表3.6　在职教师对文化知识课程的职业发展价值评价

在职教师		文化知识课程评价/%					评价均值/分
		不重要	不太重要	一般	比较重要	非常重要	
性别	女	0.30	9.34	59.94	28.61	1.81	3.22
	男	0	10.46	66.28	23.26	0	3.13
学历	专科	0.92	12.04	72.22	13.89	0.93	3.02
	本科	0	9.03	56.86	32.44	1.67	3.27
	研究生	0	0	70.00	30.00	0	3.30
职称	三级教师	0	19.51	63.42	17.07	0	2.98
	二级教师	0.90	3.64	72.73	20.91	1.82	3.19
	一级教师	0	11.35	55.46	31.51	1.68	3.24
	高级教师	0	3.45	62.07	34.48	0	3.31
学校层次	小学	0.55	12.57	66.12	19.67	1.09	3.08
	初中	0	8.22	56.16	33.56	2.06	3.29
	高中	0	5.62	59.55	33.71	1.12	3.30
教龄	5年以下	0	15.94	63.77	18.84	1.45	3.06
	5～10年	0.78	7.81	67.97	23.44	0	3.14
	11～19年	0	8.48	56.97	31.52	3.03	3.29
	20年及以上	0	8.93	55.36	35.71	0	3.27
综合评价		0.24	9.57	61.24	27.51	1.44	3.20

注：样本数N=418。评价均值为加权平均值。

（二）专业知识课程

职前教师对专业知识课程促进职业发展的价值评价（均值=4.45）仅次于对专业技能课程的价值评价，明显高于教育知识课程、教育实践课程及文化知识课程。有67.01%的职前教师认为专业知识课程对职业发展"非常重要"，有20.36%认为"比较重要"，有7.47%认为"一般"，有4.64%认为"不太重要"，有0.52%认为"不重要"。

不同群体的职前教师对专业知识课程促进职业发展的价值评价不同。女性高于男性，专科学历的高于本科学历的，高年级阶段的高于低年级阶段的（但低年级表示"非常重要"的人数比例高于高年级的），教师家庭背景与非教师家庭背景的评价均值相同（但前者中表示"非常重要"的人数比例高于后者），对专业持积极情感态度（"非常喜欢"及"比较喜欢"）的高于持消极情感态度（"不太喜欢"及"很不喜欢"），对学习结果满意度高的高于满意度低的，获得过奖学金的高于未获得过奖学金的（见表3.7）。

在职教师对专业知识课程促进职业发展的价值评价（均值=3.81）较高。有26.79%的在职教师认为专业知识课程对职业发展"非常重要"，有30.86%认为"比较重要"，有39.00%认为"一般"，有3.35%认为"不太重要"。

表 3.7　职前教师对专业知识课程的职业发展价值评价

职前教师		专业知识课程评价/%					评价均值/分
		不重要	不太重要	一般	比较重要	非常重要	
性别	女	0.29	4.32	6.90	20.72	67.77	4.49
	男	2.47	7.41	12.35	17.28	60.49	4.11
学历	专科	0	3.55	7.10	20.12	69.23	4.49
	本科	0.66	4.95	7.59	20.46	66.34	4.44
年级	大一年级	0.33	6.93	7.92	16.83	67.99	4.39
	大二年级	0.87	1.73	10.82	18.61	67.97	4.47
	大三年级	0.41	4.54	3.72	26.45	64.88	4.51
家庭背景	非教师家庭	0	5.88	7.65	21.18	65.29	4.45
	教师家庭	0.92	3.70	7.39	19.63	68.36	4.45
专业态度*	不太喜欢	0	3.12	3.13	12.50	81.25	4.72
	一般	0	10.00	12.50	15.00	62.50	4.30
	比较喜欢	0.65	4.96	7.54	20.69	66.16	4.42
	非常喜欢	0.42	3.35	7.11	21.76	67.36	4.51
学习结果满意度**	很不满意	0	8.77	4.39	21.05	65.79	4.41
	不太满意	0.63	4.60	8.78	19.67	66.32	4.42
	比较满意	0.57	2.29	6.28	22.29	68.57	4.54
	非常满意	0	0	0	14.29	85.71	4.86
奖学金获得情况	未获得	0.60	6.19	8.38	19.76	65.07	4.38
	获得	0.37	1.84	5.51	21.32	70.96	4.58
综合评价		0.52	4.64	7.47	20.36	67.01	4.45

注：样本数N=776。评价均值为加权平均值。

* 专业态度"很不喜欢"的只有1人，没有统计学意义，表中忽略未计。

** 学习结果满意度为"一般"的只有2人，没有统计学意义，表中忽略未计。

不同群体的在职教师对专业知识课程促进职业发展的价值评价不同，但没有人认为专业知识课程对职业发展"不重要"。女教师的评价略高于男教师，专科学历教师高于研究生及本科学历教师，高级和初级职称的教师高于中级职称的教师，小学教师高于高中和初中教师，工作时间较短的高于工作时间较长的（见表3.8）。

表3.8　在职教师对专业知识课程的职业发展价值评价

在职教师		专业知识课程评价/%					评价均值/分
		不重要	不太重要	一般	比较重要	非常重要	
性别	女	0	3.31	38.56	30.42	27.71	3.83
	男	0	3.49	40.70	32.56	23.25	3.76
学历	专科	0	1.85	23.15	37.04	37.96	4.11
	本科	0	4.02	44.48	28.76	22.74	3.70
	研究生	0	0	50.00	20.00	30.00	3.80
职称	三级教师	0	0	41.46	26.83	31.71	3.90
	二级教师	0	0.91	32.73	44.54	21.82	3.87
	一级教师	0	5.04	42.44	25.63	26.89	3.74
	高级教师	0	3.45	31.03	27.59	37.93	4.00
学校层次	小学	0	2.19	30.05	34.43	33.33	3.99
	初中	0	4.80	47.26	32.19	15.75	3.59
	高中	0	3.37	43.82	21.35	31.46	3.81
教龄	5年以下	0	2.90	39.13	26.09	31.88	3.87
	5~10年	0	2.34	37.50	38.28	21.88	3.80
	11~19年	0	3.64	40.61	28.48	27.27	3.79
	20年及以上	0	5.36	37.50	26.78	30.36	3.82
综合评价		0	3.35	39.00	30.86	26.79	3.81

注：样本数 N=418。评价均值为加权平均值。

（三）教育知识课程

职前教师对教育知识课程促进职业发展的价值评价（均值=3.93）明显低于对专业技能课程和专业知识课程的价值评价。有35.96%的职前教师认为教育知识课程对职业发展"非常重要"，有33.63%认为"比较重要"，有20.36%认为"一般"，有7.60%认为"不太重要"，有2.45%认为"不重要"。

不同群体职前教师对教育知识课程促进职业发展的价值评价不同。女教师的评价明显高于男教师，专科学历的略高于本科学历的（但本科学历的认为"非常重要"的人数比例高于专科学历的），大一一年级的高于大三年级和大二年级的（但大三年级认为"非常重要"的人数比例最高），非教师家庭背景的高于教师家庭背景的，对专业持积极情感态度（"非常喜欢"及"比较喜欢"）的高于持消极情感态度的，获得过奖学金的高于未获得过奖学金的（见表3.9）。

表 3.9 职前教师对教育知识课程的职业发展价值评价

职前教师		教育知识课程评价/%					评价均值/分
		不重要	不太重要	一般	比较重要	非常重要	
性别	女	1.73	6.94	18.93	34.68	37.72	3.98
	男	8.33	13.10	21.43	35.71	21.43	3.48
学历	专科	1.20	5.39	16.17	41.32	35.92	4.01
	本科	2.79	8.21	20.03	33.00	35.97	3.91
年级	大一年级	2.64	4.95	15.84	40.92	35.65	4.00
	大二年级	3.46	9.52	16.88	35.50	34.64	3.87
	大三年级	1.24	9.09	25.62	26.45	37.60	3.90
家庭背景	非教师家庭	2.05	4.99	17.89	36.36	38.71	4.04
	教师家庭	2.76	9.66	20.23	33.56	33.79	3.84
专业态度*	不太喜欢	3.13	6.25	15.63	46.87	28.12	3.91
	一般	2.50	7.50	25.00	30.00	35.00	3.88
	比较喜欢	1.94	8.41	21.55	33.62	34.48	3.90
	非常喜欢	3.35	6.28	17.99	32.64	39.74	3.99
学习结果满意度**	很不满意	3.51	6.14	14.04	36.84	39.47	4.03
	不太满意	1.88	7.53	20.92	34.73	34.94	3.93
	比较满意	3.43	8.57	21.71	28.57	37.72	3.89
	非常满意	0	14.29	42.85	28.57	14.29	3.43
奖学金获得情况	未获得	2.58	6.96	21.07	36.59	32.80	3.90
	获得	2.20	8.79	19.05	28.21	41.75	3.99
综合评价		2.45	7.60	20.36	33.63	35.96	3.93

注：样本数N=776。评价均值为加权平均值。

* 专业态度"很不喜欢"的只有1人，没有统计学意义，表中忽略未计。

** 学习结果满意度为"一般"的只有2人，没有统计学意义，表中忽略未计。

多数在职教师认为教育知识课程对自己的教学工作或职业发展价值较大（均值=3.75）。有8.85%的在职教师认为教育知识课程对职业发展"非常重要"，有58.37%认为"比较重要"，有31.82%认为"一般"，有0.96%认为"不太重要"。

不同群体的在职教师对教育知识课程促进职业发展的价值评价不同。男、女教师对教育知识课程的价值评价差异很微弱，但认为"非常重要"的男教师人数比例大于女教师，较高学历教师的评价高于较低学历教师，职称高的教师的评价高于职称低的教师，高中教师的评价高于初中教师和小学教师，工作时间较长的教师的评价高于工作时间较短的教师（见表3.10）。

表 3.10　在职教师对教育知识课程的职业发展价值评价

在职教师		教育知识课程评价/%					评价均值/分
		不重要	不太重要	一般	比较重要	非常重要	
性别	女	0	0.90	30.13	61.44	7.53	3.76
	男	0	1.20	38.36	46.44	14.00	3.73
学历	专科	0	0	38.88	58.31	2.81	3.64
	本科	0	1.31	29.13	58.53	11.03	3.79
	研究生	0	0	30.00	60.00	10.00	3.80
职称	三级教师	0	0	48.77	46.31	4.92	3.56
	二级教师	0	0	36.36	57.29	6.35	3.70
	一级教师	0	1.70	27.65	60.53	10.12	3.79
	高级教师	0	0	24.12	62.13	13.75	3.90
学校层次	小学	0	1.10	34.36	59.61	4.93	3.68
	初中	0	0.70	31.47	56.22	11.61	3.79
	高中	0	1.12	26.97	59.55	12.36	3.83
教龄	5年以下	0	0	40.60	53.60	5.80	3.65
	5~10年	0	0.80	29.65	62.53	7.02	3.76
	11~19年	0	1.80	29.10	60.00	9.10	3.76
	20年及以上	0	0	33.88	50.00	16.12	3.82
综合评价		0	0.96	31.82	58.37	8.85	3.75

注：样本数 N=418。评价均值为加权平均值。

（四）专业技能课程

职前教师对专业技能课程促进职业发展的价值评价（均值=4.55）最高。有 69.59%的职前教师认为专业技能课程对于职业发展"非常重要"，有 18.94%认为"比较重要"，有 8.76%认为"一般"，有 2.06%认为"不太重要"，有 0.65%认为"不重要"。

不同群体职前教师对专业技能课程促进职业发展的价值评价不同。女教师的评价高于男教师，专科学历的高于本科学历的，大三年级的高于大一年级的和大二年级的（但认为"非常重要"的人数比例却低于大一、大二年级的），非教师家庭背景的学生高于教师家庭背景的学生，对专业持积极情感（"非常喜欢"及"比较喜欢"）的高于持消极情感的，对学习结果满意度高的高于对学习结果满意度低的，获得过奖学金的高于未获得过奖学金的（见表 3.11）。

表 3.11　职前教师对专业技能课程的职业发展价值评价

职前教师		专业技能课程评价/%					评价均值/分
		不重要	不太重要	一般	比较重要	非常重要	
性别	女	0.43	1.87	7.91	18.42	71.37	4.58
	男	2.47	3.70	16.05	23.46	54.32	4.23
学历	专科	1.78	0.59	10.65	13.61	73.37	4.56
	本科	0.33	2.48	8.25	20.46	68.48	4.54
年级	大一年级	0.66	1.65	9.57	18.81	69.31	4.54
	大二年级	0.87	2.60	10.81	14.72	71.00	4.52
	大三年级	0.40	2.07	5.79	23.14	68.60	4.57
家庭背景	非教师家庭	0.29	1.18	7.35	18.82	72.36	4.62
	教师家庭	0.92	2.77	9.93	19.17	67.21	4.49
专业态度*	不太喜欢	0	3.13	3.13	31.24	62.50	4.53
	一般	2.50	2.50	7.50	22.50	65.00	4.45
	比较喜欢	0.43	2.16	9.91	17.46	70.04	4.55
	非常喜欢	0.84	1.67	7.53	19.67	70.29	4.57
学习结果满意度**	很不满意	0.88	2.63	7.02	28.07	61.40	4.46
	不太满意	0.63	1.88	10.46	16.95	70.08	4.54
	比较满意	0.57	2.29	5.71	17.72	73.71	4.62
	非常满意	0	0	0	28.57	71.43	4.71
奖学金获得情况	未获得	0.40	2.40	9.98	19.56	67.66	4.52
	获得	1.10	1.47	6.62	18.01	72.80	4.60
综合评价		0.65	2.06	8.76	18.94	69.59	4.55

注：样本数N=776。评价均值为加权平均值。
* 专业态度"很不喜欢"的只有1人，没有统计学意义，表中忽略未计。
** 学习结果满意度为"一般"的只有2人，没有统计学意义，表中忽略未计。

在职教师对专业技能课程促进职业发展的价值评价（均值=4.04）较高，有
19.86%的认为专业技能课程对职业发展"非常重要"，有64.35%认为"比较重要"，
有15.79%认为"一般"。

不同群体在职教师对专业技能课程促进职业发展的价值评价不同。女教师的
评价高于男教师，学历较低的教师的评价高于学历较高的教师，职称较低的教师
的评价高于职称较高的教师，小学教师的评价高于高中教师和初中教师，教龄较
短的教师的评价高于教龄较长的教师（见表 3.12）。

表3.12　在职教师对专业技能课程的职业发展价值评价

在职教师		专业技能课程评价/%					评价均值/分
		不重要	不太重要	一般	比较重要	非常重要	
性别	女	0	0	14.16	65.06	20.78	4.07
	男	0	0	22.09	61.63	16.28	3.94
学历	专科	0	0	8.33	63.89	27.78	4.19
	本科	0	0	18.06	64.88	17.06	3.99
	研究生	0	0	30.00	50.00	20.00	3.90
职称	三级教师	0	0	4.88	75.61	19.51	4.15
	二级教师	0	0	17.27	54.55	28.18	4.11
	一级教师	0	0	15.97	68.91	15.12	3.99
	高级教师	0	0	24.14	48.27	27.59	4.03
学校层次	小学	0	0	8.20	65.57	26.23	4.18
	初中	0	0	26.71	61.65	11.64	3.85
	高中	0	0	13.48	66.29	20.23	4.07
教龄	5年以下	0	0	7.25	63.76	28.99	4.22
	5～10年	0	0	12.50	65.62	21.88	4.09
	11～19年	0	0	19.39	64.85	15.76	3.96
	20年及以上	0	0	23.22	60.71	16.07	3.93
综合评价		0	0	15.79	64.35	19.86	4.04

注：样本数N=418。评价均值为加权平均值。

（五）教育实践课程

职前教师对教育实践课程促进职业发展的价值评价（均值=3.72）仅高于文化知识课程。有 34.93%的职前教师认为教育实践课程对职业发展"非常重要"，有25.13%认为"比较重要"，有22.42%认为"一般"，有12.37%认为"不太重要"，有5.15%认为"不重要"。

不同职前教师对教育实践课程的职业发展价值评价不同。从认为教育实践课程"非常重要"的人数比例来看，女生大大高于男生，专科生高于本科生，大二年级学生高于大三年级和大一年级学生，教师家庭背景的学生略高于非教师家庭背景的学生，但持否定评价的人数比例明显高于非教师家庭背景的学生，喜欢所学专业的学生大大高于不喜欢所学专业的学生，对学习结果感到满意的学生低于对学习结果感到不满意的学生，获得过奖学金的高于未获得过奖学金的（见表3.13）。

表 3.13 职前教师对教育实践课程的职业发展价值评价

职前教师		教育实践课程评价/%					评价均值/分
		不重要	不太重要	一般	比较重要	非常重要	
性别	女	4.60	11.80	21.15	25.76	36.69	3.78
	男	9.88	17.28	33.33	19.75	19.76	3.22
学历	专科	5.33	14.20	19.53	23.08	37.86	3.74
	本科	5.12	11.88	23.10	25.74	34.16	3.72
年级	大一年级	5.61	11.88	20.46	30.37	31.68	3.71
	大二年级	4.76	16.02	19.91	19.92	39.39	3.73
	大三年级	4.96	9.50	27.27	23.55	34.72	3.74
家庭背景	非教师家庭	5.29	9.41	26.18	24.41	34.71	3.74
	教师家庭	5.08	14.78	19.40	25.87	34.87	3.71
专业态度*	不太喜欢	3.13	9.37	25.00	31.25	31.25	3.78
	一般	7.50	17.50	30.00	12.50	32.50	3.45
	比较喜欢	5.17	12.50	21.98	26.29	34.06	3.72
	非常喜欢	5.02	11.72	21.75	23.85	37.66	3.77
学习结果满意度**	很不满意	7.02	11.40	20.18	27.19	34.21	3.70
	不太满意	4.81	11.30	23.64	25.73	34.52	3.74
	比较满意	4.57	15.43	21.14	22.29	36.57	3.71
	非常满意	14.29	28.56	14.29	14.29	28.57	3.14
奖学金获得情况	未获得	5.39	13.97	20.96	27.15	32.53	3.68
	获得	4.78	9.56	25.36	20.96	39.34	3.81
综合评价		5.15	12.37	22.42	25.13	34.93	3.72

注：样本数N=776。评价均值为加权平均值。

* 专业态度"很不喜欢"的只有1人，没有统计学意义，表中忽略未计。

** 学习结果满意度为"一般"的只有2人，没有统计学意义，表中忽略未计。

在职教师对教育实践课程促进职业发展的价值评价（均值=4.34）最高。有51.43%的在职教师认为教育实践类课程对职业发展价值"非常重要"，有35.41%认为"比较重要"，有11.96%认为"一般"，有1.20%认为"不太重要"

不同群体在职教师对教育实践课程的职业发展价值评价不同。男教师的评价高于女教师，本科学历教师的评价高于专科学历教师和研究生学历教师，初级职称段教师的评价高于中级和高级职称段教师，初中教师的评价高于小学和高中教师，工作5年以上教师的评价高于工作5年以下的（见表3.14）。

表 3.14 在职教师对教育实践课程的职业发展价值评价

在职教师		教育实践课程评价/%					评价均值/分
		不重要	不太重要	一般	比较重要	非常重要	
性别	女	0	1.51	11.75	36.14	50.60	4.36
	男	0	0	12.79	32.56	54.65	4.42

续表

在职教师		教育实践课程评价/%					评价均值/分
		不重要	不太重要	一般	比较重要	非常重要	
学历	专科	0	0.93	5.55	50.00	43.52	4.36
	本科	0	1.34	14.38	29.43	54.85	4.38
	研究生	0	0	10.00	50.00	40.00	4.30
职称	三级教师	0	0	0	56.10	43.90	4.44
	二级教师	0	0.91	13.63	30.91	54.55	4.39
	一级教师	0	1.68	13.45	31.51	53.36	4.37
	高级教师	0	0	10.34	55.17	34.49	4.24
学校层次	小学	0	1.64	6.55	48.09	43.72	4.34
	初中	0	0.68	15.07	20.55	63.70	4.47
	高中	0	1.12	17.98	33.71	47.19	4.27
教龄	5年以下	0	1.45	10.15	52.17	36.23	4.23
	5~10年	0	0.78	10.16	32.81	56.25	4.45
	11~19年	0	1.82	12.12	32.12	53.94	4.38
	20年及以上	0	0	17.86	30.35	51.79	4.34
综合评价		0	1.20	11.96	35.41	51.43	4.34

注：样本数 N=418。评价均值为加权平均值。

第二节　在职教师教育课程的职业发展价值

　　教育部 2012 年 5 月发布的《"国培计划"课程标准（试行）》，根据教师专业标准把课程内容分为专业理念与师德、专业知识和专业能力三个维度，每一维度分别由若干模块和若干专题组成，为不同学段、不同项目、不同学科的在职教师教育课程设置提供了依据。但在职教师在性别、学历、职称、工作学校类型与层次等方面存在差异，所处地区的社会、经济、文化和教育发展历史与现状等方面存在差异，所在学校的学校文化、教师文化等方面存在差异。这些差异的复杂性及其对在职教师职业发展的影响大大超过师范院校或教师教育机构对职前教师职业发展的影响。在职教师教育课程设置受各种因素制约而千差万别，因此对在职教师教育课程的评价可能因课程内容的差异而会有巨大差异。

　　在本书中，我们首先分析在职教师参加教师培训项目（接受教师教育）的基本情况，然后分析他们对教师教育课程各个维度和模块内容促进职业发展的价值评价。

一、总体价值分析

　　《"国培计划"课程标准（试行）》中的小学英语教师培训课程标准、初中英语教师培训课程标准、高中英语教师培训课程标准为示范性短期集中培训、中西部

短期集中培训、中西部置换脱产研修等项目设计的课程内容涉及专业理念与师德、专业知识和专业能力这三个维度，由十几个模块和数十个专题构成。由于地方差异和教师需求差异，在模块及专题的选择方面差异较大。因此，对此部分所作的分析仅仅是基于参加培训的教师所作的价值评价或价值判断。在本书中，编者增加了"职业规划与发展能力"模块，调查对象从自己职业发展的角度采用五分法对各项进行价值判断（最高分5分，最低分1分，由高到低分别对应"非常重要""比较重要""一般""不太重要""不重要"）。

调查数据显示，在职教师对专业理念与师德、专业知识和专业能力这三个维度课程促进职业发展的价值评价都较高，均值分别为4.75、4.54、4.47。不过，教师个体对这三个维度的价值评价存在明显的差异性。为了进一步理解在职教师对三个维度课程价值评价的差异程度，我们分类计算出各维度均值差（见表3.15）。

表3.15　在职教师对教师培训课程的价值评价均值差　　　　　单位：分

在职教师		专业理念与师德（均值=4.75）	专业知识（均值=4.54）	专业能力（均值=4.47）
性别	男	-0.25	-0.31	-0.42
	女	0.06	0.06	0.09
学历	专科	0.02	-0.01	-0.01
	本科	-0.04	0	0.02
	研究生	-0.01	0.02	0.04
职称	高级	0	0.04	0.11
	一级	0	-0.01	-0.01
	二级	-0.04	-0.10	0.06
	三级	0.06	0.06	-0.06
教龄	5年以下	-0.01	-0.01	-0.02
	5~10年	0.06	0.06	0.05
	11~19年	-0.06	-0.16	-0.03
	20年及以上	0.05	0.04	0.03
参培次数	1次/2年	0.09	0.11	0.03
	1次/学年	0.08	0.17	0.19
	1次/学期	-0.08	-0.37	-0.30
	1次以上/学期	-0.07	-0.09	-0.09

女教师对三个维度课程的重要性评价都高于整体评价，而男教师对三个维度课程的重要性评价都低于整体评价。专科学历教师对专业理念与师德课程的重要性评价高于整体评价，对专业知识课程和专业能力课程的重要性评价却低于整体评价；本科和研究生学历教师对专业理念与师德课程的重要性评价低于整体评价，但对专业能力课程的重要性评价高于整体评价。高级教师对专业知识和专业能力两个维度课程的重要性评价高于整体评价；一级教师对专业知识课程和专业能力

课程的重要性评价低于整体评价；二级教师对专业理念与师德、专业知识课程的重要性评价低于整体评价，对专业能力课程的重要性评价高于整体评价；三级教师对专业能力课程的重要性评价低于整体评价，但对专业理念与师德、专业知识课程的重要性评价高于整体评价。工作 5 年以下以及工作 11～19 年的教师对三个维度课程的重要性评价都低于整体评价；工作 5～10 年以及 20 年及以上的教师对三个维度课程的重要性评价都高于整体评价。一学年参加 1 次或者 2 年参加 1 次培训的教师对三个维度课程的重要性评价都高于整体评价，而一学期参加 1 次及以上的教师对三个维度课程的重要性评价都低于整体评价。

二、不同模块课程的价值分析

对《"国培计划"课程标准（试行）》三个维度课程下的 16 个模块进行了评价分析。结果表明：在职教师认为最重要的模块课程有师德修养、教学实施能力、实践教学能力、学科知识和教学设计能力，而课程资源开发与应用能力、通识性知识、教育技术能力、教学研究能力和职业规划与发展能力等的价值评价则相对较低（见图 3.4～图 3.6）。

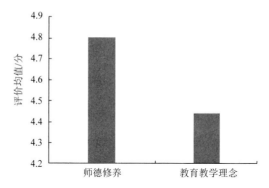

图 3.4 在职教师对专业理念与师德维度模块课程的价值评价

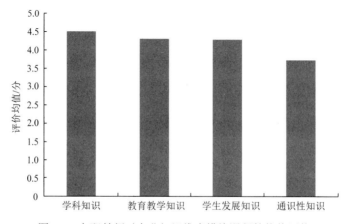

图 3.5 在职教师对专业知识维度模块课程的价值评价

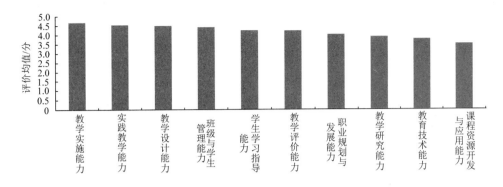

图 3.6　在职教师对专业能力维度模块课程的价值评价

在职教师对各维度模块课程的价值判断反映了他们的教师素养观。从上面的表和图可以看出，在职教师对师德修养的重视程度高于教育教学理念；对学科知识的重视程度高于教育教学知识和学生发展知识，但对通识性知识不够重视；对教学实施能力、实践教学能力和教学设计能力的重视程度高于课程资源开发与应用能力、教育技术能力和教学研究能力。在职教师对各模块课程的价值评价也揭示了他们职业素养结构的不平衡，因此，针对在职教师的教师教育课程设置就必须要准确诊断存在的问题，把握在职教师不同群体的需要。

第三节　关于教师教育课程职业发展价值的思考

职前与在职教师对教师教育课程促进职业发展的价值总体评价以及对不同模块课程促进职业发展的价值评价，为探讨教师的职业发展以及教师教育课程设置提供了启示意义。

一、教师教育课程的职业发展价值小结

通过分析职前和在职教师对职前教师教育课程促进职业发展的价值评价、在职教师对在职教师教育课程促进职业发展的价值评价，我们可以得出如下观点。

第一，多数职前和在职教师都肯定了职前教师教育课程对于教师工作以及教师发展的价值，职前教师的评价整体低于在职教师的评价。

第二，在职与职前教师对职前教师教育不同类型课程促进职业发展的价值评价存在明显差异，但都不重视文化知识课程。在职教师对不同课程的职业发展价值评价由高到低排序依次是教育实践课程、专业技能课程、专业知识课程、教育知识课程和文化知识课程。职前教师对不同课程的职业发展价值评价由高到低排序依次是专业技能课程、专业知识课程、教育知识课程、教育实践课程、文化知识课程。在职教师更注重教育教学实践能力，而职前教师则更注重学科专业能力。

第三，在职教师对专业理念与师德、专业知识和专业能力三个维度的课程都很重视，高度重视师德修养课程对职业发展的价值。在职教师有"师德为先"和"能力为重"的意识，与《教师专业标准》的基本理念一致，但他们对于专业知识和专业能力的认识还须要校正，专业知识和专业能力结构还不平衡。

第四，在职和职前教师对文化知识类课程促进职业发展的价值评价很低。这一方面表明他们尚未充分认识到文化知识类课程的价值或者是认识存在一定程度的偏差，另一方面表明我国中小学教师教育课程中的文化知识类课程从设置到实施和评价等方面都须要改进。文化知识类课程需要系统性的改革，不能仅限于传统的思想政治课、历史课和体育课等。

二、提高教师教育课程职业发展价值的途径

20 世纪 70 年代以来，我国师范院校教师教育课程设置的普遍特征是重"学术"、轻"师范"，教师教育课程在内容结构方面严重缺乏教师职业特性。尽管国内有一些不同层次的师范院校在此方面进行了改革实践，但总的来说还有很多不足。职前教师教育课程设置没有充分体现培养合格教师这一根本目标，忽视教师职业发展对课程设置的要求，缺少教师职业发展规划引导，缺少教师职业角色和职业态度训练，忽视教师职业兴趣和职业价值观的培养，教师职业道德教育滞后。另外，因不同类型、不同层次教师培训项目的设计与实施缺乏顶层系统设计，在职教师教育课程存在明显的交叉重叠、简单重复，不能满足不同学历、职称、教龄和学校类型的教师的需要。低效培训项目耗时多，对中小学教师的消极影响很大。

为充分发挥职前教师教育课程与在职教师教育课程促进教师职业发展的功能，须要从以下两个方面进行改革。

（一）改革教师教育课程结构

人们普遍认为，师范院校职前教师教育课程大体由三大类构成，即通识课程、学科专业课程、教育专业课程（包括教育实践课程）。通识课程是实现通识教育的课程，是相对于专业（职业）教育课程的。学科专业课程和教育专业课程则是教师教育的专业课程，也就是以前所说的师范专业课程。然而，通观我国以培养教师为主的师范院校的课程设置，大多仍然以"教育学""心理学""学科教学论"老三门课程为代表，极少有开设引导和帮助职前教师（师范生）职业发展的课程。尽管有的学校开设了就业指导课或者职业指导课，但仅着眼于给学生讲授就业与面试技巧，还没有涉及训练职前教师（师范生）的职业角色与职业态度的课程，也没有能够培养他们的职业兴趣、职业价值观、职业道德与职业能力发展的课程。这样，师范院校的很多毕业生普遍存在专业能力较强而教育教学能力偏弱的现象。他们在如何教育学生、如何有效教学等方面还只是简单模仿其他

老师的做法，或者是根据自己的主观想象来操作。一旦出现教学效果不满意或者学生反应不如意的情况，就茫然不知所措，组织管理能力、课程能力相当薄弱。因此，改革教师教育课程结构势在必行。

改革教师教育课程结构，可以提高教师的效能感，提升教师的职业能力。

1. 提高教师的效能感

教师的教学效能感影响教师的工作投入度，即是否愿意在教育教学工作方面投入时间和精力，是否愿意投入时间和精力去研究教学、研究学生以及丰富和提升自己的职业素养。教师的教学效能感还影响教师在教育教学过程中的情绪和行为表现，影响他们对学生的态度和行为，进而影响学生的学习和行为表现。

一方面，教学效能感受客观环境因素和教师职业素养因素的影响。客观环境因素包括社会因素（如社会对教育和教师价值的认识、对人才的评价标准等）、学校因素（如学校教育传统和办学理念、学校的管理模式、办学条件、人际关系、工作考核标准等）、学生及学生家长因素（如学生的学习动力和态度、学习习惯和方法、成长期望，学生家长对教师工作的支持和配合程度、对孩子的教育方式及成长期望等）。教师职业素养因素是影响教学效能感的关键因子，包括教师的职业理念（如对教育和教学的认识、对学生的认识等）、职业知识（如教育教学知识、学科专业知识等）以及职业技能（如教育教学技能、学科专业技能等）。因此，社会、学校要为教师提高教学效能感创造条件，但教师更要从提升自身素养的角度去提高教学效能感，实现自己的社会价值和个人价值。教师职业素养是一个逐渐养成的过程，须要职前教师和在职教师持续不断地学习和练习，"学一阵子（大学四年或三年），用一辈子"的观念和行为已经不能适应教育改革的大形势，更不可能实现培养人才的教育目标。教师必须转变观念，并以实际行动去提升自己，顺势而为才能"适者生存"。

另一方面，低下的学习效能感会严重挫伤职前教师的自信心，从而影响他们对自己胜任教师职业的判断。职前教师的学习效能感既受前期学习结果的影响，又进一步影响后期的学习行为和态度。学习效能感低下意味着学习者对学习内容掌握程度偏低，没有达到他们预期的学习目标。对于职前教师而言，如果未能较好掌握专业知识和专业技能、学科教育教学的相关知识和技能，毕业后就很难胜任教师职业岗位，甚至不能取得教师入职资格。特别是进入高年级阶段，学习课程数量和难度增加、参加教育见习和教育实习的次数和时间增多，这更让他们看到了自己与合格教师之间的差距，而学习时间的不足让他们感到压力增加。高年级阶段的职前教师比低年级阶段的职前教师能够在教育见习和教育实习中更多地体验教师这一职业，而随着体验机会的增多，他们对教师职业压力的体验也会更深刻，会发现自己与合格教师标准之间的差异，并降低对教师职业胜任程度的判断。职前教师对教师职业的情感倾向会决定他们是否愿意投入足够的时间和精力去学习和理解教师职业理念，学习和掌握教师职业知识，学习和发展教师职业能力，会决定他们是否愿意主动去体验教师职业环境和认知教师职业内容，从而影响他们最终能否胜任教师职业。

教师教育课程设置影响在职教师的教学效能感和职前教师的学习效能感，因此教师教育机构要改革教师教育课程设置，提高教师的效能感，提升他们的自信心，提高学习和工作效率。

2. 提升教师的职业能力

压力总会给人带来不舒适的感觉，总会给人的行动带来限制。由于不同教师所在的职业环境差异较大，职业压力的表现形式和程度也存在很大差异。

1）参考国内外研究者的观点，影响教师职业压力的因素大致分为社会因素、管理因素、学生与家长因素、教师个人因素四种类型。社会因素主要是特定时期社会（特别是主流社会阶层）对教师职业的认识、对教师职业的价值判断、对教师从业人员的期望、教育政策以及给予教师的社会与经济地位。管理因素包括教育行政管理部门和学校，涉及对教师资格的控制与管理、教师工作的管理与评价、教师发展的关怀与支持，以及相应的基础设施与环境建设等因素。学生与家长因素则包括学生的学习态度、学业基础、学习方法与学习习惯、生活习惯、家庭背景与环境，家长对学生学习的关注度及关注方式、对教师职业的认识及对教师的态度等。教师个人因素则包括教师个人的专业素养、性格特征、家庭状况以及自己和家人对教师职业的态度、对教师职业的价值认识、对教师工作的认识等。

2）调查揭示，在职教师认为导致职业压力增大的主要原因是学生学习积极性降低、教材变换以及班级规模大。从教师的角度来看，学生学习积极性、教材变换、班级规模这三个都是客观因素。学生学习积极性低是学生方面的因素，教材变换是教育管理方面的因素，班级规模大是学校办学条件方面的因素。从表面来看，这三个客观因素好像都与教师自身的职业素养无关。但从另一个角度来看，又与教师职业素养有关，揭示了教师在学生学习指导能力、教材处理能力以及学生和班级管理能力等方面的欠缺。

影响学生学习积极性的重要原因是兴趣，而学习兴趣不是与生俱来的，是在客观环境中逐渐培养和发展的。中小学生的学习兴趣是易变的，也是可引导和培养的，关键就在于教师。教师如何发挥自己的能动性和创造力来引导和培养学生的学习兴趣，既是教师工作的重要内容，也是教师的学生管理能力的重要体现，因此是教师职业素养的重要表征。同时，教师如何理解学生的学习兴趣以及学习兴趣培养问题反映了他们的学生观和学习观。如果教师把职业压力归因于学生学习积极性低，实际上是用静止而不是发展的观点来看待学生的学习和学习积极性问题，同时也否认了教师的作用。

从调查可以看出，很多教师在教学过程中按照教材内容的顺序组织和实施教学，有的教师根据考试内容来调整教学内容，有的教师根据学生的学习情况调整教学内容。有的教师埋怨教材变换太快了，刚刚熟悉了如何使用一套教材，结果学校或教育局又要求换教材了。这样，他们又不得不花时间和精力重新去熟悉新教材。这都揭示了教师教材处理能力的不足。教材作为教育内容的重要载体，反映着我们对人类文明传承的选择，关系着我们对人类文明的发展和创新。因此，教材变换是社会发展在教育中的必然要求，是教育教学改革的必然要求。如何认识和使用教材是教师的教材处理能力的重要体现，即是教师课程能力的重要体现。很多中小学教师把职业压力增大归因于教材变换，是因为他们缺乏系统把握和处理教材的能力，或者是因为这方面的能力不足。这一部分教师把教材当作教学的中心，把教材当作是学生知识学习的唯一来源，把自己当作是教材的忠实执行者。教材变换之后，他们就不得不花费大量时间和精力去学习如何使用新教材，以及如何应对新教材使用可能带来的考试内容的变化。这样一来，教师把自己变成了教材的"奴隶"，而没有想到要做教材的"主人"。教材只是组织学生学习的一个媒介，但不是唯一的媒介。因此，没有必要、也不可能要求每个学生全部不漏地掌握教材中的内容。

班级规模大是中国教育的一个国情。近年来有的地方、有的学校在尽力实施小班教学，但大班教学仍是短期内难以全面解决的一个问题。教师如何应对和处理一个有五六十个甚至七八十个及以上学生的教学班组，如何有效管理班组以及班组中的每一个成员，如何实现个别化教学或者说如何实现因材施教，这一系列问题涉及的不仅仅是教师的专业素养，还与教师的管理和组织能力密切相关。

（二）提高教师教育课程实施质量

从国内外相关研究可以看出，教师教育的形式对教师的信念和实践、学生的学习以及教育改革的实施都有深刻影响。正如研究者指出的那样，顶尖学校总是吸收优秀人才加入教师队伍，把他们培训成高效率的教师，并从制度上保证给每个学生提供最恰当的教育，从而提高教学效率，提高学校教育质量；而决策者或评论员往往把学校能否成功吸引优秀人才加入教师队伍归结于是否有尊师重教的历史和文化传统这一外在因素[1]。

在我国传统的教师教育课程实施过程中，教育实践这一教师职业能力培养及提高的瓶颈问题仍然未能得到很好解决。研究表明，教育实习对师范生的职业发展具有积极影响，他们在实习过程中得到实习指导教师等重要他人的社会支持，提升了对教师职业的认同感，进而促进了对教师职业的承诺[2]。在新一轮基础教育改革以及教师教育改革的大背景下，很多师范院校都在增设教育实践课程或者提高实践教学的课时比例，努力提高职前教师的教育教学能力，比如延长教育实习时间（从半个学期延长为一个学期甚至一个学年）、设立顶岗支教实习等。一些综合性大学甚至尝试"4+2"本硕连读的教师教育模式，丰富教师教育课程，延长教师教育时间。但重理论、轻实践的现象仍然普遍，学科知识课程、教育理论课程等所占比例仍然较高（一般在 70%以上），教育实践课程开设不足或课时偏少（20%以下）。有的学科专业教师对教育理论和教育实践课程的价值认识不够，认为学科专业课程才是最重要的，开设教育理论和教育实践课程是抢夺了学科专业课程的教学时间，并认为这是导致学生专业基础薄弱的主要原因。另外，教育实践课程实施也受诸多因素制约，比如教育见习实习基地数量及容量的限制、教育见习实习学校的管理工作、教育见习实习经费的不足、教育见习实习指导老师不足以及学生自身认识和能力水平等。因此，师范院校难以保证每个职前中小学教师都有充足的教育教学实践，也难以保证每个职前中小学教师教育教学实践的质量达到教师专业标准的要求。再者，教育改革所倡导的学生参与和终身学习等理念并未能较好支撑学校教育质量，以考试为中心的传统教育环境结构的内部矛盾使得教师难以兼顾家长支持、学校声誉与素质教育。各地教育结构的不均衡及财力不均等非常明显，还有些地方并未落实教师专业持续发展这一基本战略。所有这些教师教育课堂之外的因素都影响着教师教育课程实施的质量，应该引起教育管理部门，尤其是高层管理部门的高度重视。

参 考 文 献

[1] BARBER M, MOURSHED M. How the World's Best-Performing School Systems Come Out on Top [R]. London: McKinsey & Company, Social Sector Office, 2007: 13-16.

[2] 张晓辉，闫邱意淳，赵宏玉，等. 教育实习对师范生职业发展的影响：基于典型个案的质性研究[J]. 教师教育研究，2015，（6）：52-58.

第四章　全面全程的教师职业发展

从前面的调查分析可以看出，不论是职前教师教育课程体系还是在职教师教育课程体系中，教师职业生涯发展规划课程都还很欠缺。越来越普遍和严重的职业倦怠现象更是揭示了教师职业生涯发展规划的缺失。职业选择与职业发展理论为我们认识和理解职业发展提供了理论基础，也有助于我们做好职业生涯发展规划。正确理解职业及职业发展，树立正确的职业发展观，确立明确的职业发展规划，熟悉职业发展的路径，是获得职业发展的重要保障。

第一节　职业发展理论概略

尽管职业指导与职业训练伴随社会分工就已经出现，但对职业进行系统理论研究，并取得重大进展是在 20 世纪。从内容性质这一角度来看，职业理论包括职业选择理论和职业发展理论。另外，还有一些普通心理学特别是人格研究的理论也为职业理论研究提供了重要参考，如鲍丁的心理动力论、MBTI 人格理论、柯顿的适应-创新理论等。在这些理论指导下，研究人员设计了很多研究量表，被广泛应用于企业员工招聘以及职业生涯规划，并且在实践中被证明是成功的。

职业发展理论主要起源于 20 世纪 50 年代哈维格斯特（R. J. Havighurst）的发展阶段论和金斯伯格（E. Ginsburg）等人的职业发展理论。国外比较有影响的职业发展理论包括休珀（D. Super）的职业生涯阶段理论、金斯伯格的职业生涯发展阶段理论、格林豪斯的职业生涯发展理论、道尔顿和汤普森的职业发展阶段模型、社会认知职业理论、职业发展的混沌理论等。

一、职业发展阶段性理论

金斯伯格（1951）认为职业在个人生活中是一个连续的、长期的发展过程，包括三个阶段：空想阶段（11 岁以前）、尝试阶段（11～17 岁）、现实阶段（17 岁以后至成人）。童年时期就开始孕育职业选择的萌芽，随着年龄、资历、教育等因素的变化，个体的职业选择也会表现出不同的特征。职业发展每个阶段都有不同的特点和任务，每一个阶段的任务如果能够完成，就能达到各个阶段相应的目标；如果前一阶段的任务不能很好完成，就会影响下一阶段的职业成熟，最后导致在职业选择时发生障碍。

休珀吸收了差异心理学、发展心理学、职业社会学及人格发展理论的研究成果，进行了长期的研究，系统地提出了有关生涯发展的观点。休珀对金斯伯格的职业心理与职业行为成熟化或成熟过程理论做了进一步发展，核心内容就是职业选择。休珀根据"生涯发展型态研究"结果将生涯发展阶段划分为成长、试探、决定、保持与衰退五个阶段。20 世纪 70 年代中后期，休珀在英国进行了为期四年的跨文化研究，在 80 年代提出了职业与生活发展的关系理论，并进一步在 90 年代提出了生活广度、生活空间的生涯发展观。休珀在这个生涯发展观中加入了角色理论，将生涯发展阶段与角色交互影响同时考察，描绘出一个多重角色生涯发展的综合图形，并把它命名为"职业生涯彩虹图"[①]。休珀理论最有价值的一点就是他把职业发展看作是一个贯穿生命全过程的选择、适应和发展交织的过程。

　　美国心理学博士格林豪斯（Greenhouse）以人们在不同年龄段职业生涯所面临的主要任务为依据将职业生涯划分为五个阶段：职业准备阶段、进入组织阶段、职业生涯初期、职业生涯中期和职业生涯后期，从而形成他的职业生涯发展理论。职业准备阶段对应的典型年龄段为 18 岁以前，人们在这一阶段的主要任务是发展职业想象力、形成职业评估和选择的能力并接受必需的职业教育。进入组织阶段对应的年龄段为 18～25 岁，人们在这一阶段的主要任务是在获取并分析职业信息的基础上努力选择一种合适的、满意的职业。职业生涯初期阶段对应的年龄段为 25～40 岁，人们在这一阶段的主要任务是学习职业技术、提高职业能力，学习和熟悉职业规范，逐步适应职业工作和职业组织。职业生涯中期阶段对应的年龄段为 40～55 岁，人们在这一阶段的主要任务是审视和重新评估自己的职业生涯，强化或改变自己的职业理想，为自己选定的职业继续投入时间和精力以获得职业发展和成功。职业生涯后期阶段对应的年龄段为 55 岁至退休，人们在这一阶段努力维持自己取得的职业成就，维护自己的职业和人格尊严，准备给自己的职业生涯画一个完美的句号。

二、社会认知职业理论

　　社会认知职业理论（social cognitive career theory，SCCT）是 20 世纪 80 年代有影响力的职业理论流派。以班杜拉的社会认知理论为基础，将心理、社会、经济等影响因素通过自我效能、结果期待和目标三个核心概念整合起来，动态性地揭示职业选择和发展的全过程，使职业理论更全面。代表人物是库伦伯茨（Krumboltz）。SCCT 理论特别强调个人与环境相互作用。SCCT 将职业选择和发展视为一个复杂的系统工程，不仅涉及心理问题，还涉及社会、经济等方面的影

　　① 在职业生涯彩虹图中，最外的层面代表横跨一生的"生活广度"，又称为"大周期"，包括成长期、探索期、建立期、维持期和衰退期。里面的各层面代表纵观上下的"生活空间"，由一组角色和职位组成，包括子女、学生、休闲者、公民、工作者、持家者等主要角色。各种角色之间是相互作用的，一个角色的成功，特别是早期角色的成功，将会为其他角色提供良好的基础；反之，某一个角色的失败，也可能导致另一个角色的失败。角色的相互替换、盛衰消长除了受到年龄增长和社会对个人发展、任务期待的影响外，往往跟个人在各个角色上所花的时间和感情投入的程度有关。

响，并将社会、经济因素对职业自我效能的形成、选择的作用有机地融入自己的理论。社会认知职业理论对职业研究所采取的发展的视角和态度值得我们借鉴，因为教师职业是一个受多种因素制约和影响的大系统，更主要的还在于教师职业对象的发展变化性，在个人与环境的相互作用过程中不可避免地会出现冲突与矛盾，也就会出现适应与不适应的问题。这一理论提示我们，在研究教师的职业选择和发展问题时，一定要以一种发展的、系统的观点来思考。

三、职业发展的混沌理论

20 世纪 60 年代的混沌理论也被引用到职业理论中，认为职业发展是一个复杂的适应性实体，它要不断与外界进行物质、能量和信息交换。因为职业发展涉及经济、心理和社会因素，物质、能量支持和信息交换对于个体职业选择、职业转换、职业满意度等与职业发展相关的内容都有重要影响。这些影响因素包括父母、社会关系、性别、年龄、经济、政治环境、兴趣、能力、地理条件等，它们中的大多数在不同程度地变化着，难以预测。国内有研究者从初值敏感性、分形和吸引子的作用三个方面分析了职业发展的混沌特征[1]。

从各种职业发展理论来看，人、职业、职业环境（包括职业内部环境和职业外部环境）等要素构成了影响从业者职业发展的主要因素，职业的发展不是一蹴而就的，而是表现出明显的、不可逆的阶段性特点。

第二节　职业生涯的全面发展

我国教育的根本目的是促进受教育者的全面发展。全面发展不等于"全能"。教师作为教师教育的教育对象，也应该获得全面发展。教师的全面发展是教师队伍整体水平提高的前提，是教育质量提升的必要条件。正如国外研究者指出的那样，学校教育质量不可能超过其教师队伍素质的水平，高水平的学校通过吸收优秀人才担任教师，提高教学效率，从而提高教育质量，培养出优秀的人才[2]。

教师全面发展的基础是教师素养的全面发展。职业素养一般是指某一特定职业的从业者所具有的能够适应、胜任该职业任务的基本素质要求，包括知识、能力、信念、个性等。职业素养不是与生俱来的，也不是自动产生的，而是从业者通过接受一定程度的教育掌握必需的知识和技能，并在与职业相关的环境中通过实践获得的经验和工作经历。职业素养的养成是一个长期的过程，除受从业者的受教育程度、实践经验和工作经历影响之外，还受从业者的身心素质及社会环境的影响。

那么，教师到底应该具备哪些素养才能奠定全面发展的基础呢？我国现阶段中小学教师的素养结构又能否为全面发展奠定基础呢？

一、教师职业素养结构

在教师专业化发展过程中，不同国家和地区都制定了教师专业标准，有的对不同职业发展阶段教师的专业标准和素养要求做了区别性规定，有的则对不同学段教师的专业标准和素养要求做了规定。这些素养要求大多涉及教师的专业知识、专业技能、专业品质等领域。有研究者认为，"理解、尊重学生，促进学生全面发展的知识与技能""促进有效学习的教学实践技能""专业反思能力和终身学习能力""合作能力"是教师专业发展的核心素养[3]。

从研究者的观点来看，国内研究大多认为教师的职业素养包括职业道德素质、科学文化素质和教育能力素质。职业道德素质包括高尚的职业道德观念（职业认识、职业理想和职业信念）、良好的职业道德态度、适宜的职业道德行为，科学文化素质包括扎实的专业基础知识、广博的科学文化知识和良好的文化素养、宽厚的教育科学知识，教育能力素质包括了解和研究学生的能力、语言表达能力、信息获取与处理能力、组织管理能力、教育研究能力。也有研究者认为适应能力与交际素养、职业信念等一起构成教师的基本素养。

霍兰德认为，不同人格类型的人对不同的职业类型感兴趣，个体的人格类型与职业相匹配时，就达到了协调或适应状态；劳动者找到适宜的职业岗位，其才能与积极性才会得到很好发挥。霍兰德指出，人格（包括价值观、动机和需要等）是决定一个人职业选择的重要因素，包括现实型、传统型、企业型、研究型、艺术型、社会型六种。与六种人格类型相联系，个体在选择职业时有六种倾向或性向，即实际性向、常规性向、企业性向、调研性向、艺术性向、社会性向。在现实生活中，大多数人并非只有一种性向（比如，一个人的性向中可能同时包含着社会性向、实际性向和调研性向等）。霍兰德认为，相似的性向之间相容性较强，因而一个人在选择职业时所面临的内在冲突和犹豫就会较少。霍兰德重视职业兴趣的个体差异及其在职业选择中的影响，具有职业兴趣的职业可以提高人们的积极性，促使人们积极地、愉快地从事该职业。

可见，培养与职业相匹配的职业性向是获得职业发展的前提之一，因此职业性向也应是职业素养的组成要素。职业性向是指一个人所具有的有利于其在某一职业方面成功的素质的总和，涉及职业价值观、职业兴趣、职业性格、职业倾向、职业意愿等。教师职业性向是指一个人所具有的有利于其教师职业成功的素质的总和，包括对教师职业价值的认识、对教师职业的兴趣、选择以教师为职业的意向等。

从职业发展理论以及教育促进人的全面发展的角度来看，教师的职业素养不仅仅包括专业知识和专业技能，还应包括有助于教师适应、胜任教育教学工作所需要的教师职业理念与师德、教师职业知识、教师职业能力及教师职业性向。这四个方面一起构成了教师职业素养结构的四个维度，即"四维一体"的职业素养结构（见图4.1）。

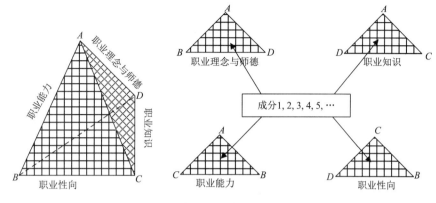

图 4.1　"四维一体"教师职业素养结构

（一）教师职业理念与师德

职业理念是由同一职业或相邻职业的从业人员在从业过程中形成并共同遵循的观念和价值体系，是一种职业意识形态。教师职业理念是各级各类学校从事教育教学工作的人员即教师在教育教学过程中形成并共同遵循的关于教育、教师、学生、课程等的系列观念和价值体系。教师职业理念能够保护和加强教师职业的社会地位，是教师从事教育教学工作的精神力量，也是教师应当遵守的职业道德规范，既能指导教师的职业行为，帮助他们认识到教师的职业价值，又能促进他们的职业发展，实现自己的生命价值。有研究表明，教师职业理念指导着其职业发展和教学行为。

1. 教育观

教育观是教师职业理念与师德的重要组成部分，是教师对教育目的与功能、教学活动与教学过程等的认识，包括对教学原则、教学规律的理解。教育观回答的是"什么是教育"和"教育为了什么"等主要问题。

什么是教育？有人认为教育是增进人的知识、提高人的技能、发展人的品德的活动；有人认为教育是通过向受教育者传授知识、经验等促进受教育者发展的活动；有人认为教育就是培养人的活动。对教育的不同理解，真可谓仁者见仁、智者见智，无一而同。受历史时期、文化背景、哲学思想等的影响，不同的人（教育家、哲学家、政治家等）都可能对教育提出不同的见解，从而形成不同的教育观。但无论什么样的教育见解或教育观，都会涉及对教师、学习者和教育内容的认识，或者对教育的目的、功能与价值等的认识。换句话说，教育观应当包括对教育目的、教育价值、教育内容、教育对象、教育手段等的认识。教育观是随着社会的发展变化以及个人的成长变化而变化的。

　　传统教育观以培养人的德性为教育目的，忽视人的主体性；现代教育观受科学主义、理性主义的影响，主张对人进行主体性教育，主张体系化、制度化的教育；后现代主义教育观反对科学主义、本质主义，反对教育培养理性人、大写的人，主张培养游戏人、生态人和小写的人，反对教育研究中的自然科学范式，倡导叙事研究和质性研究，反对用传统认识论来研究教学过程，倡导教学中的体验和感悟，倡导教育回归生活，强调生活、体验和情感的重要性等[4]。根据诺丁斯的幸福教育观，创建幸福的教育需要教育工作者教会学生持家，培养他们的卓异德性，向学生进行关怀示范，积极倡导呈现式教学的新理念[5]。有研究者认为，教师的教育观应该从"知识本位"回归"德性本位"，实现创造教育观的转变，即教师从德性生命的高度来认识和理解教育的目的、过程、对象、内容、方法等，形成以发展学生的德性生命为本的教育观、人才观、教学观、课程观等[6]。

　　教师的教育观影响教师的教育实践、学生的发展程度以及教师个人的职业发展，决定了他们如何认识和看待教育和教学工作、如何认识和看待学生及学习活动，也就影响和决定他们的教育价值倾向。如果一个教师认为教育和教学的目的是"一切为了学生，为了学生的一切，为了一切学生"，或者认为教育和教学的对象"有教无类"，那么他们在教育和教学实践中就会考虑学生的差异性和个体性发展需求，努力实现每个孩子的全面与综合发展，努力做到"不让一个孩子掉队"，不会为了自己的个人利益而只顾及优秀生，也不会片面地去追求学生考试分数的高低。如果教师把职业价值定位为追求教育服务理想、提高教育工作智力水平、探索最优教育实践，他们才能够自觉地把教育和教学作为自己的职业和事业，积极追求并努力实现教师职业的社会价值而不是仅仅顾及自己的个人利益，树立为教育事业和学生成长的奉献精神，自觉、主动地学习教育和教学工作的专业知识和专业技能，提高自己教育和教学工作的智力水平，并在教育和教学工作实践中努力探索最优化的教育和教学实践方式。因此，教师的教育观对于学生的成长和教师的发展都有非常重要的意义。

　　各种社会本位的教育观、知识本位的教育观、人本位的教育观等折射出不同的价值诉求，那么现代教师应该有什么样的教育观呢？现代教师应该树立素质教育观与终身教育观。

　　（1）素质教育观

　　素质教育观从本质上来看是一种人本位的教育观。素质教育是依据人的发展和社会发展的实际需要，以全面提高全体学生的基本素质为根本目的，以尊重学生个性、开发学生潜能、形成学生健全人格为根本特征的教育。

　　我国中小学教师树立素质教育观是我国社会发展在教育领域中的必然要求，是教育改革和发展的必然要求。1993 年 2 月 13 日中共中央、国务院印发《中国教育改革和发展纲要》，提出通过教育改革提高民族素质的重要性。1997 年 10 月 29 日，原国家教委印发《关于当前积极推进中小学实施素质教育的若干意见》，指出全面推进素质教育是国民经济和社会发展对中小学教育的要求，是迎接 21 世纪挑战、提高国民素质、培养跨世纪人才的战略举措。1998 年 2 月 6 日，原国家教委发布《关于推进素质教育调整中小学教育教学内容、加强教学过程管理的意见》，指出要加强对教学过程的指导和管理，引导、鼓励、支持教师开展教学组织形式、教学方法多样化的探索和实验，并建立相应的教学评价体系，充分挖掘、利用各种教学资源，切实提高教育质量。由教育部制定、国务院 1999 年 1 月 13 日批转的《面向 21 世纪教育振兴行动计划》提出实施"跨世纪素质教育"工程，整体推进素质教育，全面提高国民素质和民族创新能力。1999 年 6 月 13 日，《中共中央 国务院关于深化教育改革全面推进素质教育的决定》发布，就如何全面推进素质教育提出了 26 条实施建议。2000 年 3 月 21 日，教育部印发《关于全面推进素质教育、深化中等职业教育教学改革的意见》，对中等职业教育中实施素质教育作了部署。2010 年 4 月 27 日，《教育部关于深化基础教育课程改革 进一步推进素质教育的意见》发布，提出基础教育课程改革要巩固和发展素质教育成果。2010 年 7 月 29 日发布的《纲要》，指出我国素质教育推进仍然存在困难，明确要求进一步全面实施素质教育。

《全日制义务教育英语课程标准（实验稿）》把"面向全体学生，注重素质教育"作为义务教育英语课程的第一条基本理念。《义务教育英语课程标准（2011 年版）》进一步把"注重素质教育，体现语言学习对学生发展的价值"确定为义务教育英语课程的第一条基本理念。义务教育阶段的英语课程以培养英语学习者综合语言应用能力为核心目标，课程不仅仅具有工具的性质，更具有人文的性质。英语作为一门外语课程，是学习者了解世界各国文化、学会理解和尊重文化多元性、学会合作与宽容、在学习过程中形成良好的心理素质、提升语言表达与交际能力、形成和提高社会责任感与创新意识等的重要途径。也就是说，义务教育英语课程是提升学习者人文素养的重要途径。围绕这一核心目标的是语言知识目标，语言技能目标，学习策略目标，文化意识目标，情感、态度和价值观目标五个领域的基本目标。因此，中小学英语课程中落实素质教育就要以培养学生的综合语言运用能力为目标，英语教师必须牢固树立这一课程目标观。

当然，培养学生的综合语言运用能力并不是要求这五个维度的目标平均发展，这是不可能的。那么，英语教师在英语课堂教学实践中又是如何认识英语课程目标的呢？我们从访谈中了解到，各有三分之一的调查对象认为英语课程最重要的目的是训练和提高学生的听、说、读、写技能（语言技能目标）以及培养他们对英语课程的学习兴趣和合作精神（情感、态度和价值观目标），对语言知识目标的强调程度大大下降，对学习策略目标与文化意识目标的认识显得特别欠缺。

可见，中小学英语教师对义务教育英语课程目的的认识还不够科学、不够正确。英语课程要促进学生的身心健康发展，不仅仅是培养学生积极向上的情感态度和熟练的语言技能，还要培养学生的自主意识和自主能力，培养他们的国际思维和国际意识。因此，中小学英语教师还须要加强对义务教育英语课程标准基本理念的学习与领会，准确把握基本理念，通过反思自己的教学实践和行为倾向，提高对素质教育的认识水平和实践能力。

很多教师往往把素质教育与考试对立起来，认为素质教育不应该有考试（尤其是大规模统一考试），考试就不是素质教育或者就是违背了素质教育。这种观念的错误在于把"考试"与"应试"画等号。考试作为教学评价的一种重要手段，根本目的在于检验教育教学的效果、发现教育教学的问题与不足以便改进。而应试则扭曲了考试的价值与功能，把考试脱离于教育教学活动，或者以考试来代替正常的教育教学活动。考试是评价和促进素质教育，而应试则违背了素质教育。

（2）终身教育观

终身教育是指人们在一生各阶段当中所受各种教育的总和，是人所受不同类型教育的统一综合。终身教育观是培养学生"活到老，学到老"这一理念的根本，是指导教师培养学生终身学习能力的基础。终身教育观从本质上来看也是一种人本位的教育观。

教师只有树立终身教育观，才能主动、积极地坚持学习教育理论和专业知识，努力提高自己的专业技能，努力提高自己的思想修养，适时更新自己的职业理念，才能不断适应发展变化的职业环境和职业内容。中小学教师只有树立素质教育观和终身教育观，才能正确理解义务教育阶段各门课程的性质和课程标准的基本理念，准确把握课程标准的目标体系，培养学生的学习主体性意识，培养和发展学生的自主学习能力，并在学科教育的各个环节（教学设计、教学实施、教学评价、教学研究、学生学习指导等）中落实素质教育观。也就是说，中小学教师只有树立终身教育观，才能实现追求自身职业发展和促进学生发展的教育宗旨，体现人本位的教育观。

2. 教师观

教师观是指人们对教师职业的基本理解、看法和期望，包括教师职业的性质、教师职业的价值、教师素养、教师角色、教师职责等内容。教师的教师观是教师对自己所从事的职业的基本理解、看法和期望。教师观影响并决定人们对教师职业的态度以及对教师职业的行为倾向，教师的教师观影响并决定教师对自己所从事的职业的情感倾向、价值认可和职业幸福感。

（1）"教师"的内涵

"教师"既可指从事教育教学工作的人，又可指从事教育教学工作的人所承担的职业。从教育研究的角度来看，"教师"一词有广义和狭义之分。广义的"教师"泛指传授知识、经验的人或者年长资深的人；狭义的"教师"指接受过专门教育和训练，在教育机构（尤其是学校）中担任教育、教学工作的人，也就是在各级各类学校中向学生传递人类科学文化知识和技能、对学生进行思想道德和审美情趣教育、把受教育者培养成社会需要的人才的专业人员。在英语中，"教师"（teacher）用以指两类人：一是指"帮助他人学习新事物的人"（someone who helps others learn new things），二是指"在学校里以教学工作为职业的人"（someone whose job is to teach in a school or college, a person who teaches, esp. as a profession; instructor）。

我们常说的"中小学教师"是中学教师和小学教师的合称，也就是我国职业分类大典中所涉及的两类职业的合称。职业分类大典没有按照我们的常规理解依据学科不同来进一步细化中学教师和小学教师职业，如中学英语教师、中学数学教师和小学英语教师、小学数学教师等。

正如人们对教育的认识各有千秋一样，对教师的认识也是千差万别。例如，我国古代伟大的教育家孔子的"三人行，必有我师焉"、韩愈的"师者，所以传道受业解惑也"、近代教育家陶行知先生的"学高为师"。美国进步主义教育运动代表、"儿童中心论"者杜威从社会角色的角度把教师描述为学生生活的领导、不断进步的学习者、学生心智的研究者、艺术家的社会公仆。

古今中外的哲学家、教育家、历史学家、思想家、文学家、政治家等从各自不同的立场和角度阐释了自己对教师职业的理解，有的论及教师的职责，有的论及教师的角色，有的论及教师的资格。罗列各种各样描述性的教师观无益于我们对教师的理解。我们需要一种易于理解而又能揭示教师职业基本属性的表述。1993年10月31日通过、1994年1月1日起实施的《中华人民共和国教师法》第三条规定："教师是履行教育教学职责的专业人员，承担教书育人，培养社会主义事业建设者和接班人、提高民族素质的使命。教师应当忠诚于人民的教育事业。"

（2）教师职业性质

教师是随着学校教育的产生而出现的。社会生产力的发展和社会分工是教师职业产生和发展的基础。从历史角度来看，人们对教师职业的认识并不是一成不变的，而是伴随着人们对教育、对自我认识的深化而变化的，经历了从"工匠"到"专业人士"的巨大变化。1999年5月颁布的《中华人民共和国职业分类大典》明确将"教师"定为"专业技术人员"。

尽管很早就有了"教师"，但它作为一个专门职业被认可却是很晚的事。"教师"职业要想取得社会和个人的认同，职业的社会价值及个人价值要先得到认同，要让从事这一职业的人员能够有一种职业感，能够体验教师这一职业的职业特性。直到19世纪，教学一直被看作是重要却相对简单的技术活，从业人员只须要粗略地接受基本训练就能够承担这一工作。因此，教师与铁匠、木工等没有根本差别，其职业知识和技能一般是跟随"师傅"学习并通过自己反复操练而获得，人们并没有认识到教师工作的复杂性。工业产业的发展需要学校培养大批技术工人，推动了对学校教师需求的激增，这就促使学校教育系统中专门培养教师的师范教育机构的出现。早期的教师培训机构把教师的培养和培训当作是技术工人的培养和培训，采取的是"学徒式"的模式。到20世纪上半叶，随着人们对教育认识的深化以及科学技术的发展，技术理性与行为主义心理学影响着教师教育机构的策略取向，教师职业被看作是学科知识与教学技术的组合，具有一定学科知识和教育知识的人通过操练各种教学操作程序达到熟练程度后而成为教师。教师的培训着重围绕教学程序或者教学步骤的操练，各种不同教学法流派所倡导的程序化教学更强化了人们对教师职业的技术化理解。因此，学校变成了"工厂"，教师变成了"机器操作工"，学校和教师的价值就是生产产品——学生。20世纪80年代以后，人们逐渐认识到教师职业的复杂性与特殊性。教师专业化推动了教师作为一个专门技术职业以及教师追求专业的发展。

有研究者从本体论的角度提出教师的权威在于"爱"，而"爱"的本质在于无形的关系本体、时间与空间，而不是有形的物体或行为[7]。奥斯本（Marilyn Osborn）对英国、法国、丹麦等国中小学教师的调查研究表明，国家教育政策变化损害了教师的职业感和奉献精神，学生考试成绩的压力迫使他们把自己变为"专家型工匠"[8]。蒂姆（Everton Tim）等人调查了普通公众对教师职业的理解，结果显示有一半的调查对象认为教师是有吸引力的职业；男性，尤其是年龄稍长的男性，比女性更青睐这一职业[9]。

（3）教师职业特点

长期以来，人们一直认为教师主要依赖其在生活过程中获得与积累的经验来实施其职业内容并谋得生存的可能，不具有专业性的特点。教师作为一个专门技术职业，具有一般职业所共有的特点，也具有区别于其他职业的特性。

从职业共性的角度来看，教师具有职业所共有的目的性、社会性、稳定性、规范性和群体性的基本特征。对教师个人而言，这一职业是自己（甚至家人）生活的主要来源，或者是实现自己个人价值和社会价值的途径；对社会而言，这一职业是帮助提高公民素养、提高全社会文明水平、推动全社会发展的重要手段。作为人类社会分工的产物，教师职业反映了人类社会分工的原理和原则，是社会发展的必然，反映了社会的需求，不会因个人意志变化而消长。从人类社会职业发展的角度来看，教师作为一个职业已经存在了上千年，其发展具有非常明显的稳定性，也是维系社会稳定的重要因素。从教师个人的角度来看，一旦选择这一职业，短则数年、长则数十年而不变，也具有很显明的稳定性。作为一个社会职业，教师职业有其独特的职业规范，不论是职业道德，还是职业素养，都有能够约束从业人员的成文的或不成文的规矩，这一职业规范既能保障从业人员的利益和权利，又能保障从这一职业中直接或间接受益的人的利益。教师职业所指向的从业人员不仅仅是某一个个体；作为一个社会职业，它指向的是一个从业群体，尽管这个群体中的个体存在非常明显的差异。

教师这一职业的从业人员所从事的劳动是复杂的脑力劳动，又具有与其他职业不同的特性。教师职业的特性，不仅仅表现在教师职业本身一直在发展演变及职业角色的多样性，更表现在其职业对象、职业内容、职业方式的特殊性等方面，使得教师职业内容具有高度的创造性、灵活性、示范性特点，职业价值具有明显的长期性和长效性特点。教师职业高度的创造性体现在教师职业对象的特殊性方面。与工人一次只操作一台机器或医生一次只给一个病人做手术不同的是，教师是同时面对几十个甚至上百个学生。教师面对的是一个个在成长、变化的、有鲜活生命的学生。尽管与教师相比，低年级阶段学生的智力和生活能力还很弱，但他们毕竟是能够思维的个体，有自己的特性，有自己的思维方式和认知方式。学生在身体、心理、智力等方面所表现出来的差异，以及他们的情感、态度、性格的变化，无疑都增加了教师工作的难度。从职业内容的角度来看，"传道受业解惑"只是教师最基本的职责和工作内容。对生命和生活世界的关注，对内心世界的关注，以及对我们的生存与生活方式的关注，这些都成为教师职业工作的内容。职业内容的变化与拓展要求教师自身要有终身学习的理念和技能。以学生为中心，实施差别化的教学，要求教师既要创造性地选择和组织教学内容，又要灵活地传授教学内容和组织学生学习教学内容。由于多数情况下学生的认知能力还处于相对较低的水平，他们对事物和世界的认知和理解都需要教师的解释和示范，即是最初的"言传身教"，而教师的示范也正符合了低认知水平学生的学习特点，即模仿。

对于教师而言，一方面，这一职业所带来的个人价值与社会价值往往很难在短时间内得到充分体现。通常情况下，一个学生的成长，短则数年，长则数十年，方能见教育的成效，也才能显现教师职业的价值。古人说"十年树木，百年树人"，可见教师职业价值的滞后性，也可见教师职业工作的艰巨性。但另一方面，教师职业的价值的影响又是非常久远的。在生活中，我们常常听到某人说自己生活中的某一个重大决定或者生活的某一次重要转折都是某一个老师的某一些话甚至某一个动作影响的结果。在我们的记忆中，我们总能够找到对自己影响至深的老师的话语或行为，我们的言行举止、情感态度中也总能找到一些曾经教育过我们的老师的影子。

（4）教师职业角色

教师职业角色是指处在教育系统中的教师所表现出来的由其特殊地位决定的符合社会对教师职业期望的行为模式。这些期望，可能是教师共同体或者教师个人的，但更多的是来自社会公众、管理者、学生、学生家长等。不同的期望会有不同的角色要求和不同的行为模式，各方对教师的期望难免会有所冲突，因此对教师而言就会构成角色冲突，从而造成职业发展的压力。

人们对教师职业角色问题的思考随着对教育认识的发展而变化，也伴随着一个国家或地区教育政策和教育价值取向的变化而变化。在一般人的理解中，教师与知识、权威是同一的，因为在古代社会"官师合一""政教合一""学而优则仕"，教师就是知识的化身，是知识的来源，拥有知识就意味着拥有权威（在古代社会中只有德高望重者或者官员才能担任教师）。教师的职责或者说所扮演的角色就是把古人的生活经验和智慧（以宗教和生活知识的形式）传授给下一代人，帮助他们获得生存和生活的知识与技能。欧洲中世纪时代，教师是"神父"，是学生行为的塑造者和知识的传授者。而我国封建社会时期，随着学校教育的进一步发展以及封建统治者对学校教育思想管制的强化，教师扮演了伦理角色、政治角色和教育者角色。在现代社会中，在教育对于政治、经济、科技、文化发展等价值的影响上升的背景下，教师的职业角色也更加丰富。教师不仅仅扮演教育系统中的角色，还要扮演教育系统之外如家庭、社区和社会中的其他角色。

20 世纪 70 年代以来，国外各种理论流派从不同角度对教师角色进行了探讨，提出了不同的观点。如认知建构主义者认为教师是学生学习的促进者，社会建构主义者认为教师是学生学习的促进者、合作者、学习者、探究者等，人本主义理论认为教师是学生学习的促进者、引导者和教学艺术家，实用主义理论认为教师是学习者和反思型实践者，批判理论认为教师是社会和学校的变革者或者社会变革的参与者。美国学者麦金太尔（D. J. McIntyre）和奥黑尔（M. J. O'Hair）将教师角色总结为组织者、交流者、激发者、管理者、咨询者、伦理者以及职业角色和政治角色，并对其能力进行了描述[10]。因此，教师职业角色表现出多样性、复杂性和发展性的特点。

来自不同方面的期望构成教师的多重角色，这很容易导致教师的角色冲突或错配，从而引发教师职业不适或者适应不良。由于教师角色的多重性，教师所承担的职责也各不相同，有作为社会公民应当承担的社会职责、作为教育工作者应当承担的教育职责、作为教师共同体成员应当承担的管理职责、作为家庭成员应当承担的家庭职责等。教师对自己职业角色的定位是教师观的重要内容，也是影响他们对教师职业价值判断、职责认识和职业发展的重要因素。因此，作为教师，要准确认识与定位自己的职业角色，才能较好地适应教师职业的压力，才能较好地获得教师职业发展。

教师对职业角色的认识和理解会影响他们对教师职业的态度及行为倾向，并影响他们的职业发展状态和发展速度。职前教师的职业角色——不论是真实的还是假想的——是在师范院校或其他教师教育机构接受教师教育的过程中逐渐形成的。在职中小学教师的职业角色体验可能出现两极分化：一部分教师能够很好地处理不同角色的要求并恰当地表现，因此能够顺利获得职业发展并实现个人价值，这一部分教师的角色体验可谓是"八面玲珑"；另一部分教师无法恰当处理不同角色的要求，在工作和个人生活中常常出现角色错位的现象，或者是角色负荷超载，因此既难以获得职业发展，又难以实现个人价值，工作和家庭生活中的矛盾与冲突不断，这一部分教师的角色体验可谓是"四面楚歌"。

我国基础教育课程改革要求中小学教师转变并丰富自己的角色，因此，教师正确理解自己所承担的各种角色及其相互之间的关系是处理好不同角色要求以维持职业发展的关键。教师不再仅仅是课程的忠实执行者，还是课程的创生者、设计者和评价者；不再仅仅是某一学科的教师，还是多学科或跨学科的教师；不仅仅是知识的占有者和传递者，还是知识的创生者和分享者；不仅仅是被动适应教师职业压力和被促进的发展者，还是积极克服教师职业压力、主动追求职业发展和职业幸福的人。

对于"教师"这一职业，普通民众普遍认为，接受过相应教育或者获得了相应级别教师资格证的人就可以当教师，只要具有特定学科专业（如英语）的知识和技能就能当（英语）教师，教师的教学能力或者教学智慧会在教学实践过程中随着时间推移而不断向高一层次发展。这些观点的错误在于：否认了教师职业的专门性和特殊性，否认了教师职业发展的复杂性和曲折性，认为教师职业的发展是线性的，认为教师具有不容置疑的自适应能力或者自我发展能力。这些观点的核心在于以静止的而非发展的观点来看待和认识教师职业与教师发展。

3. 学生观

所谓学生观，是人们对学生的基本认识和态度，包括对学生的本质属性及其在教育过程中的地位和作用的认识。教师的学生观是指教师如何认识和看待学生，或者说教师对学生在教育教学活动和过程中的角色、地位和作用的认识。

教师的学生观决定了教师在教育教学实践活动中将要采取的工作态度和工作方法。也就是说，教师的学生观决定了他们在教育教学活动中如何对待和评价学生的地位和作用，决定了他们以什么样的态度来对待学生的学习和课堂教学参与，也决定了他们采取什么样的教学模式和哪些教学方法来实施教学，决定了他们如何对待学生之间的差异以及学生在不同阶段的差异。

在教育发展史上，存在两种截然不同价值取向的学生观：一是以赫尔巴特为代表的教师中心的学生观，或者关于学生发展的"外塑论"观点；二是以杜威为代表的学生中心的学生观，或者关于学生发展的"内生论"观点。教师中心的学生观认为教师是教学活动的权威和控制者，学生必须无条件地服从教师权威，学生是盛装教师所传授的知识的容器，是可以通过教师"塑造"成教师期望的那种人，是可以任由教师描画的"白板"，或者是须要经过教师精心"修剪"才能茁壮成长的枝叶。学生中心的学生观则认为教师是学生发展的"自然仆人"、推动器、伙伴，学生是有独立个性的个体，是成长变化的生命体，是有独立思维和批判能力的建构者，是学习活动的主体，他们享有生存、受教育、成长的权利。

教师的学生观不仅仅影响教师对学生的态度，还直接影响教师的教学方式和教学模式。如果教师把学生看作是须要以成人的标准或以成人为模型来塑造的"小大人"，那么教师在教育教学实践活动中就会以一种高高在上的姿态俯视学生，认为学生的认知水平和思维能力不能达到让他们自主的程度，须要在老师的帮助下才能得到发展和提高。因此，在教育目的的确立、教学内容的选择、组织和传授、教学方法的选择以及教学评价等方面常常以成人世界的标准作为教育教学的标准，从根本上忽视学生的需求。如果教师把学生看作是"白纸"或"白板"，可以任凭自己去描绘，那么教师就会把自己的观念强加给学生，或者想把学生培养成自己的"影子"或"投影"。如此种种忽视学生的主体性、发展性、独立性等特征的学生观，实质上是教师中心的学生观。这种学生观认为教师是高高在上的，学生是不可能超过教师的，因此是不正确的。唐代文学家韩愈在《师说》中就写道："弟子不必不如师，师不必贤于弟子，闻道有先后，术业有专攻……"因此，我们应该辩证地看待教师与学生在教学过程中的关系，即"先后""专攻"的差异。

《纲要》提出，要全面尊重学生的主体性，充分发挥学生的主动性，关心每个学生，培养和提升每个学生的学习能力、实践能力和创新能力。我国《小学教师专业标准（试行）》和《中学教师专业标准（试行）》都强调"学生为本"的基本理念，要求中小学教师要尊重学生权益，以学生为主体，充分调动和发挥学生的主动性；遵循学生身心发展特点和教育教学规律，提供适合的教育，促进学生生动活泼学习、健康快乐成长，全面而有个性的发展。

我国基础教育改革与发展要求中小学教师树立学生中心的学生观，就是要树立"一切为了学生，为了学生的一切，为了一切学生"这种观念。学生是人，是在逐渐成长和发展中的人，是以学习为主要任务并在学习过程中逐渐成长和发展的人。在教育中，学生是学习的主体，是教育对象，他们有依法享受生存、安全、受尊重和受教育的权利。学生的学习积极性和学习参与程度是他们行使学习权的体现，任何教师都没有权力剥夺学生的学习权，也没有权力替代学生行使学习权。教师要公平、公正地对待每一个学生，尊重学生之间在生理、心理及智力发展等方面存在的差异性，关心、关爱每一个学生（尤其是那些有学业困难的学生或其他不利处境的学生）。学生是生理、心理和智力都处于持续发展过程且有基本发展规律的人，他们既有发展的需要，又有发展的潜能，他们用自己的方式来感知和认知自己、周围的人以及自己所处的世界，他们有自己的思想和观点，有自己的个性特征，他们渴望独立，渴望尊重。学生的发展不只是学业上的进步，不只是考试得高分，而是体格、心智、品行和能力的全面的、综合的发展。因此，教师一方面要全面发挥教师教导、指导、引导学生的职责，另一方面又要发挥作为学生的朋友、伙伴、咨询者等角色所应给予他们的帮助、协作、倾听等职责。因此，中小学教师要充分了解并尊重学生在年龄、性别、性格、生活环境、家庭背景、心理发展和认知发展水平等方面存在的差异，努力实施个别化、差别化教学，切实体现"因材施教""学生中心"的教育思想。

4. 课程观

课程并不暗示某一特定的教学模式，但不同程度地预设了学习者是否存在能力差异。从本质主义与反本质主义哲学思维争辩的角度来看，课程的本质由预设向生成转变[11]。有研究者在对"课程"概念进行梳理的过程中把内涵变化过程归结为从"课"到"程"到"教师之教""学生之学""社会目的与意义"的范围不断拓展的序列，并提出"筏喻的课程观"[12]。这种概括实质上是把"课程"的价值取向角度变化作为依据，即从"课"与"程"的知识取向到"教"与"学"的过程取向到"社会"的社会取向，但没有显现教师及学生作为"人"的取向。人本主义课程观、生命课程观、发展性课程观以及兴趣课程观等，都强调"人"在课程中的关系与意义。从"人"的角度来诠释"课程"，不是抽象的、普遍的"人"，而是具体的、个体的人，是有生命的人，是成长变化中的人。学校的不同之处在于，主要关注通过专业人员和课程向全体学生提供获取知识的途径。正如塞格曼指出的那样，人的健康成长预先假定了知识的获取[13]。

在与课程相关联的因素中，教师与学生无疑是最重要的因子，而这三个因子也是学校教育系统中最重要的因子。教师和学生都作用于课程，并且通过课程相互作用，从而形成三者之间的互动关系。教师与课程对学生的成长和发展影响最为深远，而人们对这两个词的理解以及两者之间关系的理解伴随着人类教育的发展和教育科学的发展而在逐步深化和科学化。

教师与课程的关系问题是教育理论研究中的一个重要问题，也是教育教学实践中争议最多的一个问题，涉及我们如何认识教师与教师职业，如何认识和理解课程及课程实施等一系列相关问题，涉及我们的教师观、课程观，乃至于我们的知识观、人才观等。正确理解教师与课程之间的关系对于我们正确认识教师、课程以及课程改革背景下的教师角色、教师专业发展等问题非常重要。

教师与课程作为教育系统中的两个因子，在教育史上经历了"合—分—合"的变化历程。在现代意义的学校教育出现以前，教师与课程是融合在一起的，教师本身就是课程，是知识的载体，是学生学习的对象。学校教育产生以后，教师与课程开始分离，并逐步走上二元对立的道路，教师变成课程专家们制定的课程的忠实执行者，而学生相应地变成课程专家们制定的课程的绝对服从者。到了现代，人们意识到教师与课程对立会给教育和学生带来危害，又开始谋求二者的有机融合，融合的方式之一就是教师参与课程。

教师的课程参与程度影响并决定他们采取什么样的教育方式和方法来教育学生，影响最终的教育效果，也影响或决定课程的效果。在20世纪二三十年代，国外学者就认识到了教师与课程之间的重要关系，有研究者建议教师与课程专家合作以组织课程内容和材料，有研究者支持教师加入不同层次的课程委员会。泰勒在《课程与教学的基本原理》一书中强调教师在课程开发过程中的中心地位，不过没有明确描述应当由谁领导课程开发，并实际上暗示要限制教师对课程的领导权。塔巴反对泰勒提出的课程由课程专家开发的观点，提出课程开发应当自下而上，教师应当充分发挥课程开发和领导的中心作用。尽管课程专家、教育管理者及教育机构在课程制定方面投入了大量的时间、精力和财力，但课程的教育效果最终要靠教师来实现。

　　教师对课程的理解程度、处理方式等都将直接影响学生能够从课程中受益的程度。也就是说，教师的课程能力将影响或决定学生的学习效果，或者说影响或决定课程的效果。因此，教师应当积极参与课程决策、课程规划、课程制定、课程实施和课程评价（反思），并在这一系列课程活动过程中发挥积极作用。尽管政府（教育行政）部门明确了每门课程应当覆盖的知识与技能，但教师能够就课程应当涉及的教材内容、教学活动及具体技能等提供详细的信息。不同年级的教师可以相互合作并参与课程规划以确定不同学段学生应当掌握的技能，以确保课程能够使学生学到相应的知识和技能。课程是由学校教师在使用，因此在制定课程时就有必要融入教师提供的信息。教师会认真思考某一教学活动是否符合某一学段的学生和是否能够吸引学生参与。如果某一课程会由很多教师使用，那么在制定课程时收集尽可能多的教师的反馈意见是非常必要的。征求教师意见之后，教师会更好地认同制定的课程，并在课程实施过程中更加自信。课程制定之后，教师应当按照课程计划实施，否则就有可能达不到课程标准的要求。当然，这并不意味着教师不能对课程进行小的改编或调整。现代课程的灵活性与开放性特征允许教师根据教学实际情况作适当的调整。教师及相关人员对课程进行评价或者反思有助于发现课程的瑕疵（缺点），并有助于完善已经制定的课程或者创生新的课程。教师可以通过撰写教学日志、与学生座谈、分析考试数据、个案研究等方式来反思课程的质量。

　　20 世纪后半叶，教师培养趋向综合化，教师入职的学历要求提高了，而且有更多的男士加入教师行业。相应地，人们对教师在课程开发中的作用的观点也发生了变化。到 20 世纪末，越来越多的学者呼吁给教师赋权管理课程。学者们认为教师参与课程是实现基础教育改革目标的核心，课程学者们认为教师在课程开发、课程实施及课程评价中处于中心地位。由于中小学教师常常把课程理解为教什么、怎样教、以什么顺序教及由谁来教等问题，在讨论课程问题时也常常从这些角度入手。教材内容、个人教学经历、国家课程标准等进一步强化了教师从这些角度来参与课程决策的能力，而这些内容与课程决策相比，不需要太多的决策意识、决策能力或者决策权[14]。

　　可见，如何认识与理解教师与课程的关系不仅仅是一个观念问题，更是一个实践问题，对教师主体意识的形成及教学活动效果会产生重要影响，并直接影响教育及课程改革目标的实现[15]。

　　教育研究界对教师与课程的关系问题开展系统探讨还只是 20 世纪后的事。从课程理论来看，不同的课程思想流派在分析课程决策、课程制定、课程实施、课程评价、课程管理、课程变革、课程形态时对教师与课程关系问题有不同的思考角度，因而也就有不同的观点。从实践反思来看，人们对教师与课程关系问题的思考主要是围绕学校文化及教师文化的规则、教师个人的实践表征以及"慕课"

对两者关系的冲击等现象或事件的反思。从教师个人实践表征的角度来看，教师个人的课程观决定了他们对待课程的态度以及他们在课程决策、课程制定、课程实施、课程评价与课程管理等领域的作用和角色。"慕课"现象的出现，引发研究者重新思考教师在新的教育形势下的课程角色以及两者之间的关系问题。

国内有研究者把教师与课程的关系归纳为课程与教师分离观、大课程小教师观、教师即课程观、教师创生课程观四种[16]。我们从教育系统的角度根据教师在课程决策与制定、课程变革、课程管理、课程实施、课程评价等方面的作用与角色把两者之间的关系分为独立型关系、渗透型关系及交互型关系三类。

（1）独立型关系

教师与课程相互独立，互不相干，在教育系统中各自对学生这一子系统发生作用。课程是由专家或官员制定的，教师只是课程的执行者，不能对课程有任何变更，不能对课程作阐述或发挥。

以"泰勒原理"为代表的科学主义的课程研究范式以开发价值中立的课程产品为最终追求，具有浓厚的"防教师"（teacher-proof）的特点。教师在课程决策、课程制定、课程实施、课程评价和课程管理等方面处于被"防"的地位，也就是被排斥在外，这就导致教师难以甚至无法适应课程，也就难以甚至无法参与课程变革。教师的课程参与是"泰勒原理"受到质疑之后许多课程观所追求的理论旨趣。

以杜威为代表的经验自然主义课程观认为，教师是消除课程的学科逻辑与儿童的心理逻辑之间矛盾的关键，也就是说，教师是连接教材（课程）所传递的知识与儿童的经验的桥梁，教师的作用就在于把课程知识转化为儿童的经验，或者说使教材"心理化"。在这种情况下，教师与课程之间仍然是相互独立的，两者之间也没有直接的联系，只是因为要共同作用于"儿童"（学习者）才显得似乎存在某种联系。

从课程决策的角度来看，要么是教师被排斥在课程决策圈之外，要么是教师由于缺乏课程决策能力或者意愿而不参与课程决策。在这种情况下，课程是由课程专家或者教育行政部门的管理人员决定的。尽管教育行政部门鼓励教师参与课程决策，但绝大多数教师只是限定在校内自己所授的课程，几乎不参与地方或者国家课程的决策。教师一般没有兴趣参与校级以上课程的决策，即便有，结果也不令人满意。从课程变革的角度来看，教师通常不能够充分理解课程变革，因而缺乏参与课程变革的动力或者意愿，甚至在行动上抵制课程变革的实施。造成这种情况的原因主要在于课程变革与教师的自身利益之间的联系没有充分彰显，而且经常是通过自上而下的行政手段来组织和实施课程变革，教师参与课程变革的内在需求没有被激发出来。在这种情况下，教师无法通过参与课程变革来获得课程能力和谋得专业发展，也就无法享受相应的课程权益和专业发展带来的成功体验。从课程管理的角度来看，教师不参与课程管理，或者缺乏参与课程管理的能力和意愿。在这种情况下，课程管理往往是由课程专家、教育行政部门的管理人员或者学校的管理人员来实施。课程管理的过程或者要求可能不被教师理解，因此可能出现课程管理与教师之间的矛盾和冲突。从课程实施的角度来看，教师是被动的课程执行者，也是课程的忠实执行者。他们被迫按照课程专家、教育行政部门管理人员或者学校管理人员确定的课程方案来采取相应的课程行为，并且要求是不偏不倚，不能有任何偏差，不能有教师个人的诠释。从课程评价的角度来看，要么是课程评价专家把教师独立于课程之外，或者是教师不参与课程评价（他们往往认为那是课程专家或者教育管理人员的事）。从课程研究的角度来看，教师不是课程研究的必然内容，往往被看作一个外部影响因素。而教师也认为课程研究是课程专家或者课程理论工作者的事，不愿意或者没能力参与课程研究。

（2）渗透型关系

传统的课程观认为教师是课程的忠实执行者，这就把教师置于课程活动之外。随着教育改革的推进，人们越来越关注教师的专业发展，呼吁要在课程活动中给教师赋权，要发挥教师的创造性。

派纳认为，课程要回归动态的过程与经验（currere），是教师引导学生经验和体验的过程，是知识建构的过程。教师不是课程实施的工具，而是与学生一起构成课程的中心。教师的体验即教师在教学、生活及对正式课程文本的解读中产生的内在感受、主观经验和深刻的情感。

施瓦布的实践课程范式认为，教师即课程（teacher as curriculum）。这一观点强调教师是课程的有机构成部分，是课程的主体和创造者。施瓦布认为，教师、学生、教材和环境都是课程的组成要素，而教师和学生是主体和创造者，学生是实践课程的中心。这四个要素相互作用、相互影响，共同构成课程"生态系统"。教师在课程活动中的创造性，教师将自己的知识、人生体验、社会阅历及情感、态度等都融入课程及课程活动中去理解和实施课程，并在课程活动实践过程中创生新的课程资源。这样，教师本身就成为非常有价值的课程资源，成为课程的一部分，而且随着教师专业发展而不断充实、发展和丰富。教师的情感态度、价值观、人格魅力、个性品质等都以潜在课程或缄默课程的形式作用于学生。教师和学生可以自主地对学校课程进行理解和解释，通过对话与讨论达成共识，生成课程意义。课程不是学习材料，而是意义丰富的文本，是丰富的教育意义的载体。教师和课程专家一样可以对课程进行审议。

从课程决策的角度来看，教师被纳入课程决策圈子，拥有一定的课程决策能力或者决策意愿。在这种情况下，教师可能与课程专家、教育行政部门的管理人员及其他相关人员平等讨论与课程相关的政策问题，也可能只是在课程实施过程中显示课程决策的动力或意愿。从课程变革的角度来看，教师参与课程变革但不一定是他们的自觉或自愿，可能是出于行政管理的压力。在这种情况下，课程变革也许能够得到比较平稳的实施，但效果并不显著，教师的课程能力也没有充分展示。从课程管理的角度来看，教师主动或者被动参与课程管理，成为课程管理的主体，同时又是课程管理的客体。当教师把课程管理看作自己的职责或者权益时，他们可能与课程管理的其他参与者就管理权益的分配发生冲突。从课程实施的角度来看，教师在课程实施的过程中创生课程，是课程实施的主动执行者。他们可能会排斥或者反感课程专家、教育行政部门的管理人员或者学校管理人员对课程实施的干涉。从课程评价的角度来看，教师把课程评价看作课程教学的组成要素，也是课程实施效果的检验方式。从课程研究的角度来看，教师是课程研究的内容要素，教师可以通过教学反思来实践课程研究。

　　教师的课程能力是获得和促进职业发展的重要基础，因此教师要正确处理与课程的关系。从教师职业发展角度来看，"教师外在于课程说"和"教师与课程良性互动说"两种关于课程与教师关系的不同观点引出"适应式发展论"和"互动式发展论"两种课程与教师专业发展的不同思路[17]。只有突破"实用主张"的课程价值观、"公共视野"的课程文化观、"工具理性"的课程知识观以及"技术主义"的课程教学观，构建起基于"文化-个人"取向的课程观，教师才能真正实现基于课程发展视域的专业成长[18]。由于我们对"教师"和"课程"理解的多样性，在理解两者之间的关系时也会有不同的视角和观点。对课程与教师关系的关注和反思，反映了研究者关于课程研究和教师研究的思考深度。受到西方课程理念和课程改革经验的启示，我国对二者关系模式的研究经历了范式转换，即从"分离"转向"整合"范式。相应地，教师从课程的"工具"和"附庸"角色向"自觉反思""理解对话""共生""抵制""教师即课程"关系模式转变[19]。

　　（3）交互型关系

　　教师与课程虽然是两个相互独立的系统，但它们之间相互作用、相互影响。教师通过主动或被动参与课程活动，能够推进课程实施的有效性和准确性，也能够推动课程创生。而课程由于有教师的主动或被动参与，能够更好地融入教师的体验和学生的需求，在结构和内容方面能够更科学、更完善。课程活动能够推进教师的专业发展。一方面，教师通过参与课程活动（课程决策、课程开发、课程制定、课程实施、课程评价等），获得课程赋权，开展与课程的对话，可以唤起教师的课程意识，促使教师正确理解课程及相关课程活动。教师在获得并履行课程权力的过程中能够发展课程能力，从而推动专业发展。另一方面，课程活动促使教师思考与课程密切相关的教学活动，诸如教学设计、教学实施、教学评价，也促使教师反思自己的教育理念、专业知识及专业能力是否与课程要求相符，进而采取措施进行改进和完善。通过教育和教学实践反思，也能够促进教师的专业发展。教师发展的程度与进度影响课程活动。教师的教育理念，尤其是课程理念，决定他们对课程的理解程度、参与课程活动的质量以及实施课程的效度。

　　从课程决策的角度来看，教师被纳入课程决策圈子，拥有一定的课程决策发言权或者知情权。教师与课程专家、教育行政部门的管理人员以及其他相关人员一道讨论课程决策。在这种情况下，教师与其他参与课程决策的人员通常通过对话、协商来实现相互理解。从课程变革的角度来看，课程变革能够触发教师对课程理解的变化，教师能够认识到课程变革对于教学、学生及自己的利益。教师通过主动、自觉地参与课程变革，获得专业发展的机会。在这种情况下，课程变革促进教师的专业发展，而教师的主动参与又推进课程变革向纵深发展。从课程管理的角度来看，教师通过主动、自觉参与课程管理进一步提升课程意识和课程能力，也获得更多更大的课程管理赋权。教师和参与课程管理的其他人员如课程专家、学校管理人员或者教育行政部门的管理人员通过对话确定课程管理的权力分配或者权力行使范围，而教师也通过参与课程管理能够更好地理解课程，提高课程管理的科学性，促进专业发展。从课程实施的角度来看，教师通过与课程对话达到对课程的理解，从而能够提高课程实施的有效性。

从实践的课程观、过程的课程观到现象-诠释学课程观及后现代主义课程观，教师参与课程变革的理念得以不断彰显。教师参与课程变革反映了一种教师与课程整合的观点。教师通过参与课程决策、课程制定、课程实施、课程评价等课程活动，一方面能够获得课程赋权，提高课程能力，另一方面能够更好、更深入地理解课程，为更准确地实施课程奠定基础。这最终会促进教师的专业发展，也可能加速教师的专业发展。从课程的角度来看，由于有教师的主动参与及与课程专家的合作，会使课程决策更加科学，课程制定更加合理，课程实施更加有效，课程评价更加客观。教师与课程的有效互动最终会促进课程的完善，甚至引发新的课程的创生。

（二）教师职业知识

职业知识是指胜任某一特定职业或完成职业任务所需的相对稳定、系统化的知识。教师职业知识是指职前及在职教师胜任教育教学工作所应该具有的相对稳定和系统的知识，是教师职业素养的重要组成部分。根据我国教师专业标准及教师教育课程标准的要求，合格教师应当具有的教师职业知识包括学生发展知识、学科知识、教育教学知识和通识性知识。

知识结构是知识的搭配、组合、排列及由此形成的各种关系，知识是知识结构的核心。人类知识具有层次差异性，而且是在不断发展变化和丰富的。不同行业有不同的知识结构要求，不同个体有不同的知识结构。个体要在社会中谋得生存和发展，必须具备一定量的知识及相应的知识结构。比如，医生、教师、律师、汽车修理工等各自的知识结构是不同的，因为它们是不同的行业。即使同一个行业，也有不同的知识结构要求。比如外科医生与内科医生、儿科医生与精神科医生等，虽然都是医生，但他们所要求的知识结构不同。同样地，英语教师、数学教师、化学教师、生物教师等，知识结构也各不相同。个体的知识结构必须符合行业的要求，必须符合岗位的要求，否则就无法适应或不能胜任。在现代社会，经济、文化、科技等发展变化很快，每时每刻都有新知识、新技能产生，因此个体必须要有不断学习、终身学习的理念和能力，才能保持对自己职业的适应性，才能获得职业的发展。

个体所学得的知识，不可能只是某一个特定类型或范围的知识，这些不同类型或范围的知识之间相互作用、相互联系后会形成一种适当的关系，从而构成知识结构模型。从所从事行业或专业要求的知识（即所谓的专业知识）的角度来看，不同类型、不同性质的知识结构之间形成了"宝塔"型、"蛛网"型和"幕帘"型的关系，这就是三种不同的知识结构模型。"宝塔"型知识结构即层级型知识结构，由基本理论知识、专业基础知识、学科知识及学科前沿知识组成，以基本理论和基本知识为塔底，以学科前沿知识为塔尖，体现了知识博与专结合的特点。"蛛网"型知识结构即网格型知识结构或者辐射型知识结构，以特定专业知识为中心，与之相近的其他专业知识或基础知识相互联结并逐渐拓展，从而形成一个适应性强的知识网，体现了知识广与结合深的特点。"幕帘"型知识结构即垂直型知识结构，是从行业知识要求与个体知识现状的角度来理解知识之间的关系，以行业知识及行业对个体知识的要求为参照，判断个体知识在行业知识中所处的层次及与行业知识的整合程度。

作为承担教育教学工作的专门技术人员，教师应该具备什么样的知识结构呢？国内外研究者对此问题进行了长期研究。很多研究者认为，从知识领域的角度来看，教师应该具备一般科学文化知识、学科专业知识和教育专业知识。有研究者对国外关于教师知识（teacher knowledge）的相关理论进行了梳理，包括舒尔曼的"教学推理和行动模型"、科克伦的"学科教学认知（Pedagogical Content Knowing，即 PCKg）发展结构模型"、盖斯-纽莎姆的两种教师知识模型、特纳-比塞特的学科教学知识模型，并进而把教师知识分为本体性知识、条件性知识、实践性知识和一般文化知识四种[20]。有研究者指出，"项目引导型"和"机构驱动型"管理机制各有利弊[21]。还有研究者从基础教育改革的背景出发，把教师知识结构分为"三个基础知识"（科学文化和哲学思维知识、学科内容知识、一般教育学心理学知识）、"五个支撑知识"（一般性教学法知识、教育情景知识、关于学生和学生学习的知识、课程知识、教育政策法规知识）和"两个核心知识"（教师自我知识、学科教学法知识）[22]。

一般科学文化知识也称通用性知识，或者通识性知识，是教师开展有效的教育教学工作的各种知识的总和，包括哲学知识、现代科学和技术的一般常识、社会科学的理论与观点等。学科专业知识是教师从事某门学科教学所特有的业务知识和技能，是教师知识结构中最基础的部分。教师应当具备扎实的学科专业知识基础，同时还要熟悉关联学科的基础知识，能够把不同学科领域的知识融会贯通，解决复杂的教育和教学情景中的问题。教师必须关注学科知识的发展动态，随时学习并掌握最新的学科专业知识，同时还应当掌握必要的课程知识如课程管理、课程资源开发与设计、课程改编等方面的知识。教育专业知识是教师在从事教育教学过程中所具有的关于教育学和心理学等方面的知识，即教育教学理论知识。学科专业知识针对教师在教学过程中教给学生什么内容的问题，教育教学理论知识则涉及教师如何有效地把学科专业知识传授给学生，或者说教师如何组织学生有效地学习学科专业知识。教育理论与现实之间的矛盾让很多中小学教师怀疑教育理论的价值，甚至抵制教育理论的学习，一些把教学工作看作"纯技术活"的人更是轻视教育理论的学习。教育理论知识来源于教育教学实践，是对教育教学实践的抽象概括，能够进一步指导教育教学实践。一些以"教育理论抽象、不能直接用于课堂教学实践"为借口拒绝学习教育理论的教师，往往不能深刻理解教育教学中的很多问题，如教育价值的问题、学生发展的问题、教师发展的问题、素质教育与考试的关系问题等。这些老师在讨论教学问题和教育问题时，常常以"我认为……""我的经验是……""我的经验告诉我……"等来解释，无法从教育学、心理学等基础理论中去寻找依据。这类教师往往难以获得较高层次的教师专业发展，也就无法深刻体验教师职业的价值和教师发展的乐趣。

我国《教师专业标准》对教师专业知识的构成也作了明确描述，包括教育知识、学科知识、学科教学知识和通识性知识。教育知识即教育理论基础知识，包括教育原理与方法、班级管理策略、学生身心发展规律和特点、学生群体文化与学生行为及学生的思想意识发展过程。学科知识即教师所教授学科的知识体系和内容、所教授学科与其他学科和社会的关系。学科教学知识即教师如何向学生有效教授学科知识体系和内容的知识，包括相应学科的课程标准、课程知识、学生的认知特点与教学策略和方法。通识性知识即通识知识或一般科学文化知识，包括与所教授学科相关联的自然科学和人文社会科学的知识、艺术鉴赏知识、中国文化与教育知识及信息技术知识。

《教师教育课程标准（试行）》对教师的教育知识作了明确描述，包括理解学生的知识、教育学生的知识及发展自我的知识。理解学生的知识即能够帮助教师充分、正确理解学生发展的基础知识，包括学生发展的基本规律和影响因素、认知发展的特点和影响因素、学习方式的形成与特点、品德与行为习惯形成的过程与特点、与学生沟通交流的知识及教育政策法规。教育学生的知识即能够帮助教师有效实施教学和管理学生的基本知识，包括课程标准、教学目标与教学活动设计知识、教学内容组织知识、教学实施的知识、教学评价的知识、课程资源开发与应用的知识、班组及学生管理的知识、学生指导的知识及沟通合作等的策略性知识等。发展自我的知识即能够帮助教师实现职业发展的知识，包括教师职业素养结构，教师发展的阶段、特点、影响因素及发展途径和方式等。

从教师职业发展的角度来看，我们认为教师应当具备学科知识、教育教学知识（包括学科教学知识）、文化知识（包括职业规划与发展知识）。

（三）教师职业能力

职业能力是直接影响职业活动效率和职业活动顺利进行的职业心理特征[23]，或者"个体将所学的知识、技能和态度在特定的职业活动或情境中进行类化迁移与整合所形成的能完成一定职业任务的能力"[24]。有研究者对不同心理学派对职业能力内涵的不同解说（如职业技能说、职业知识说、职业潜能说、情境性的综合能力说等）进行了剖析，并分析了不同国家的职业能力观，如美国的以人格为本位的职业能力观、英国的以资格为本位的职业能力观、德国的从以岗位能力为本位的职业能力观走向复杂关系中的职业能力观、日本的从以素质为本位的职业能力观走向注重适岗的职业能力观、法国的以知识为本位的职业能力观及澳大利亚的以整合能力为本位的职业能力观等[25]。

不同的职业要求不同的职业能力，同一职业在不同阶段对职业能力也有不同的要求。人们一般认为，职前阶段获得的职业能力是取得任职资格的基础，是适应职业要求的先决条件；入职后获得的职业能力是职业发展的基础，是成功应对各种职业压力的保障。入职后获得的职业能力在内涵方面比职前阶段更丰富，在构成方面比职前阶段更综合，在层次方面比职前阶段更高级。职前及入职后获得的各种职业能力的综合构成了人们一般所说的职业素养，是一个人综合素养的重要组成部分。任何一种职业岗位对职业能力都有具体而不同的要求，个体在选择职业时不能仅仅从个人的兴趣爱好出发，也不能只关注职业的社会声望价值、发展价值或者保健价值中的任何一方面。根据职业选择的基本理论，职业选择需要综合评价个人的职业能力与职业岗位要求之间的匹配程度，只有与自己职业能力相匹配、同时自己又感兴趣或喜爱的职业才能给我们带来职业价值满足感。另外，由于职业环境、职业内容等会随着社会、文化、经济、科技及教育的发展而变化，原有（已有）的职业能力可能无法满足变化了的职业环境的要求，因而会给从业者带来职业压力。在这种情况下，从业者必须努力学习并掌握新的职业能力以提升自己，应对职业压力，谋求职业发展。因此，从业者树立终身教育理念、掌握终身学习的方法和策略就非常重要。当然，参加在职培训给自己充电也是提高职业能力、丰富职业素养以获得职业发展的重要途径。

职业能力到底包括些什么能力呢？不同的研究者强调的侧重点不同，包括职业知识、职业技能、语言表达能力、学习能力、沟通交往能力、操作能力、观察能力、合作能力、创新能力等。有的把职业能力分为一般职业能力、专业职业能力和职业综合能力。

教师的职业能力或者专业能力，是区别于其他职业人员的重要标志。关于教师职业能力的内涵，有研究者认为它是"根据特定的对象，在特定的情境中从事教学、班队管理和教育探索的能力"[26]。教师职业能力是教师在学校教育情境中完成教育和管理学生等工作所需要的基本职业活动能力，是教师在教育和教学实践活动过程中运用自己的职业理念和职业知识而逐渐形成和发展起来的专业技能。教师的职业能力反映了一个教师运用职业知识或经验来完成教育教学任务的熟练程度和水平高低。

国内有研究者认为，教师的专业能力包括基础性能力和发展性能力，前者如沟通能力、教学设计能力、教学监控能力，后者如合作研究能力、课程开发能力、创新能力、知识管理能力和生涯规划能力[27]。《2016 年中国本科生就业报告》调查数据显示，持续学习能力、职业规划能力、自我定位能力是 2012 届本科生毕业三年后从事中小学教育最重要的三项职业能力，环境适应能力、协作解决问题能力、压力承受能力则是最重要的三项职业素养[28]。

《教师法》明确规定，教育教学能力是取得教师资格的基本条件之一。我国中小学教师专业标准也明确指出，教师须要经过严格的培养与培训，具有良好的职业道德，掌握系统的专业知识和专业技能。因此职前教师必须具备相应的职业能力才能取得任职资格，才能在学校教育环境中顺利完成教育教学工作，实现教育促进学生发展的目标。

对于教师职业能力的构成要素，研究者从不同角度进行了探讨，观点各不相同。多数研究者认为，教师的职业能力包括教学能力、教育教学管理能力、研究探索能力、创新能力。另外，有研究者提出教师职业能力也包括教师的自我发展能力、学习能力、语言表达能力及信息获取和处理能力。有的研究者认为，教师应具备创新性设计能力、反思能力、移情能力、专业判断能力、交往合作能力、终身学习能力、教育教学实施能力、教育研究能力等。有的研究者认为，教师的职业能力应该包括教学技能、教育技能、教育科研技能和教育教学机智、教育教学管理能力、研究探索能力、创新能力，以及自我发展能力、学习能力、语言表达能力、信息获取和处理能力。

不论是职前教师还是在职教师，最基本的职业能力包括教育教学能力、管理能力和沟通合作能力。教育教学能力是教师适应教师职业环境和职业内容、实施教育教学并获得职业发展的基础，管理能力是维持教师职业工作顺利实施的核心能力，沟通合作能力是实现教育目标、获得职业发展的保障。

教育教学能力包括教学设计、实施、评价与研究能力、教育技术应用能力，课程资源开发与应用能力和实践教学能力。教学技能和教育技能是教育教学能力的基础，而课程能力是核心。教师的课程能力是职业能力的核心部分，包括课程决策能力、课程开发能力、课程实施能力、课程评价能力、课程创生能力等。在交际取向的课程实施过程中，教师的教学方法表现出传授式教学——理解性教学统一体的特点，教师对课程的理解及以前接受的培训会影响他们实施课程创新的程度。由于课程能力涉及教师参与课程活动的方方面面，尤其是与课程实施、课程评价等关系紧密，对学生的成长影响很大。教学技能指教师在教学过程中运用一定的专业知识和经验顺利完成某种教学任务的活动方式，主要包括传统的师范技能"三字一画"（钢笔字、粉笔字、毛笔字、简笔画）以及语言和多媒体使用，教学设计、实施和评价等方面的技能。教育技能包括沟通的技能（传统的学校组织结构是"鸡蛋格子"式的，教师之间缺乏交流；教师应该具有理解他人和与他人交往的技能）、组织管理技能（教师工作常常是对学生集体进行的，为保证教育工作的系统性和建立良好的学生集体，教师要有很好的班组和学生管理技巧和能力）、促进学生自我发展的技能（现代教育关注学生的发展，教师不只是引导学生发展，还要善于赋予学生继续发展的技能，使他们离开学校后，在社会生活与工作中继续发展）。教育教学的过程，应该成为教师持续开展教育和教学研究的过程，教师要善于从自己的教育教学过程中发现问题，保持对问题的敏感性并养成探索的习惯，才能不断提高教育教学的效果和质量。教育教学机智是高层次的职业能力，是教师在广泛的知识更新和经验的基础上经过大量的教育教学实践形成的，是教师专业素养达到成熟水平的标志。

管理能力包括自我管理、课堂管理（学生和班组管理）、资源管理等能力。课堂管理能力对职前教师（师范生）和在职教师来说都是非常重要的职业能力。自我管理能力是通过职业定位、自我影响、边界管理这三种职业自我管理行为对职业发展作出适应性响应，消除不利环境或者职业障碍以获得职业适应和职业发展。影响职业自我管理行为的决定因素有自我效能感、控制欲及职业锚，可以强化对掌控职业的感知/认识，给人带来职业满足感，但也可能带来负面影响或适应不良。真实的课堂问题与职前教师自我效能感之间的关系研究结果表明：真实的课堂问题切实促使职前教师进行反思性讨论，但并不能明显提高职前教师的自我效能感，也未能提高职前教师参与讨论的积极性。

除了教育教学能力和管理能力之外，教师还必须具备沟通合作能力。教学工作要求教师通过各种渠道与学生进行有效交流，人际交往和沟通能力会直接影响教师与学生之间的关系，进而影响教学效果。为了保证有效交流和沟通，教师须要有较强的语言表达能力，教师的表达能力或者感召力与教学效果之间关系密切。在课堂教学实践中，除了语言表达能力之外，非言语表达能力也对成功交流和教学有着重要影响。国外有研究者从心理社会学和人格特征的角度对师范生和实习教师的非言语表达能力进行了研究，结果表明表达能力或感召力与良好的人际关系、外向性格、能力或控制取向及自我效能感等之间呈现出显著的正相关关系。

（四）教师职业性向

霍兰德把职业环境与职业兴趣相结合，认为个人的人格与工作环境之间的适配和对应是职业满意度、职业稳定性与职业成就的基础，个体的人格特点与职业环境的匹配程度与工作满意度呈正相关关系，而与流动倾向性呈负相关关系。人们通常倾向于选择与自我兴趣类型匹配的职业环境。但在职业选择中，由于个体兴趣以及职业选择影响因素的复杂性，个体并非一定要选择与自己兴趣完全对应的职业环境。因此，职业选择时会不断妥协，寻求相邻甚至相对的职业环境。在这种情况下，个体须要逐渐适应工作环境。霍兰德的职业理论从个体与社会、个体自身与外部环境等方面相结合，为指导个体职业选择提供了框架，也为评价职业性向提供了参考框架。

职业选择受多种因素的影响，包括个人主观的因素及外部客观环境和他人影响等因素；对不同个体而言，起决定作用的因素会存在差异。国外很多研究者从职前教师的社会文化背景或社会经济背景、性别、生活阶段或执教专业等角度分析他们选择教师职业的原因，包括利己性的因素（如工作稳定有保障、工作压力小、工作时间短等）和利他性的因素（如与他人分享知识、改变孩子的生活、为社会作贡献等）。从市场经济理论及人的本能倾向来看，人们喜欢选择需求量大、收益大的职业。因此，当一个人受利他性因素影响而决定选择某一职业时，他也必然会考虑这一职业能够在多大程度上补偿自己的利益。如果补偿程度达不到自己的最低期望，那么他就不大可能继续选择这一职业，或者会中途放弃这一职业，转而选择其他能够满足自己最低补偿期望的职业。职前教师选择教师作为自己的职业有四个方面的动因：非个人原因（如默认或偶然因素）、个人原因、帮助他人、改变自我[29]。克雷希奇和格尔梅克的研究显示，尽管不同学科专业之间差异比较明显，多数学生选择教师职业的原因是为了实现自我价值[30]。因此，对教师职业价值的认识或判断会决定一个人的从教信念，从而决定他最终是否选择教师作为自己的职业。

择业者一般喜欢选择能够最大限度实现自我价值或满足自我价值实现条件的职业。国内外研究者把职业的价值分为三类：声望价值、发展价值、保健价值。声望价值是指某一职业所具有的社会地位或社会影响力给从业者带来的价值体验或价值实现程度。发展价值是指某一职业具有有利于从业者的职业发展和生活发展的价值，如兴趣爱好、公平竞争、发挥自身特长、自主性、培训机会、晋升机会、专业对口、出国机会等。保健价值是指某一职业具有促进或维持从业者身心健康的价值，如工资高、福利好、职业稳定、工作环境舒适、生活方便等。

人们对于职业性向的理解并没有像对职业知识和职业能力的理解那样清晰，对于了解职业性向与职业发展之间的关系又有何意义等问题也较少思考。在一般人的理解中，性向问题很容易与变化莫测、不可捉摸相联系。

总之，教师的职业理念指导着教师的教育行为，教师的职业知识影响着教师的教育水平，而教师的职业能力则直接决定了受教育者的成长质量。职业能力是教师职业素养中最重要的部分。教师职业能力的形成不是先天决定的，而是教师在接受教师教育的过程中以及在从事教育教学的实践活动中形成和发展的。因此，教师教育课程和教师教育机构在教师的职业素养形成和发展过程中有着重要影响。如何通过改进课程设置、完善课程结构、提高课程实施质量等来优化教师的职业素养结构，对提高中小学教育质量、提高教师队伍整体素质和促进教师职业发展都具有十分重要的意义。

二、教师职业素养分析

进入 21 世纪以来，我国基础教育改革逐步向纵深方向推进，高等教育改革也稳步前行，从而共同推动了我国教育事业的大发展，不仅在教育领域取得了前所未有的成就，也极大地推动了我国社会其他领域的发展。在肯定我国教育事业取得的成就的同时，我们更要清楚地看到教育事业在新时期所面临的巨大挑战。世界多极化、经济全球化及信息化加剧了各国之间的竞争，而其核心就是人才的竞争。人才的培养主要阵地在学校，学校教育质量的关键在教师，而教师的培养主要在师范院校及其他教师教育机构。我国拥有全球最大的教师队伍和学习者群体，却不是最强的教师队伍和最有创造力的学习者群体。教师和学习者的综合素养水平已经成为制约我国教育事业乃至全社会发展的主要因素，因此师范院校及其他教师教育机构能否培养出高素质的教师队伍，不仅仅关系着教育本身的发展，更关系着社会的全面发展。

从对教师职业发展现状的分析中可以看出，教师的职业素养是影响他们职业发展的关键因子。教师要顺利获得职业发展，充分适应和胜任中小学教育教学工作，就必须具备相应的职业知识、职业能力、职业理念与师德、职业性向。那么，教师的职业素养结构及其水平与此要求的差距如何呢？

（一）教师职业知识

知识是人们后天经验的产物，是人类在与生活环境相互作用的过程中产生的。职前教师与在职教师由于所处的环境、承担的任务及要达成的目标等存在较大差异，他们的知识结构也有差异。职前和在职教师应该具备的知识结构包括通识性知识（包括职业规划与发展知识）、学科知识和教育教学知识（包括学科教学知识）。

职前与在职教师的职业知识能否满足教师专业标准及教学实践的需要呢？他们的职业知识结构能否适应我国社会、经济、文化和教育的发展变化呢？

1. 职前教师的职业知识结构

职前教师的学习是为教师入职做准备，他们将要成为教师，因此必须具备一些在职教师所具备的知识结构要素才能够满足教师职业的基本要求。换句话说，职前教师有必要以在职教师的知识结构为参照来指导自己的学习。

由于教师职业理念的形成及职业能力的掌握都以职业知识的掌握为基础，因此，我们以中小学教师专业标准和教师教育课程标准中对教师应当掌握的理念、知识和能力为参照，调查职前教师对这些理念、知识和能力的重要性的评价及掌握程度的评价，并以此为基础考察他们的知识结构。调查对象对各类知识的职业发展价值采用 5 分制进行判断（"非常重要""比较重要""一般""不太重要""不重要")。结果显示：职前教师认为品德修养知识、学科知识、教育教学理念知识、沟通与合作知识和教学实施知识等对教师职业发展的价值较高，而通识性知识及教学评价、课程资源开发与应用、教学研究等类型的知识对教师职业发展的价值则较低。

此外，调查对象根据自己对各类知识的掌握程度（"精通""熟练掌握""一般掌握""不太熟练""完全不懂"）采用 5 分制分别进行评价。结果显示：职前教师认为自己对各类型知识的掌握程度整体较低，其中品德修养、沟通与合作、学科知识、班级与学生管理及学生学习指导等类型知识的掌握程度达到及格线。职前教师过分强调学科专业知识，对学科教学知识重视不够，对普通文化知识的价值认识严重不足；在知识结构方面表现出实践性知识（教育技术知识、信息技术应用知识、教学设计与教学评价知识、课程资源开发与应用知识、学生管理与学习指导知识）的严重不足。在学科教学知识方面，职前教师对观课的原则、内容与方式、观课记录、评课的原则、内容与方法及评课分析报告等知识都缺乏了解。

为了更好地了解职前教师的职业知识结构，我们比较了他们对教师职业知识的重要性评价均值与掌握程度评价均值之间的差距，并绘制成职前教师职业知识结构柱形图（见图 4.2）。对教师职业知识重要性评价预示的是应然的职业知识结构，对教师职业知识掌握程度评价预示的是实然的职业知识结构，两者之间的差距预示着教师职业素养的不足，也构成教师教育的必然内容。

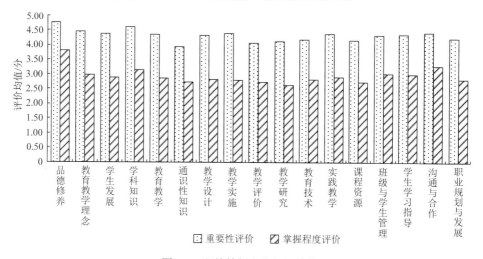

图 4.2　职前教师职业知识结构

2. 在职教师的职业知识结构

在职教师对教师职业的认识和体验比职前教师更丰富和深刻，他们的知识结构有什么样的特点呢？

调查对象用五分法评价不同类型知识对于教师职业发展的价值（最高分 5 分，最低分 1 分，由高到低分别对应"非常重要""比较重要""一般""不太重要""不重要"），以及他们对这些知识的掌握程度（最高分 5 分，最低分 1 分，由高到低分别对应"精通""熟练掌握""一般掌握""不太熟练""完全不懂"）、学习需求程度（最高分 5 分，最低分 1 分，由高到低分别对应"非常需要""比较需要""一般""不太需要""不需要"）。

调查结果表明，在职教师认为对教师职业发展最重要的有师德修养知识、教学实施知识、实践教学知识和学科知识，而重要性较低的是课程资源开发与应用知识、通识性知识和教育技术知识。在职教师认为自己掌握程度较高的有师德修养知识、学生发展知识、教育教学理念知识，而掌握程度低的则是职业规划与发展知识、教学实施知识、课程资源开发与应用知识、教学设计知识，其中对职业规划与发展知识的掌握程度还未及格。在职教师认为自己非常需要学习的是教学实施知识，有较强学习需求的是教学设计知识、教育教学知识和学科知识，学习需求程度最低的是师德修养知识。

为进一步理解在职教师的职业知识结构，我们比较了他们对不同种类教师职业知识的重要性评价、掌握程度评价以及需求程度评价均值之间的差异，并绘制成在职教师职业知识结构的柱形图（见图 4.3）。这三者之间的差距不仅揭示了在职教师应然的职业知识结构与实然的职业知识结构之间的差距，也揭示了他们接受在职教师教育的需求程度强弱与他们的职业知识结构之间的关系。

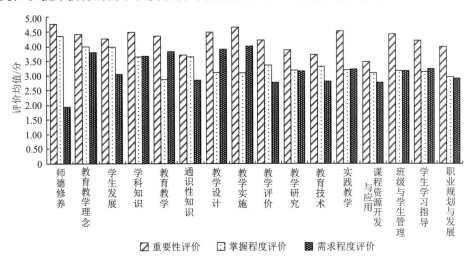

图 4.3　在职教师职业知识结构

从前面的调查分析可以看出，在职教师认为在职培训课程最重要的模块内容是师德修养、教学实施能力、实践教学能力、学科知识和教学设计能力，而课程资源开发与应用能力、通识性知识、教育技术能力、教学研究能力和职业规划与

发展能力等的价值评价则相对较低。他们对职前教师教育课程的评价显示，教育
实践模块课程对教师职业发展的价值最高，其次是专业技能模块课程，而文化知
识模块课程的价值最低。从对在职教师课堂教学行为观察来看，还有不少教师对
课堂教学的基本规律、学生学习的基本规律、课堂教学管理策略等方面的知识掌
握和运用不足。有的教师课堂教学环节不完整，一堂课有导入、呈现、练习和作
业布置等环节，却没有应用环节；有的教师把练习与应用相混淆。有的教师的课
堂教学环节设计不符合学生的学习规律，如上课一开始就做语言应用练习。有的
教师的课堂教学基本上只有教师"教"的活动，没有学生"学"的活动。

3. 小结

第一，职前教师尽管认识到教师职业知识对于职业发展的重要性，但他们对
教师职业知识的掌握程度普遍偏低。这既揭示了他们的教师职业知识结构还有待
优化，也暗示了教师教育课程设置和实施须要有针对性地进行优化和改革。

第二，在职教师比较充分地认识到教师职业知识对教师职业发展的重要性，
掌握程度与学习需求程度都有比较明显的差异；在职教师对于重要性高而掌握程
度低的职业知识都有较高的学习需求，对于重要性和掌握程度都较高的职业知识
的学习需求程度则较低。在职教师的职业知识结构还存在着不合理、不科学的方
面，课程资源开发与应用及职业规划与发展知识的不足制约了他们课程能力的提
升和职业发展，因此还需要进一步优化。

（二）教师职业能力

教育教学能力、管理能力和沟通合作能力是教师职业能力的重要组成要素。
那么，职前与在职教师的职业能力能否满足中小学教师专业标准的要求呢？能否
推动学生的发展和他们自己的职业发展呢？

1. 职前教师的职业能力结构

职前教师的职业能力决定了他们能否取得教师入职资格，更决定着他们入职
以后能否顺利适应教师职业环境和职业内容，影响着他们入职以后的教育教学质
量和学生培养质量。因此，职前教师在职前教师教育阶段学习并掌握教师职业能
力，意义重大。那么，职前教师应该具备哪些职业能力呢？他们的能力结构又有
什么特点呢？

在调查中以中小学教师专业标准中所列职业能力为基础，增加了沟通与合作
能力、职业规划与发展能力，作为调查职前教师职业能力结构的成分。调查对象
对各项职业能力的重要性和掌握程度分别进行评价，获得的数据作为分析他们职
业能力结构的依据。调查对象按程度采用 5 分法分别评价各项职业能力的重要性
（"非常重要""比较重要""一般""不太重要""不重要"，分别对应 5 至 1 分）以

及自己对这些职业能力的掌握程度（"精通""熟练掌握""一般掌握""不太熟练"
"完全不懂"，分别对应 5 至 1 分）。

通过分析调查对象对各项教师职业能力的重要性和掌握程度的评价，我们发
现：职前教师对各项教师职业能力重要性的评价均较高（众数>4.0,"比较重要"）；
他们认为教师应该具备的最重要的职业能力有沟通与合作能力、教学实施能力等，
而教学评价能力、课程资源开发与应用能力则不受重视。

另外，职前教师认为自己对各项教师职业能力的掌握程度都较低（众数<3.5），
只有沟通与合作能力、班级与学生管理能力以及学生学习指导能力的掌握程度达到
及格水平；对教学研究、课程资源开发与应用及教学评价等能力的掌握程度最差。

为进一步理解职前教师的职业能力结构，我们比较了他们对各项职业能力重要
性评价与掌握程度评价的差异，并绘制成职前教师职业能力结构曲线（见图 4.4）。

从图 4.4 中可以看出，职前教师对各项职业能力的重要性评价都大大高于对
掌握程度的评价。这暗示职前教师的职业能力还须要大力提升，因此师范院校要
着力加强对职前教师的职业能力训练。

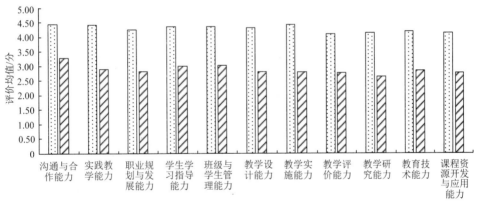

图 4.4　职前教师职业能力结构

当然，由于职前教师对教师职业环境和职业内容还没有足够的认识和体验（尤
其是大一和大二的学生），他们对自己教师职业能力的评价可能存在偏差。比如，
大一学生中认为自己"精通"班级与学生管理的比例高于大三的学生和大二的学
生，认为自己"熟练掌握"这一能力的比例也高于大二学生。同样地，大一学生
中认为自己"精通"学生学习指导的人数比例也高于大三学生和大二学生。

职前教师对各项教师职业能力的掌握程度评价之间存在较高强度的正相关
性，这意味着他们对每项教师职业能力的掌握程度都会与其他项职业能力产生影
响（见表 4.1）。因此，师范院校在设置课程时要注意对各项教师职业能力的均衡
覆盖，不能只偏重于某一项或几项职业能力，否则会削弱职前教师职业能力的整

体发展。

表 4.1　职前教师职业能力掌握程度相关性分析

能力成分	相关性	教学设计	教学实施	教学评价	教学研究	教育技术	实践教学	课程资源开发与应用	班级与学生管理	学生学习指导	沟通与合作	职业规划与发展
教学设计	Pearson 相关性	1	0.74*	0.66*	0.59*	0.59*	0.59*	0.57*	0.49*	0.53*	0.36*	0.47*
	显著性（双侧）		0	0	0	0	0	0	0	0	0	0
教学实施	Pearson 相关性	0.74*	1	0.73*	0.67*	0.63*	0.65*	0.53*	0.49*	0.528**	0.44*	0.48*
	显著性（双侧）	0		0	0	0	0	0	0	0	0	0
教学评价	Pearson 相关性	0.66*	0.73*	1	0.71*	0.69*	0.68*	0.56*	0.56*	0.56*	0.42*	0.50*
	显著性（双侧）	0	0		0	0	0	0	0	0	0	0
教学研究	Pearson 相关性	0.59*	0.67*	0.71*	1	0.69*	0.64*	0.59*	0.53*	0.49*	0.37*	0.44*
	显著性（双侧）	0	0	0		0	0	0	0	0	0	0
教育技术	Pearson 相关性	0.59*	0.63*	0.69*	0.69*	1	0.71*	0.64*	0.54*	0.56*	0.39*	0.48*
	显著性（双侧）	0	0	0	0		0	0	0	0	0	0
实践教学	Pearson 相关性	0.59*	0.65*	0.68*	0.64*	0.71*	1	0.64*	0.64*	0.60*	0.44*	0.47*
	显著性（双侧）	0	0	0	0	0		0	0	0	0	0
课程资源开发与应用	Pearson 相关性	0.57*	0.53*	0.56*	0.59*	0.64*	0.64*	1	0.63*	0.62*	0.46*	0.52*
	显著性（双侧）	0	0	0	0	0	0		0	0	0	0
班级与学生管理	Pearson 相关性	0.49*	0.49*	0.56*	0.53*	0.54*	0.64*	0.63*	1	0.70*	0.51*	0.45*
	显著性（双侧）	0	0	0	0	0	0	0		0	0	0
学生学习指导	Pearson 相关性	0.53*	0.53*	0.56*	0.49*	0.56*	0.60*	0.62*	0.70*	1	0.59*	0.55*
	显著性（双侧）	0	0	0	0	0	0	0	0		0	0
沟通与合作	Pearson 相关性	0.36*	0.44*	0.42*	0.37*	0.39*	0.44*	0.46*	0.51*	0.59*	1	0.59*
	显著性（双侧）	0	0	0	0	0	0	0	0	0		0
职业规划与发展	Pearson 相关性	0.47*	0.48*	0.50*	0.44*	0.48*	0.47*	0.52*	0.45*	0.55*	0.59*	1
	显著性（双侧）	0	0	0	0	0	0	0	0	0	0	

* 在0.01水平（双侧）上显著相关。

从职前教师个体差异角度来看，他们对教师职业能力掌握程度的评价也有明显的差异。女生对班级与学生管理、沟通与合作、学生学习指导、教学研究及教学设计等项教师职业能力的掌握程度评价略高于男生；专科生对各项教师职业能力的掌握程度评价都高于本科生；除对职业规划与发展能力的掌握程度评价是大二学生略高于大三和大一学生外，大三学生对其他各项教师职业能力的掌握程度评价都高于大二和大一学生，大一学生对班级与学生管理能力的掌握程度略高于大二学生但低于大三学生；没有教师家庭背景的学生对各项职业能力的掌握程度评价都高于有教师家庭背景的学生；对学习结果感到满意的学生对各项职业能力的评价都高于对学习结果不满意的学生；喜欢教师职业的学生对各项职业能力掌握程度的评价高于不喜欢教师职业的学生；有教师职业体验经历的学生对各项职业能力掌握程度的评价高于没有教师职业体验经历的学生；毕业后不愿意选择教师职业的学生对教学实施和教学评价能力的掌握程度评价略高于愿意选择教师职业的学生，对教育技术、沟通与合作能力的掌握程度评价相同，其他各项都是愿意选择教师职业的学生的评价高于不愿意选择教师职业的学生。

可见，职前教师对教师职业能力重视程度较高，但整体掌握程度还较低，尤其是教学设计、教学实施、教学评价、教学研究等关键教师职业能力，这与教师专业标准及合格教师资格的要求还有距离。尽管高年级阶段的职前教师对各项教师职业能力的掌握程度整体高于低年级阶段的职前教师，但也存在低年级阶段的职前教师对自己的职业能力评价有偏差的现象。

2. 在职教师的职业能力结构

在职教师的职业能力水平直接决定学生课程的学习质量，决定中小学校的教育质量。通过分析在职教师对教师职业能力的重要性、掌握程度及需求程度的评价，有助于我们了解在职教师的职业能力结构。

以中小学教师专业标准中所列职业能力为基础，增加了沟通与合作、职业规划与发展两个能力项，作为探讨在职教师职业能力结构的成分。调查对象按程度采用 5 分法分别评价各项职业能力的重要性（"非常重要""比较重要""一般""不太重要""不重要"，分别对应 5 至 1 分）、掌握程度（"精通""熟练掌握""一般掌握""不太熟练""完全不懂"，分别对应 5 至 1 分）及学习需求程度（"非常需要""比较需要""一般""不太需要""不需要"，分别对应 5 至 1 分）分别进行评价，获得的数据作为分析他们职业能力结构的依据。

从调查情况来看，在职教师认为对自己职业发展最重要的职业能力有教学实施能力、实践教学能力、教学设计能力和班级与学生管理能力，而课程资源开发与应用能力、教育技术能力、教学研究能力则不受重视。

总体上来看，在职教师认为自己对各项职业能力的掌握程度都不高（众数<3.50）；教学评价和教育技术能力是他们认为自己掌握相对较好的职业能力，而职业规划与发展能力、教学实施能力、课程资源开发与应用能力等职业能力的掌握程度则较差，尤其是职业规划与发展能力。

总体上来看，在职教师对职业能力的学习需求程度较低，只有一项的学习需求均值超过 4.0（"比较需要"）；他们认为教学实施能力、教学设计能力是最需要进一步学习和提升的职业能力，而课程资源开发与应用能力、教学评价能力、教育技术能力和职业规划与发展能力等职业能力的学习需求程度则很低。

为进一步理解在职教师的职业能力结构，我们比较了他们对各项职业能力的重要性、掌握程度与学习需求程度评价均值的差异，并绘制成在职教师职业能力结构柱形图（见图 4.5）。

在职教师认为教学实施能力是最重要的职业能力，因此高度重视，但绝大多数教师认为自己对这一能力的掌握程度很低，因此有强烈的学习和提升需求。教学设计能力也受到高度重视。

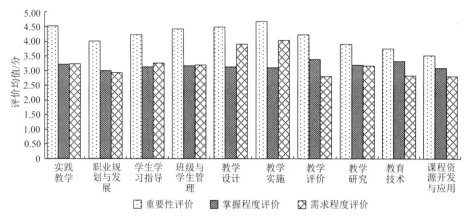

图 4.5　在职教师职业能力结构

对于课程资源开发与应用能力，尽管有 53.6% 的在职教师认识到这一能力对职业发展的重要性，只有 11.0% 的教师认为自己掌握得较好，只有 4.3% 的教师认为需要学习和掌握这一能力，却有 25.6% 的教师认为不需要学习和掌握这一能力。这揭示了多数教师的课程意识还很淡薄，不重视课程能力提升。在教学实践中，教师的教材处理能力反映了他们的课程资源开发与应用能力。教材处理是教师开展教学设计、教学实施与教学评价活动的基础。如何恰当处理教材中的内容是教师在课程改革过程中面临的重要挑战之一，不同教师会采用不同的教材处理方式。从调查来看，40.7% 的在职教师基本上按照教材内容编排的顺序实施教学，也有33.0% 的教师能够结合学生的学习情况做一些删减、调整或补充。经验丰富的教师可以凭借教育教学知识和经验领悟课程内容的内在关系并能做出相应教学设计，在教学实施过程中能够很快建立融洽的师生关系并准确判断学生的认知水平，能够对原有的教学方案作出适当校正。在基础教育课程改革过程中，给教师赋权或增权已经非常普遍，越来越多的教师有了初步的课程自主意识和课程权力意识，也有越来越多的教师参加或者愿意参加校本课程的开发，但他们的课程能力总的来看还需要进一步提升。

前面的数据显示，调查对象认为自己对教学评价能力和教育技术能力掌握得较好，这似乎与国内研究者的观点及我们观察到的教师课堂教学实际相互矛盾。我们在观察教师课堂教学的过程中发现：有的教师只习惯用少数几个表示评价的词语（如表示肯定性评价的 good、very good、perfect、wonderful 等）对学生在课堂教学过程中的反应和行为作出评价；有的教师则不管教学任务的难度如何，也不管学生的基础如何，所有的评价都是肯定性的或嘉奖性的；有的教师则在学生完成任务或者回答问题之后不给予任何评价；有的教师不能有效捕捉学生在课堂教学过程中的非言语反馈信息，错过很多教育教学机会。这种做法是否受"好孩子是夸出来的"这一观念的影响还须要做进一步的调查分析。在教育技术应用方面,很多教师上课都用 PPT,不过不能算是真正的多媒体课件。还有一些教学设施稍好点的学校配置了电子白板,不过一些教师还不太习惯使用这一教学媒体。因此,在职教师自评的教学评价能力及教育技术能力与实际表现的能力之间存在差异,具体的原因还需要调查和探讨。

3. 小结

第一,关于教师职业能力对于职业发展的重要性问题,职前和在职教师的认识有同有异。从整体上来看,职前和在职教师都认为教学实施能力和实践教学能力对于教师的职业发展很重要。职前教师认为学生学习指导能力对职业发展也比较重要,在职教师认为教学设计能力和班级与学生管理能力对职业发展也比较重要。职前和在职教师都不太重视课程资源开发与应用能力、教学研究能力对教师职业发展的价值。

第二,职前和在职教师的职业能力结构不均衡,存在个体差异,需要进一步优化和提升。职前和在职教师对各项职业能力的掌握程度总体偏低。在职教师认为自己的教学评价能力、教育技术能力、实践教学能力和教学研究能力较好,而职业规划与发展能力、教学实施能力、课程资源开发与应用能力则较差。职前教师认为自己的沟通与合作能力、班级与学生管理能力及学生学习指导能力较好,而教学研究、课程资源开发与应用及教学评价等能力则差。

(三)教师职业理念与师德

在我国,教师职业的性质虽然已经用法律的形式给予了界定,但在现实中很多教师对此还缺乏正确的认识。受"传道受业解惑"这一传统师道观的影响,很多教师认为教师的主要职责是向学生传授课本上的知识或者塑造学生的日常行为习惯。教师对职业性质的认识影响他们的职业态度及行为倾向,并影响教师职业的适应状态和能力。如果教师仅仅把教师职业看作是谋生的手段而不是专业性很强的职业,那么教师在教育教学生涯中就不会有追求职业发展的意识和动力,他们关注的也不是自己的职业发展,而是个人在物质或经济方面所获得的收益。因此,他们把教师的教学工作看作机械的、重复的活动,无法体验教师工作的乐趣,更无法享受教师职业发展的幸福。这样,在工作数年之后,教师很容易产生职业倦怠感,导致教学工作效能低下。如果不能有效解救,将会逐渐丧失对教师职业的热情,甚至可能会半途离职,这会进一步强化他们对教师职业的消极认识。如果教师以专门职业的观点来看待教师职业,就需要以终身教育的理念来了解、学习并掌握教育改革与发展的新进展和新趋势,运用终身学习能力去学习新的知识和技能,从而更新自己的观念和知识技能结构,以适应发展变化了的职业环境和职业内容。因此,教师正确理解教师职业的性质,对于自己的职业发展和学生的发展都是十分必要的。对教师职业性质的认识与教师职业选择和教师职业情感倾向密切相关，也与对教师职业角色和职业职责的认识密切相关，会影响和决定对教师职业的态度和选择。

1. 对教师职业性质的认识

对教师职业性质的认识分为如下两个方面。

（1）职前教师对教师职业性质的认识

调查显示，有 66.5%的职前教师认为教师是专门职业。认为教师是专门职业的女生人数比例略高于男生，专科生高于本科生，大三学生高于大二学生和大一学生，有教师家庭背景的学生略低于没有教师家庭背景的学生人数比例，喜欢自己所学专业的学生低于不喜欢自己所学专业的学生，对专业学习表示满意的学生低于对专业学习表示不满意的学生，获得过奖学金的学生高于没有获得过奖学金的学生。

职前教师对教师职业的性质缺乏本质认识，这与他们缺少对教师职业环境和职业内容的真实接触及体验有关。一方面，职前教师的精力和时间主要在学科专业知识及教育教学知识的学习、学科专业技能的训练，囿于自己就读的院校之内，很少有机会进入中小学校及中小学课堂。他们对教师职业的理解与认识多来自对周围教师的观察，对教师职业的性质、价值、内容与职责等只有初步的感性认识，对教师职业满怀憧憬，认为自己能够完美胜任教师职业。另一方面，职前教师对教师职业的情感倾向和态度又容易受外界因素（如家人的建议、社会环境、教育改革等）的影响而变化。在教育见习和教育实习阶段，他们亲身体验了教师的职业内容和职业环境，对教师职业有了一定程度的感知和领悟，对教师职业的认识也会有一些改变，对教师职业的情感倾向和态度也会发生一些微妙的变化。有的可能会更加认同教师这一职业，有的则可能会认为自己不适合这一职业。

（2）在职教师对教师职业性质的认识

调查显示，有 63.4%的在职教师认为教师不是专门职业。进一步分析发现，认为教师是专门职业的男、女教师对此问题的认识差异很小，本科学历教师人数比例大大高于专科学历教师，一级教师人数比例高于二级教师和三级教师，高中教师人数比例大大高于初中教师和小学教师，工作 11～19 年的教师人数比例高于工作 5～10 年、工作 20 年及以上和工作 5 年以下的教师。

在职教师的职称、职业情感倾向、职业压力应对能力是影响他们对教师职业性质认识的主要因子（贡献率达 60.82%），特别是前两个因子的影响力最大（贡献率达 43.96%）。

2. 对教师职业角色的认识

教师职业角色的形成不是一蹴而就的，而是一个预期社会化的过程。职前教师参加教育见习和教育实习就是教师职业角色社会化的准备过程。在参加教育实习之前，大多数职前教师对教师职业角色的理解往往是完美的或理想化的，他们往往设想自己是学生的老师兼最好的朋友（即所谓"良师益友"），对教师职业的压力没有基本的心理准备。在参加教育见习与教育实习期间，他们对教师职业和教师角色有了初步感知，体验到把教师角色理想化的难处。在职前教师参加教育实习之前，引导他们思考自己角色有助于他们校正对教师职业角色的预期。不同的预期会引发他们对教育实习、对实习学校的教师和学生等采取不同的行为态度。同样的，参加顶岗实习（支教）的职前教师对教师职业角色的认识也面临着一种困惑：他们虽然被当做教师，但是"临时"的或者"顶岗"的，既不是正式的教师，也不是学生。

从访谈和课堂观察结果来看，一方面，多数在职教师还是喜欢采取控制型的课堂管理方式，或者说倾向于扮演控制者的角色。在新教材内容增多、难度增大以及学校和教育行政管理部门对教师的教学考核工作强度加大的背景下，教师的职业压力也急剧增大。按时完成教学任务是绝大多数教师的首要目标，同时也是为了应对学校及地方教育行政部门的教学检查的需要。另一方面，也有不少教师已经抛弃了传统的权威角色，以民主管理者的身份对待学生，并从学生学习的角度来管理课堂教学过程，努力在课堂教学过程中实践学生中心的教育理念。

3. 小结

第一，职前教师与在职教师对教师职业的性质认识存在很大差异，前者中多数认为教师是专门职业，而后者中多数认为教师不是专门职业。这一结果好像有悖于人们的普遍观念，引起这一变化的原因还有待探究。

第二，职前教师对教师职业角色因受体验程度的影响而表现出理解和行动上的混乱；在职教师则受教育政策影响而能够在一定程度上转变职业角色，但他们面临的压力也较大。

（四）教师职业性向

1. 教师职业性向分析

由于职业性向涉及从业者对职业价值的认识，涉及从业者的职业幸福感，因此了解和把握职前与在职教师的职业性向，为教师教育机构甄选教师和设置课程都有重要意义。根据职业性向的定义，我们着重从职业价值观、职业兴趣与职业意向三个方面进行分析。

（1）职业价值观

职前和在职教师认为选择教师职业能够给自己带来或满足哪些方面的价值呢？调查结果显示：职前教师选择教师职业最看重的前四项因素中有三项属于保健价值（"稳定有保障""工作环境舒适""工资高/福利好"），另外一项属于发展价值（"人际关系压力小，相对公平"）。在职教师选择教师职业最看重的前四项因素中有两项是保健价值（"稳定有保障""工作轻松/外部压力小"），另外两项属于发展价值（"专业对口，能发挥自己特长""培训锻炼和提升机会多"）。

在职教师对教师职业"稳定有保障"这一因素的重视程度大大高于其他因素，而职前教师对前四项因素的重视程度明显高于其他因素。可见，调查对象在选择教师职业时首先追求的是安全需求的满足，其次才是自己的兴趣与专长。自由或权威以及声望因素没有成为选择教师职业的重要原因也向我们揭示，教师职业的社会地位或者社会声望、教师职业能够给予教师的自由或权威在从业人员看来都是很低的，甚至是远远低于自己的职业价值预期。

从职前教师对教师职业的价值认识来看，尽管男生和女生对教师职业的稳定性价值都高度重视，但男生的重视程度大大高于女生；女生重视教师职业的第二个价值是人际关系与公平，而男生重视的是工作环境。本科生对人际关系和公平的重视程度大大高于专科生。大一学生最重视的是教师职业的稳定性，而大二学生最重视的是工作环境，大三学生重视的则是人际关系与公平。总的来看，女生、本科生、高年级学生、没有教师家庭背景的学生、对学习结果感到满意的学生、不喜欢所学专业的学生、获得过奖学金的学生最重视的是教师职业的工作环境以及人际关系与公平这一发展价值，而男生、专科生、低年级学生、有教师家庭背景的学生、对学习结果感到不满意的学生、喜欢所学专业的学生、没有获得过奖学金的学生最重视的则是教师职业稳定性价值（见表 4.2）。

表 4.2　职前教师的职业价值观　　　　　　　　　　　　　　单位：%

职前教师		保健价值					声望价值		发展价值	
		工资高/福利好	工作环境舒适	人际关系压力小，相对公平	稳定有保障	工作轻松/外部压力小	社会地位高/社会贡献大	自由度大/权威性高	培训锻炼和提升机会多	专业对口，能发挥自己特长
性别	男	10.71	20.24	14.29	36.91	3.57	3.57	0	2.38	8.33
	女	14.88	19.22	22.11	24.28	2.74	5.06	2.46	3.90	5.35
学历	专科	16.17	17.37	12.57	26.95	1.80	7.78	3.59	7.78	5.99
	本科	13.96	19.87	23.64	25.29	3.12	4.10	1.81	2.63	5.58
年级	大一	12.21	17.16	12.87	33.34	2.97	7.26	2.97	3.63	7.59
	大二	15.15	22.94	18.18	20.35	4.33	4.33	2.60	5.19	6.93
	大三	16.53	18.60	34.71	21.07	1.24	2.48	0.83	2.48	2.06
家庭背景	教师家庭	11.49	21.15	20.69	26.67	3.22	3.91	2.30	3.45	7.12
	非教师家庭	18.18	17.01	21.99	24.34	2.35	6.16	2.05	4.11	3.81
专业态度	喜欢	13.75	20.45	18.77	26.58	3.35	4.65	2.60	4.46	5.39
	不喜欢	15.97	16.81	26.89	23.53	1.68	5.46	1.26	2.10	6.30

续表

职前教师		保健价值					声望价值		发展价值	
		工资高/福利好	工作环境舒适	人际关系压力小，相对公平	稳定有保障	工作轻松/外部压力小	社会地位高/社会贡献大	自由度大/权威性高	培训锻炼和提升机会多	专业对口，能发挥自己特长
学习结果满意度	满意	13.97	24.02	24.02	17.88	1.12	6.16	0.56	6.16	6.15
	不满意	14.57	17.92	20.44	27.97	3.35	4.52	2.68	3.02	5.53
是否获得过奖学金	是	11.64	20.36	30.55	21.45	1.82	2.91	1.82	4.00	5.45
	否	15.97	18.76	16.17	27.94	3.39	5.99	2.40	3.59	5.79
综合评价		14.43	19.33	21.26	25.64	2.84	4.90	2.19	3.74	5.67

注：样本数 *N*=776。

从在职教师对教师职业的价值认识来看，女教师最重视的是教师职业的保健价值，男教师最重视的是教师职业的发展价值。专科学历教师中无人提及教师职业的声望价值，本科学历教师中有 5.35%的人重视声望价值。一、二级教师最重视教师职业的保健价值，三级教师最重视发展价值，只有一级教师中有 6.72%重视声望价值。工作 5 年以下的教师无人提及教师职业的声望价值，相对更重视发展价值和保障价值（见表 4.3）。

表 4.3　在职教师的职业价值观
单位：%

在职教师		保健价值					声望价值		发展价值	
		工资高/福利好	工作环境舒适	人际关系压力小，相对公平	稳定有保障	工作轻松、外部压力小	社会地位高/社会贡献大	自由度大/权威性高	培训锻炼和提升机会多	专业对口，能发挥自己特长
性别	男	10.47	9.30	5.82	19.77	5.81	5.81	5.81	16.28	20.93
	女	6.93	9.04	12.05	29.22	12.95	3.31	2.71	11.44	12.35
学历	专科	12.96	6.48	10.19	24.07	15.74	0	0.93	14.82	14.81
	本科	5.69	10.03	10.70	28.09	9.70	5.35	4.35	11.71	14.38
	研究生	10.00	10.00	20.00	30.00	20.00	0	0	10.00	0
职称	三级教师	7.32	14.63	7.32	14.63	12.20	0	2.44	19.51	21.95
	二级教师	10.00	6.36	13.64	26.36	14.54	0	1.82	12.73	14.55
	一级教师	6.30	8.82	9.24	30.67	9.67	6.72	4.62	10.51	13.45
	高级教师	10.35	13.80	17.24	20.69	13.79	0	0	17.24	6.90
学校	小学	10.93	10.93	9.29	20.77	15.30	1.64	2.73	13.66	14.75
	初中	4.79	8.22	15.75	30.14	9.59	4.11	1.37	13.70	12.33
	高中	5.62	6.74	5.62	35.95	6.74	7.87	7.87	7.86	15.73
教龄	5年以下	10.15	13.04	4.35	20.29	14.49	0	2.90	14.49	20.29
	5~10年	7.81	6.25	7.03	28.90	10.16	4.69	4.69	12.50	17.97
	11~19年	6.06	10.31	13.94	30.30	12.12	3.64	3.03	10.30	10.30
	20年及以上	8.93	7.14	17.86	23.21	8.93	7.14	1.79	16.07	8.93
合计		7.66	9.09	10.77	27.27	11.48	3.83	3.35	12.44	14.11

注：样本数 *N*=418。

（2）职业兴趣

教师是否喜欢和热爱自己的职业呢？调查结果显示，在职教师对教师职业的情感倾向表现积极，表示喜欢教师职业的比例达 84.0%；而职前教师表示喜欢教师职业的人数比例为 65.3%。这表明在职教师对教师职业的兴趣比职前教师更加强烈。

对在职教师的职业兴趣做进一步比较和分析之后发现，喜欢教师职业的女教师比例稍高于男教师，本科学历教师比例高于专科学历教师，高级教师比例高于其他职称段的教师，高中教师比例高于初中和小学教师，工作 20 年及以上的教师比例高于工作 20 年以下的教师。

对职前教师的职业兴趣做进一步比较和分析之后发现，喜欢教师职业的女生比例稍高于男生，专科生比例明显高于本科生，大二学生比例大大高于大一学生和大三学生，有教师家庭背景的学生比例高于没有教师家庭背景的学生，喜欢所学专业的学生比例高于不喜欢所学专业的学生，对学习结果表示满意的学生比例高于对学习结果不满意的学生，获过奖学金的学生比例远远高于未获过奖学金的学生。

（3）职业意向

教师的职业兴趣和态度影响他们选择教师职业的动力强弱，即从业动机或职业意向的强弱。从业动机是人们从事某种职业的特定目标意识，即引起职业行为的内在需要和追求。从业动机不仅决定着个体工作能动性的发挥，而且还决定着个体的工作方式和价值追求。受不同的动机支配而选择教师职业会决定教师的工作方式和热情，同时也影响教师的职业发展。如果是因为自己的兴趣爱好（喜欢教师职业）而选择了教师职业，会对教师工作充满热情，愿意投入时间和精力追求教师职业发展，并能够享受教师职业发展所带来的价值满足感和快乐感，进而强化对教师职业的积极情感倾向。如果选择教师职业是受外在因素（如稳定有保障、工作压力小、假期多等）的支配，那么教师就不太关注与追求教师职业发展，而是关注教师职业的利己程度。在这种情况下，如果教师职业不能够满足教师的利己期望，就会降低工作热情，减少时间和精力的投入，甚至可能会放弃教师职业。

职前教师毕业后是否愿意选择教师呢？调查数据显示，71.6%的职前教师表示愿意选择这一职业。女生比男生更愿意选择教师职业，专科生比本科生更愿意选择教师职业，大二学生比其他年级的学生更愿意选择教师职业，有教师家庭背景的学生比没有教师家庭背景的学生更愿意选择教师职业，喜欢所学专业的学生比不喜欢所学专业的学生更愿意选择教师职业，对学习结果感到满意的学生比不满意的学生更愿意选择教师职业，获得过奖学金的学生比没有获得过奖学金的学生更愿意选择教师职业。

在职教师尽管已经身在教师岗位，他们是否都是主动或者自愿选择教师职业的呢？调查结果显示，在职教师中主动选择教师职业的人数比例还不到 40%，而被迫选择教师职业的比例高达 42.3%。对调查对象选择教师职业的原因做进一步分析后发现，女教师主动选择教师职业的比例略高于男教师，但被动选择教师职业的比例却明显高于男教师。除研究生和专科以下学历的教师外，专科学历教师主动选择教师职业的比例高于本科学历教师，本科学历教师被动选择教师职业的比例大大高于专科学历教师。一、二级教师主动选择教师职业的比例很相近，都高于高级教师和三级教师，二级教师被动选择教师职业的比例最高。高中教师主动选择教师职业的比例大大高于小学教师和初中教师，初中教师中被动选择教师职业的比例最低。工作 20 年及以上的教师中主动选择教师职业的比例最高，其次是工作 5~10 年的教师，工作 5 年以下与工作 11~19 年的教师相差很小；工作20 年以下的教师中有超过 40%是被动选择教师职业。

2. 小结

第一，职前和在职教师选择教师职业最看重的是教师职业对自己安全需求的满足，其次才是兴趣与专长。自由或权威以及声望因素没有成为选择教师职业的重要原因也向我们揭示，教师职业的社会地位或者社会声望、教师职业能够给予教师的自由或权威在从业人员看来都是很低的，甚至是远远低于自己的职业价值预期。

第二，在职教师对教师职业的兴趣比职前教师更加强烈。但是，不论是在职教师还是职前教师，对教师职业的兴趣都因个体差异因素影响而存在差异。

第三，职前教师中表示愿意主动选择教师职业的比例较高，在职教师中表示愿意主动选择教师职业的比例却很低，被迫选择教师职业的比例却很高。这一现象应引起研究者重视。

第三节 职业生涯的全程发展

对教师职业发展的研究动力来自人们对教师职业认识的变化。研究者们从不同角度对教师职业发展进行了大量理论和实践探讨，包括教师职业发展是否具有阶段性、教师职业发展要经历哪些阶段、教师职业发展各阶段的基本特征。人们习惯用"教师培养"指给未来教师或者还未取得资格的在职教师传授学科知识及教学方法，以使他们能够向学生传授知识；用"教师培训"来指教师接受的针对某一具体技能的短期培训。现代教师教育及教师发展研究则倾向于把职前教师培养及在职教师培训作为一个整体，统称为"教师教育"。这一说法更能真实反映教师作为专业人员的特征，教师的工作是帮助学生学习，这是一个复杂过程，教师成长不是一蹴而就，而是一个终身学习与发展的过程。因此，我们有必要运用教师全程发展的观点来认识和理解教师的职业发展问题。

一、全程发展的理论基础

教师的全程发展以教师发展阶段性理论和终身教育理念为基础。

（一）教师发展阶段性理论

教师职业从非专门化到专门化再到专业化，这是教师职业的专业化过程，是一个动态、变化的发展过程。这一过程显示出的阶段性是其最显著的特点，不同发展阶段受不同因素影响，教师的专业发展状态在不同发展阶段也有不同的特征。然而，教师职业发展的阶段性特点并不是一开始就为人们所理解和接受的。人们对于教师职业发展阶段性特点的认识与教师职业发展一样具有阶段性的特点。

人们曾经以为，教师的职业生涯不存在阶段性特征，因为人们看不到教师职业发展到底会经历哪些不同的阶段或者说会有什么变化。大多数教师常常抱怨说自己的工作职责日复一日、年复一年地没有变化，每天要做的就是备课、上课、批阅作业，以及考试、开会等。很多教师在谈到自己的教育生涯发展时，常常回忆、历数自己曾经教过的得意门生，但他们极少谈到自己职业发展的历程。另外，同一所学校内不同课程的教师在教育教学工作中常常各自为政，极少甚至没有与其他课程教师交流，没有形成一个教育共同体，也不以这个共同体成员的身份开展教育教学工作。这就是学校教育管理体制的"鸡蛋箱"结构，这一结构强化了人们所持的教学工作没有阶段性特征的观点。同时，这一结构也极大地限制了教师对自己职业生涯发展前景的认识和理解。一些年轻教师看不到这一职业的发展价值，因而放弃教师职业。这种结构也阻碍了那些有能力的年轻人选择教师职业。因此，教师队伍人才的流失、教育质量的下滑成为比较严重的问题，引起研究者、管理者及学校和政府不得不认真思考和重视教师职业发展问题。

很多教师教育研究者认为，现代教师专业发展的文献源头可以追溯到 1935 年国际教育大会的《小学教师的专业培训》和《中学教师的专业培训》两份建议书，但真正为教师专业发展事业奠定思想基础的则是 1972 年英国的《师范教育和师资培训调查委员会的报告》，即《詹姆斯报告》。20 世纪 60 年代，国际劳工组织与联合国教科文组织正式将教师列为一个专业化的职业。20 世纪 80 年代起，一些改革者对教师教育进行了批判，要求从教师专业发展的角度进行改革。美国《国家在危急中：教育改革势在必行》（1983）、《明日之教师》（1986）、《准备就绪的国家》（1986）、《新世界的教师》（1989）、《明日之学校》（1990）、《明日之教育学院》（1995）等一系列报告对教师专业化和教师专业发展提出了全面的构想和实质性的政策建议，由此带动了西方教育界的教师专业发展研究热情。《明日之教师》提出把教师分为"初任教师"（instructor）、"专业教师"（professional teacher）、"终身专业教师"（career professional teacher）三个不同级别的"专业生涯阶梯"（professional career ladder）。卡内基工作小组在《国家为培养 21 世纪的教师作准备》（1986）中也提议，教师之间确立不同的等级，让其中一部分教师运用自己的专长，发挥带头作用，振兴学校教育。受此影响，人们开始思考和审视教师职业发展的阶段性特点，并进而发展出一些关于教师发展阶段性的理论和研究成果。

1. 职业生涯发展阶段/周期理论

早期对教师发展阶段的探讨大多借鉴职业生涯发展阶段/周期理论。职业生涯周期理论以人的生命自然老化过程与周期来看待教师的职业发展过程与周期，其阶段的划分以生命变化周期为标准。纽曼等人从年龄变化阶段来研究教师职业发展的阶段，虽然重视了年龄因素的影响，但把教师专业发展的过程看作一个静态发展的过程。费斯勒克服了纽曼等人研究的不足，从发展变化的人与环境的相互关系的角度来探讨教师职业发展周期，将教师发展过程分为八个阶段：职前准备阶段、入职阶段、能力建构阶段、热情与成长阶段、职业挫折阶段、稳定停滞阶段、职业消退阶段、职业生涯结束阶段。休伯曼把教师职业周期分为七个时期：入职期、稳定期、实验和歧变期、重新估价期、平静和关系疏远期、保守和抱怨期、退休期。国外对教师发展阶段的理论研究成果丰硕，除了职业生涯发展阶段/周期理论外，还有教师专业社会化阶段性理论、教师教学专长发展阶段性理论和综合理论。

2. 教师专业社会化阶段性理论

"社会化"这一概念是由德国社会学家齐美尔于19世纪90年代中期提出，意指个体在与社会环境相互作用的过程中发展自我观念与社会角色，并进而掌握所在社会团体的各种技能、行为规范、价值观念等。社会化是个体成长的必然途径，只有通过社会化才能获得个体所在社会的成员资格，实现个体从生物个人向社会个人的转变。社会化的必然性是由人的社会属性这一本质属性决定的。

教师专业化是教师从普通生命个体的教师转化为具有社会属性的教师，这是个体由普通人成长为职业人并融入教师共同体的动态发展变化过程。在这个过程中，个体获得教育教学专业知识和技能，掌握并吸收教师职业规范和价值观念，能够适当表现教师角色，胜任教师职责。教师专业社会化阶段性理论以社会化理论为基础来研究教师的专业发展，把教师的专业发展与教师的职业社会化相结合，从教师职业内、外部因素的相互作用和影响的角度来考察教师专业发展阶段。

1932年，美国教育社会学家沃勒（W. Waller）在《教师如何教学：专业类型的决定因素》一文中首次提出"教师专业社会化"（professional socialization of teachers）这一概念。教师专业社会化阶段性理论研究基本上形成了功能主义、诠释与批判三大传统。功能主义学派认为，教师专业社会化过程就是教师放弃自我、服从社会的过程，教师的个性、素养结构等在社会化过程中发生重大变化。诠释主义者认为，教师在社会化过程中不是被动服从，而是主动、积极地通过在选择和限制、个体和制度之间相互作用这种方式实现社会化。批判主义者提倡以批判理性的观点来看待和理解教师专业社会化，重视阶级、性别、种族等因素的影响。金斯伯格对职前教师的专业社会化进行了研究，分析了由男性课程开发者开发的课程对女性职前教师的弊端。

诠释学派的教师专业社会化理论代表人物莱西等人对实习教师的教师专业化过程进行了研究。在"教师的专业社会化"一文中把实习教师的专业社会化过程分为四个阶段，"蜜月"阶段、"寻找教学资料和教学方法"阶段、"危机"阶段、"设法应付过去或失败"阶段。实习教师刚到实习学校时，多数人认为自己终于可以摆脱枯燥乏味的大学学习而开始自己的教学生涯，他们为这一新的角色和新的生活环境感到兴奋和激动，信心百倍同时满怀激情。这就是实习刚开始几天时间的"蜜月"期。当实习教师们熟悉了实习学校的规章制度、作息时间和教学工作安排之后，他们开始为自己独立上课及进行学生管理做准备，开始查找、搜集教学材料，了解和搜集学生信息，撰写教学方案等。这是"寻找教学资料和教学方法"阶段。当实习教师经过自认为非常细心、仔细、全面的准备后给学生上完第一堂课之后，他们常常发现实际的课堂教学效果与自己设想的相去甚远，或者完全是一团糟。他们感觉自己没有足够的能力管理和控制教学和学生，开始怀疑自己是否适合当教师或者是否能胜任教师这一职业。这是"危机"阶段。尽管困难重重，危机四伏，但实习教师还必须要完成实习工作，因为这是他们毕业及取得教师资格的必要条件。因此，他们通过向导师求助、与同伴讨论或查阅资料等方式来寻求解决问题的方案或途径。当实习教师找到了应对困难或危机的办法之后，他们继续实习并在后续实习过程中逐渐获得教师专业社会化；如果他们经过多种努力仍然无法解决问题或克服危机，就可能放弃实习，因为他们认为自己不会选择教师这一职业了。这就是"设法应付过去或失败"阶段。

3. 教师教学专长发展阶段性理论

欧美各国在教师职业发展方面做了大量的研究工作，对教师教学专长的发展阶段进行了系统探讨，从而构成教师职业专长研究的核心问题。主要的教师教学专长发展阶段理论有富勒提出的教师关注阶段理论、卡茨的四阶段教师发展时期论、伯顿的三阶段教师发展时期论、费斯勒的八阶段教师生涯循环论、司特菲的教师生涯五阶段"人文发展模式"、休伯曼的七阶段"教师职业周期主题模式"、伯林纳的教学专长发展的五阶段理论、舒尔关于教师经验与认知技能发展的三阶段理论和戴（C. Day）提出的教师教学专长发展与终生教育的观点。

富勒依据教师在不同阶段的不同关注对象将教师发展划分为四个阶段：执教之前的关注（pre-teaching concerns）、早期关注求生阶段（early concerns about survival）、关注教学情境阶段（teaching situations concerns）、关注学生阶段（concerns about students)。早期关注求生阶段的教师主要是职前教师（师范生）和新手教师，他们特别关注自己能否保住教职及能否适应教师职业，他们将主要的时间和精力都用在处理人际关系、家庭关系等教学之外的事务方面，教学专长的发展还十分有限。关注教学情境阶段的教师在稳住教职之后把注意力转向学生的学习成绩，对自己的课堂教学内容和教学效果也给予特别的关注，教师的教学专长有一定程度的发展和提高。关注学生阶段的教师开始注意学生的个体差异及如何在教学活动中根据这种差异因材施教，他们的教师教学专长得到了充分的发展。也有学者依据富勒在 1969 年的作品中提出的观点，把他的关注阶段理论概括为关注自我、关注任务、关注效果三个阶段[31]。

舒尔从知识经验和技能获得的角度将教师教学专长的发展划分为三个阶段：新手阶段、中间阶段、高水平阶段。新手阶段：教师的主要目标是熟悉学科教学活动，由于教学经验不足及教学技能水平有限，在教学过程中可能会经常犯一些小错误。中间阶段：教师学习的教育和学科知识、教学经验和技能在教学实践过程中得到不断巩固，认知自动化水平逐步发展。他们的知识经验与教学技能不断整合、教学效率有所提高。高水平阶段：教师的职业专长得到充分发展，知识和经验丰富，认知自动化水平很高。舒尔的理论受认知心理学关于认知技能发展阶段理论的影响，强调与教师教学行为有关的认知技能的发展，从认知的角度对技能形成与发展的过程进行了论述，对理解教学技能的形成和发展有很大的帮助。

伯林纳在对教师教学专长发展的研究中，受人工智能（AI）研究领域中"专家系统"的思路的启发，在德赖弗斯（Dreyfus）职业专长发展五阶段理论的基础上，提出了教师教学专长发展的五阶段理论。这五个阶段包括新手教师、高级新手教师、胜任水平教师、熟练水平教师、专家水平教师。新手教师（1～3 年）刚进入教学领域，他们往往非常理性地分析和处理教学过程中遇到的问题，过分依赖特定的原则、规范和计划，缺乏灵活性。新手教师关注的焦点是经验教学积累。高级新手教师（3～4 年）能够把教育理论知识较好地整合到课堂教学实践过程中，教学方法和教学策略知识有所提高，教学经验有所丰富。高级新手教师还不能准确判断某些教学事件的重要性，教学责任感还须要提高。胜任水平教师（5 年左右）能判断教学情境中的重要信息，能有意识地选择要做的事，他们的教学行为有明确的目的性，对教学目标的完成有较强的信心，但教学行为还有待完善。熟练水平教师（5～20 年）是从胜任水平的教师中成长起来的，他们具有较强的直觉判断能力，能够有效控制课堂教学活动并准确预测学生的学习反应；教学行为已经比较完美，教学技能接近自动化水平，但未达到完全自动化水平。只有一小部分教师能够发展成为专家水平教师（20 年及以上），他们对教学情景的观察与判断是直觉的，对教学情景中的问题的解决不仅完美，而且已经达到完全自动化水平；只有在不熟悉的教学事件发生时才进行有意义的思考。伯林纳的教师职业发展阶段理论侧重点在教师的专业知能方面，没能从教师作为一个"完人"的角度来考察其专业发展的全部。伯林纳的教师教学专长发展五阶段理论对教师资格认证、新手教师职业培训形式和内容、培训标准与规范、教师知识与实践经验整合、专家型教师培养等问题都有重要指导意义和参考价值。

4. 综合理论

综合理论的代表人物加拿大学者利思伍德提出了教师专业发展三维度多阶段的观点。他认为教师专业发展是一个多维度发展的过程,包括专业知能发展、心理发展和职业周期发展三个维度,它们既相互独立,又相互依赖。专业知能发展包括六个阶段,心理发展包括四个阶段,职业周期发展包括五个阶段。利思伍德在归纳和分析已有阶段理论的基础上,突破了对教师专业发展单一维度的思维模式,提出了从多维的角度综合分析教师专业发展的阶段理论。利思伍德指出,教师专业发展是一个多维度发展过程,专业知能发展、心理发展和职业周期发展三个维度既相互独立、又相互依赖。三个维度中,专业知能维度是教师专业发展的核心,但与另外两个维度密切相关。如果忽视三个维度的关系,促进教师专业发展的培训计划就难以取得预期的效果。专业知能发展维度包括六个阶段:提高生成技能、具有基本教学技能、拓展教学灵活性、掌握教学知能、帮助同事提高教学知能、广泛参加各个层次的教育决策。心理发展(自我、道德、概念)维度包括四个阶段:自我保护、前道德、单向依赖;墨守成规、道德否定、独立;良心、道德、有条件依赖;自治/独立、有(道德)原则、综合。职业周期发展维度包括五个阶段:入职、稳定、新的挑战和关注、达到专业发展平台期、准备退休。

与国外丰富的教师发展理论基础相比,国内研究者大多集中讨论教师发展的周期性特点及周期划分,强调教师发展的阶段性特点。叶澜等根据马克思对人的自由程度的不同而经历的层次差异把教师的职业存在状态分为生存状态、巩固状态、发展状态三种状态,体现了教师职业发展的阶段性[32]。王秋绒提出了“三阶段九时期”的观点①。

(二) 终身教育理念

终身教育是指人们在一生各阶段当中所受各种教育的总和,是人所受不同类型教育的统一综合。它包括教育体系的各个阶段和各种方式,既有学校教育,又有社会教育;既有正规教育,又有非正规教育;主张在每一个人需要的时刻以最好的方式提供必要的知识和技能。

耶克斯利早在 1929 年出版的《终身教育》(*Lifelong Education*)一书中专门

---

① 王秋绒将教师的专业化发展过程分为师范生、实习教师和合格教师三个阶段,同时根据个体社会化过程的发展特点将每一阶段分为三个时期。师范生阶段包括探索适应期、稳定发展时期、成熟发展期三个时期,实习教师阶段包括蜜月期、危机期、动荡期三个时期,合格教师阶段包括新生期、平淡期、厌倦期三个时期。

论述了终身教育。到 20 世纪 60 年代，终身教育才发展成为一种影响深远的教育理念，代表人物是法国教育家保罗·朗格朗。朗格朗 1965 年在联合国教科文组织第三届促进成人教育国际委员会议上做了以 "education permanente"（终身教育）为题的学术报告，引起极大反响，后被英译为 "lifelong education"。朗格朗 1970 年出版《终身教育引论》。国际教育发展委员会 1972 年向联合国教科文组织提交的《学会生存——教育世界的今天与明天》（*Learning to Be: The World of Education Today and Tomorrow*）中提出教育的目的是培养 "完人"（whole person），同时提出了终身教育思想，即教育应扩展到一个人的整个一生，教育不仅是大家可以得到的，而且是每个人生活的一部分，教育应把社会的发展和人类潜力实现作为它的目的。瑞士教育家查尔斯·赫梅尔在《今日的教育为了明日的世界》中对终身教育理念进行了高度评价，认为终身教育理念使整个世界教育革命化。

不少国家通过立法，从法律上确立终身教育理论为本国当今和今后教育发展和改革的基本指导思想。如法国国民议会在 1971 年制定并通过了一部比较完善的成人教育法《终身职业教育法》，而且还在 1984 年通过了新的《职业继续教育法》，对一些问题做了补充规定。联邦德国 1973 年通过的教育计划把成人教育列为与普通教育的初、中、高三种教育并列的第四种教育。美国设立终身教育局，隶属于联邦教育局，并于 1976 年制定并颁布了《终身学习法》。1976 年内罗毕会议通过了《关于发展成人教育的建议》，提出成人教育是终身教育的一部分；教育不只限于学校阶段，而应扩大到人生的各个方面，扩大到各种知识、技能的各个领域。在这种终身教育思想的影响下，各国政府把成人教育看成推动终身教育进程的先导，高度重视成人教育，通过制定法律来保障成人教育的发展。1976 年，挪威在世界上第一个通过成人教育法，把成人教育视为终身学习体制的基础，促进了成人教育各领域间的协调合作。1982 年韩国制定了社会（成人）教育法，提出了社会（成人）教育制度化。日本在 1988 年设立了终身学习局，并于 1990 年颁布并实施《终身学习振兴整备法》。德国、瑞典、加拿大等许多国家也针对终身教育颁布了相应的法律。

《教育法》第二十条规定，国家鼓励发展多种形式的继续教育，使公民接受适当形式的政治、经济、文化、科学、技术、业务等方面的教育，促进不同类型学习成果的互认和衔接，推动全民终身学习。第四十一条规定，从业人员有依法接受职业培训和继续教育的权利和义务。第四十二条规定，国家鼓励学校及其他教育机构、社会组织采取措施，为公民接受终身教育创造条件。2010 年 7 月发布的《国家中长期教育改革与发展规划纲要（2010—2020 年）》提出构建体系完备的终身教育，职前教育与职后教育有效衔接，继续教育参与率大幅度提升。我国《幼儿园教师专业标准（试行）》《小学教师专业标准（试行）》《中学教师专业标准（试行）》都明确提出，"终身学习"是各级教师应有的基本理念。终身教育理念既影响现代成人的学习观念和教育观念，也对成人教育教师职业发展提出了更高要求和挑战[33]。

终身教育理念在现代社会受到如此重视，缘于人们对传统教育的批判。传统教育的诸多弊端如时间空间和教育对象的限制、教育模式和方式忽视学生的发展需求、教育内容脱离人们生活实际及社会实际、教育评价严重扭曲人才等引起人们的严重不满，因此改革传统教育的内容、职能、方法与结构等成为必然。

二、全程发展的内涵

不同的教师发展阶段理论因研究者选择的研究取向、研究角度及采用的理论基础和研究方法不同，划分出不同的教师专业发展阶段。这些不同的教师发展阶段理论具有如下共同特点。

1）强调教师专业发展的阶段性，即教师专业发展不是直线式的，更不是静止不变的，而是有不同的发展阶段，是从一个阶段向另一个阶段行进的。

2）明确教师职业发展阶段的不平衡性，即并不是每个人都能平稳地从一个阶段发展到高一级阶段，各不同阶段之间也不可能是一样的发展速度。

3）把教师职前与在职发展阶段相结合，强调教师发展是一个完整、持续的专业发展过程。

4）教师在不同发展阶段存在差异性，并不是所有的教师都会以同样的进程体验专业发展，也并不是每一个教师都会经历所有的发展阶段。

5）把教师在外部环境压力下所产生的需求转化为教师专业发展的内部动力。

6）教师在各个发展阶段的专业水平、需求、心态、信念和兴趣等不同，而且对于专业发展有不同的作用和影响。

7）所有的教师发展理论都关注教师随时间变化而发生的种种变化，而且着重从教师既有变化的角度来描述他们专业发展阶段的变化。

8）教师专业发展的目的是促使教师不断适应变化着的教学环境，不断增强专业能力，进而胜任其角色，最终达到自我实现的境界。

阶段性是教师职业发展最显著的特征之一，因此教师教育机构（师范院校、教师培训机构等）要针对不同发展阶段的教师制定不同的课程体系。对于职前教师，师范院校要着重围绕培养合格教师这一核心任务，根据合格教师的职业要求确定课程领域、课程模块及具体课目，为教师入职做充分准备。对于在职教师，要根据他们发展的程度差异确定不同的专业学习课程体系，要区别新手教师、胜任型教师及专家型教师等不同的培训需求。另外，教师职业发展的阶段性特征还要求教师教育课程设置要体现层次性、差异性、发展性、开放性和系统性的基本特点。层次性即不同层次、不同类型的教师教育机构在设置职前与在职教师教育课程时，既要考虑本机构办学定位的层次性，更要考虑学习者的层次性，同时考虑教师职业发展各阶段发展程度的层次性，在同一课程领域和课程模块中设置不同层次的课程。差异性除了考虑教师职业发展阶段的差异及教师教育机构自身的差异之外，要重视职前教师教育与在职教师教育之间在课程内容、课程实施形式和方式等方面的差异，同时考虑不同区域、不同年龄段、不同性别、不同教育背景或文化背景的差异。教师教育机构在设置课程时，除基础性的课程应该相同外，更要从立足本地、服务本地出发，设置具有区域特色的课程。发展性即职前与在职教师教育课程的设置都要以教师的职业发展为根本目标，同时要重视职前教师教育课程设置对于在职教师的职业发展的基础性作用。开放性即职前和在职教师教育课程设置不应该是封闭式的结构体系，也就是说从课程的修课性质角度来看不应该只有固定的必修课和选修课，也不应该只限于校内开设的课程，要充分利用信息化的优势鼓励学习者运用"慕课"资源开展学习，并纳入课程学习学分。系统性即教师教育机构在设置职前与在职教师教育课程时要考虑教育的系统性特征及其影响，学校教育作为大教育系统的一个方面，受特定时期和地区的政治、经济、文化、科技和教育发展传统与发展水平的影响，因此须要全盘考虑，统筹兼顾。同时，要充分重视教师职业素养结构的系统性及职前与在职两个不同时期课程设置的系统性。

　　终身教育理念不只是教师要求学习者要掌握和树立的理念，更是教师自己要树立和践行的一个理念。在职教师参加教师教育专业学习（培训）是终身教育理念在教师群体中的表现，是学校改革（包括教育教学改革）的基石，但是教师为何、如何参与专业学习的相关研究还不充足。国外有研究者认为，影响教师参与专业学习及学习质量的因素有三类：地理位置的隔离与专业背景的差异、教育成本与情感成本、教师的专业与个人生活阶段；从教师职业生涯发展的角度来理解教师作为学习者、专业学习、学习背景三因素之间错综复杂的相互关系，为我们理解教师生活中的专业学习提供了一个新视角[34]。从终身教育的角度来看，教师的职业发展是一个贯穿职前与在职整个生涯的发展过程，教师接受的教育不仅仅限于职前阶段，还应该延伸到在职甚至离职阶段。不同阶段有不同的教育目标，有相应不同的课程体系设置，但必须前后连贯才能实现促进教师发展的根本目标。因此，职前教师教育的课程体系与在职教师教育的课程体系在结构方面要有一致性，在内容方面要有连续性和拓展性，在实施方式方面要有针对性和差别性。

第四节　对教师教育课程设置的启示

　　职业发展理论、教师发展理论等向我们提示了确立教师全面、全程发展的职业发展观点的重要性，这为我们探讨教师教育课程设置有非常重要的意义和启示。我们要正确认识和理解教师教育课程设置的价值取向与基本原则，更要充分认识和理解教师教育培养全面发展的人这一目标。

一、教师教育课程设置的价值取向与原则

从理论研究的成果来看，国内外研究者把课程设置的基本模式概括为两种：技术理性模式与实践反思模式。技术理性模式把教师的培养过程看作职前教师学习理论知识并把这些理论知识应用于教学实践的过程，强调对职前教师职业知识和职业技能的训练。技术理性模式把教师职业看作纯技术性的职业，认为通过简单的重复练习就能达到熟练工人的程度，抹杀了教师职业的特性，忽视了教师劳动的特性。实践反思模式强调培养职前教师应准确理解教学复杂性的特点，通过体验、讨论等方式强化职前教师的判断力和决策技能并以此培养他们的自我效能感。实践反思模式强调职前教师在教学过程中对活动的感知、思考和分析。在实践反思模式下，学生被看作同事，教师要听取、尊重并欣赏他们的观点。因此，实践反思模式的教师教育课程设置更加突出职前教师作为"人"的成长和发展，比技术理性模式更加符合现代教育理念的要求。

从我国教师教育课程设置改革的实践来看，随着 20 世纪 90 年代末我国新一轮基础教育改革的推进，一些师范院校和综合性大学开始探讨教师教育课程改革及教师教育模式的改革，主要集中在教师教育课程设置学制或学段的改革及教师教育课程科目设置的改革等方面。教师教育课程设置改革可以有不同的形式、不同的层次及不同的目标，但正如有研究者指出的那样，都必须要在课程设置中处理好教师职业素养、教师职业身份、理论与实践等之间的关系[35]。

（一）课程设置的价值取向

价值取向一般是指人们根据自己的价值观或者社会主流价值观而形成的心理和行为的表现，是人们认识或处理各种事件和关系时所持的价值立场和态度等，决定和支配人们的价值选择。课程设置的价值取向一方面反映了我们对课程的价值认识，另一方面又影响教师教育课程的目标定位。

从国内相关文献来看，很多人用课程设计的材料依据（其中反映出某种价值取向）来描述课程设置的价值取向。也有人试图折中各派观点，提出"以学生本位价值取向为主体，以社会本位、知识本位为两翼的课程价值取向"，"突出个体与社会进步和谐发展"[36]。这种移植显然值得商榷。课程设计是指课程的组织形式和组织结构，包括了价值选择、技术安排和课程要素的实施；而课程设置是指学校或其他教育机构所安排的课程范围及特征。通俗地讲，课程设置讨论的是教育机构给受教育者提供哪些类型课程及这些课程在结构上的比例分配问题，而课程设计讨论的则是课程材料怎么样组织的问题。由于课程设计或课程设置都不是价值取向的直接主体，因此我们在讨论价值取向时一般是讨论课程设计者或设置者的价值取向。课程设计者一般根据有组织的学科内容（常被理解为"知识"）、学生或者社会作为材料依据，从价值取向的角度来说就是一般所谓的课程设计的

知识价值取向、学生价值取向或社会价值取向。这三种材料依据都各有利弊，因此后来又出现了打乱传统课程设计的新依据，如具体能力的课程设计、过程技能的课程设计。

课程设置的价值取向在很大程度上受人们对教育的目的与价值及课程价值认识的支配，或者说受教育观、课程观的支配。因此，国内有人提出以教师专业发展理论为指导、以标准的形式明确教师的素质要求的"标准取向"[37]，或者以发展性课程观为指导的"发展取向"[38]。

从课程开发的角度来看，传统的课程开发价值取向和相应的课程有知识本位（学科中心）、社会本位（社会中心）和学习者本位（儿童中心）三种类型。

知识本位的课程设计以理性主义为理论基础，以有组织的学科内容为材料依据，按照学科结构来确定所要学习的内容，注重学科知识体系的完整性，以学习者获取知识和技能为将来生活做准备作为目标。由于教育目标是通过获得知识来实现心智的发展，那么就须要以各种方式来理解人类的经验，因此课程的设置就必须把整体知识领域作为一个整体来进行考虑，包括关于事实的学科与训练、关于复杂概念系统的学科与训练、关于艺术的学科与训练、关于推理和判断的各种技术的学科与训练。课程的设置除要考虑各种知识形式中的所有知识范式之外，还要考虑学生的能力和兴趣。

社会本位的课程设置主张根据社会（主要是国家、民族和社区）的发展需要确定教育目的并组织学校教育课程。曼海姆认为，统治阶级或阶层在知识的分配与分层等问题上占主导作用，因此学校教育是社会结构与阶级关系的"再生产"。麦克·扬提出，知识具有分层的特点与功能，知识分层与社会分层紧密相关，学科是社会思维的产物；知识的增长和获得与知识的逐渐分化是并行的，具有较高社会分层的团体总是企图把所谓"高层次的知识"即"他们的知识"赋予更高的级别和更高的价值并加以合法化，在课程设置方面常常表现为所谓的"学术课程"——抽象的、高度书面的、个人的、与非学校知识没有联系[39]。麦克·扬承认迪尔凯姆和马克思提出的知识的分类和构架结构揭示着权力的分配和社会控制的原则。伯恩斯坦运用"分类""组织"来研究权力、控制与课程知识之间的关系，提出了"集合型课程"与"整合型课程"的概念①，进一步强化了课程知识在选择、组织、传递、评价过程中渗透的社会权力、意识形态和控制等社会特性。英国课程论专家丹尼斯·劳顿（Denis Lawton）在《课程研究与教育规划》（1983）中提出了"文化分析"的理论，创立了文化分析课程规划研究方法，并在《教育、文化与国家课程》（1989）一书中进一步完善了其文化课程论的观点。劳顿认为，教

---

① 内容处于封闭的关系中，内容间的界限分明，相互隔离，这类课程就是"集合型课程"；内容处于一种开放的关系中，内容间的界限并不分明，就是"整合型课程"。（参阅张华等. 课程流派研究. 济南: 山东教育出版社, 2000: 420-421.）

育的目的就是把我们认为最有价值的内容传授给下一代，而这要通过分类和解释等方法来对人类共性和文化矛盾进行"文化分析"，对这些文化系统的选择构成学校课程的内容。在文化多元但交流与融入日益突出的全球化背景下，课程设置除了要依据教育目的之外，还要考虑文化多元化与学习者差异，即文化差异和学习风格。

学习者本位的课程设置强调促进学习者个性解放和成长，重视学习者作为人的存在，强调学习者内在的学习动机基础。随着教育目的中对"人"的因素的重视，课程设置对学习者因素的重视程度也得到提高，传统的学科课程组织形式和内容也更加重视学习者因素。

我国传统的教师教育课程设置受"知本位"观念影响至深，过分强调学科知识与技能的传授和学习，忽视了职前教师作为"人"的发展需求。我国传统的教师观以知识占有量的多少作为择师和为师的标准，如孔子所说的"三人行，必有我师"，陶行知所说的"学高为师"。《教师法》第十条则规定，国家实行教师资格制度。中国公民凡遵守宪法和法律，热爱教育事业，具有良好的思想品德，具备本法规定的学历或者经国家教师资格考试合格，有教育教学能力，经认定合格的，可以取得教师资格。法规虽然对教师资格要求提高了，也比较全面了，但在实际操作中往往是唯学历是问，以文凭高低为首要标准，依然是知本位的标准。我们似乎忘记了教师也是"人"，是发展中的人，是变化中的人，而人在成长过程中有不同的需求。传统的教师教育课程设置忽视了教师的发展需要，因而缺少能够帮助教师实现专业发展目标的课程。

从教育部 2011 年 10 月 8 日正式发布的《教育部关于大力推进教师教育课程改革的意见》中可以看出，人本位、发展和实践是其理念中的重要价值取向。从教育培养"完人"的宗旨这一角度来看，教师教育工作者必须要树立正确的知识观和人才观。一切有利于促进职前与在职中小学教师发展的知识和技能都是有价值的知识和技能，是职前与在职中小学教师应该学习和掌握的知识和技能。因此，教师教育工作者一方面自己要努力学习和丰富普通文化知识，另一方面也要鼓励、引导和帮助职前与在职中小学教师学好普通文化知识，拓宽自己的知识结构面。

（二）课程设置的原则

对教师教育课程设置的评价实际上反映出我们对教师教育价值的认识取向，因此我们可以从教师教育价值的角度来评价教师教育课程设置。从社会的角度来看，教师教育课程设置是否、能否以及在多大程度上满足、切合了社会、经济、文化、教育的发展对教师教育的新要求？从教师的角度来看，教师教育课程设置是否、能否以及在多大程度上促进了教师的职业准备、职业发展？或者说教师教育课程设置是否、能否以及在多大程度上对教师职业知识、职业能力、职业理念与师德、职业性向等各因素产生影响？从知识传承与发展的角度来看，教师教育课程设置是否、能否以及在多大程度上促进教师的知识创生？

在此，我们从教师教育课程体系结构与内容选择的角度确定了教师教育课程设置的 ADOS 四项基本原则，即教师教育课程设置的适切性（appropriateness）、发展性（development）、开放性（openness）和系统性（systematicness）。

教师教育课程设置的适切性是指课程设置要与社会、学校、学生和教师的发展需求一致，要体现一定时期、一定社会的教育总目的。适切性也就意味着针对性，只有针对特定社会发展阶段、特定国家或地区、特定学校类型、特定学习群体和教师群体的特点设置课程，才能实现所设置课程的适切性。因此，在评价教师教育课程设置时，我们须要思考的是：这些课程体系与课程结构符合社会发展对职前与在职教师的需求吗？这些课程体系与课程结构与职前、在职教师的心理、知能与认知发展相一致吗？这些课程体系与课程结构是否具有明显的区域与时代特点？能否根据不同的教育环境和教育内容进行相应的调整或者变革？

教师教育课程设置的发展性是指课程设置要有利于职前与在职教师的发展，有利于教师教育机构的发展，有利于教育的发展。教师教育课程的对象是职前或在职教师。从马克思主义关于人的全面发展的理论来看，教师教育课程要体现并服务于教师教育培养与促进全面发展的这一根本目标。因此，在讨论教师教育课程设置时，我们须要思考的是：这些课程体系与课程结构能否以及在多大程度上促进职前或在职教师作为"人"的发展及职业的发展？或者说，教师教育课程设置能否以及在多大程度上促进职前或在职教师的职业性向、职业理念、职业知识与职业能力的发展？能否以及在多大程度上帮助职前或在职教师成功应对持续发展变化的教育环境与教育内容？教师教育机构作为我国教师队伍培养的主要基地，能否以及在多大程度上受益于职前或在职教师的职业发展？

教师教育课程设置的开放性是指课程设置体现包容度、多元性和变化性。借用后现代主义课程观的观点，课程不是一个封闭的集合，而是一个开放的系统，课程设置要能够包容不同性质、不同领域、不同功能的课程，要在时间、空间及深度和广度方面表现出多样性，同时要跟踪时代与社会发展的趋势，要能够与时俱进，而不是原地踏步。课程设置还要能够包容不同文化背景、不同种族/民族、不同学习风格的学习者，体现出与学习者需求、社会需求相协调的多元性课程。

教师教育课程设置的系统性是指要考虑课程设置的多维性、跨越性和衔接性。要以系统论的观点来看待课程及课程设置，从不同的视域、不同的维度来考虑、来平衡不同性质、不同特点的课程的设置，把每一个课程群看作一个不同的小系统，既要考虑每一个小系统之间覆盖面的跨越范围，又要考虑它们之间的相互衔接，或者说既要考虑不同课程群的纵向跨越幅度，也要考虑横向跨越幅度，既要考虑纵向衔接，又要考虑横向衔接。

二、教师教育课程的目标

现代课程设置越来越重视学习者作为"人"的发展需求因素的价值，因此人本位的发展性课程设置价值取向越来越突出。教师教育课程与其他类型课程一样，终极目标都是培养人才，只不过教师教育课程培养的是"教师"。那么，从我国教育发展的现状及发展趋势来看，教师教育课程培养出什么样的"教师"才能满足我国教育事业发展的需求及我国国家社会发展的需求呢？从教师职业发展的角度来看，教师教育课程应体现教师作为"人"的发展的核心目标。具体地说，这一核心目标包括以下三个方面。

第一，教师教育课程结构体系要体现教师作为"人"的发展的目标，即要有利于促进教师职业适应和职业发展能力。

师范院校或其他教师教育机构的教师教育课程体系结构、实施方式、评价方式等都影响职前教师的职业发展基础，包括教师职业理念的构建、教师职业知识结构的合理性及掌握程度、教师职业能力结构的完善程度及发展程度。职前教师的专业发展程度直接影响他们能否适应即将从事的教师职业及能够适应的程度，也就决定了他们入职的质量，是以一名基本胜任型教师的身份入职，还是以一名基本合格教师的身份入职，从而进一步影响他们入职后面对变化、发展的职业环境及职业任务时的适应状况和能力。

师范院校或其他教师教育机构的教师教育课程体系结构、实施方式、评价方式等都影响在职教师的职业发展进程和程度，包括教师职业理念的转变、教师职业知识结构的完善与掌握程度的提升、教师职业能力结构的完善与能力层次的提高。也就是说，教师教育课程设置影响在职教师的职业发展水平。而在职教师的职业发展水平直接影响他们面对教育环境与教育任务变化时的适应状况和能力，即在我国基础教育改革逐步深入和发展的大背景下，在职教师的适应状况和能力。

职前教师与新入职教师需要时间去适应新的工作和生活环境以及教学工作，即处于感受性压力适应阶段，这是他们面对教育职业现实并努力调适的过程，也就是协调"现实冲击"（reality shock）期望的过程。由于教学效能感及内部动机与职前教师的"现实冲击"期望呈负相关关系，在排除性别因素干扰后能够较好地预测职前教师的"现实冲击"期望，而外部动机及混合动机与职前教师的"现实冲击"期望呈正相关关系[17]，因此教师教育工作者要引导职前教师树立正确的职业价值观，这就要求教师教育课程要在理念引导、技能指导和行为塑造方面发挥作用。教师教育工作者要帮助学生认识教师职业发展的阶段性特点，引导他们对学习和发展应对职业挑战的基本策略进行反思，帮助他们识别在教育过程中形成的有个人特点的教学理论。

第二，教师教育课程结构体系要体现教育培养"完人"的目标，即要有利于教师职业素养结构的全面、均衡发展和完善。

　　教师职业素养的养成是一个发展过程，教师教育课程对于教师职业素养的养成发挥着基础性的作用。如果把职业素养的养成看作一个通过职业教育和职业训练逐步发展的过程，教师职业素养的养成则离不开职前教师教育与在职教师教育的共同作用，并且两个阶段在教育和训练的内容方面是各有侧重、相互补充的。从职业发展的角度来看，职业教育的内容应当包含职业理念（如职业价值观、职业态度、职业信念等）、职业知识（如职业规划与发展的知识、专业知识）、职业能力（如专业技能、职业发展管理能力等）等领域。教师的工作是教学，要让教师在教学过程中体会到职业感，也就是感受并在新的环境中重构教师的职业特性，包括欣赏教师的职业价值、体验教师的职业幸福感等。因此，提高教师的职业适应能力，不能只是空泛地要求教师要提高自己的心理素质，更应该在教师教育课程设置方面进行大刀阔斧的改革，突破"老三门"的限制，重视职业素养的体系性，体现教师教育的职业特性。教师教育课程设置的指导思想要立足于教师以一个"职业人"身份的发展追求，在课程内容方面增加教师职业理念（如职业发展规划、职业兴趣培养、职业角色训练、职业价值体验和职业道德培养）的课程；在课程实施方面要强化教育实践，以职业能力提升为核心改进实践课程实施。因此，教师教育课程设置要处理好教师职业特性、教师身份认同、教育理论与教育实践等之间的关系，从教师职业理念、教师职业知识及教师职业能力等方面为职前教师的职业素养和职业身份塑造奠定基础，从而提高职前教师适应教育教学工作的能力。

　　第三，教师教育课程结构体系要体现保障教师职业持续发展的目标，即有利于教师通过形成终身教育理念和终身学习能力来获得教师职业的持续发展。

　　人的发展是一个伴随生命历程而持续的过程，即延续到人的生命终点。终身教育理念和终身学习能力是教师获得职业发展最根本的条件。职前教师教育课程设置与在职教师教育课程设置在目标方面要前后贯穿、相互关联、相互补充。职前阶段教师职业理念的树立与在职阶段教师职业理念的更新与转变、职前阶段教师职业知识的学习及职业技能的练习与在职阶段教师职业知识的更新和调整及职业技能的补充和提升等都须要体现连续性、发展性的特点，让教师感知、理解终身教育理念的现实意义。更主要的是，职前教师教育课程与在职教师教育课程须要开设专门针对学习能力培养和提升的课程或环节，让职前与在职教师理解并掌握自主学习的基本策略和方法，特别是那些有利于促进教师职业发展的学习策略和学习方法。职前与在职教师确立了终身教育理念，掌握了自主学习能力，他们在教师职业发展不同阶段面对各种职业压力时就不会逃避、畏缩或无能为力，而是会积极主动地努力探索应对各种压力的办法，并且会在消解压力的过程中获得成功感，进而强化对教师职业价值的认同感。

参 考 文 献

[1] 周满玲，张进辅，曾维希. 职业发展的混沌理论[J]. 心理科学进展，2006，14（05）：737-742.

[2] BARBER M, MOURSHED M. How the world's best-performing school systems come out on top [R]. London: McKinsey & Company, Social Sector Office, 2007: 16.

[3] 崔允漷，柯政. 学校本位教师专业发展[M]. 上海：华东师范大学出版社，2013：35-45.

[4] 陆小兵. 教育思潮的演进及其困境初探——基于三种教育观的比较研究[J]. 高教发展与评估，2013，（6）：23-29.

[5] 郝林晓，折延东，龙宝新. 论迈向幸福的教育——诺丁斯的幸福教育观探微[J]. 比较教育研究，2013，（12）：78-82.

[6] 吴安春. 从"知识本位"到"德性本位"——教师创造教育观的整体性与根本性转型[J]. 教育研究，2003，（11）：75-79.

[7] GAME A, METCALFE A. The Teacher's Vocation: Ontology of Response [J]. Studies in Philosophy and Education, 2008, 27(6): 461-473.

[8] OSBORN M. Changing the Context of Teachers' Work and Professional Development: A European Perspective [J]. International Journal of Educational Research, 2006, 45(4/5): 242-253.

[9] EVERTON T, TURNER P, HARGREAVES L, et al. Public Perceptions of the Teaching Profession [J]. Research Papers in Education, 2007, 22(3): 247-265.

[10] MCINTYRE D J, O'HAIR M J. 教师角色[M]. 丁怡，马玲，等译. 北京：中国轻工业出版社，2002：21-390.

[11] 王海燕. 从预设走向生成的课程本质[J]. 教学与管理，2008，（30）：72-73.

[12] 王建军. 筏喻的课程观：课程概念的演变与趋向[J]. 华东师范大学学报（教育科学版），2009，（1）：33-42，50.

[13] CIGMAN R. We need to talk about well-being [J]. Research Papers in Education, 2012, 27（4）：449-462.

[14] ORNSTEIN A C, HUNKINS F P. Curriculum: Foundations, principals and issues[M]. 4th Edition. Boston: Allyn & Bacon, 2003: 34-36.

[15] 马莹. 教师与课程关系的历史发展及启示[J]. 教育评论，2012，（1）：120-122.

[16] 蒋士会，欧阳修俊. 课程与教师的关系考辨[J]. 广西师范大学学报(哲学社会科学版)，2012，（5）：130-133.

[17] 朱旭东，周钧. 教师专业发展研究述评[J]. 中国教育学刊，2007，（1）：68-73.

[18] 段冰. 教师课程观的局限与冲突[J]. 教育发展研究，2009，（6）：54-57.

[19] 韩淑萍. 我国课程与教师的关系研究述评[J]. 辽宁教育研究，2008，12：35-39.

[20] 朱淑华，唐泽静，吴晓威. 教师知识结构的学理分析——基于对西方教师知识研究的回溯[J]. 外国教育研究，2012，（11）：118-126.

[21] 孙滨丽，韩占生. 教师知识结构转变的管理机制研究——"项目引导型"与"机构驱动型"机制的对比分析[J]. 国家教育行政学院学报，2011，（1）：25-28.

[22] 张喜萍，韩清林，杨红. 以基础教育课程改革为背景的教师知识结构优化途径探讨[J]. 教育研究，2008，（8）：85-88.

[23] 车文博（主编）. 心理咨询大百科全书[Z]. 杭州：浙江科学技术出版社，2001：555.

[24] 邓泽民，陈庆合，刘文卿. 职业能力的概念、特征及其形成规律的研究[J]. 煤炭高等教育，2002，（2）：104-107.

[25] 匡瑛. 究竟什么是职业能力——基于比较分析研究角度[J]. 江苏高教，2010，（1）：131-133，136.

[26] 朱嘉耀. 教师职业能力浅析[J]. 教育研究，1997，（6）：71-73.

[27] 陈仕清. 英语教师专业发展新路径[M]. 桂林：广西教育出版社，2012：9-13.

[28] 麦可思研究院. 2016年中国本科生就业报告[R]. 北京：社会科学文献出版社，2016：197-200.

[29] SUMISON J. Motivations for the Career Choice of Preservice Teachers in New South Wales, Australia and Ontario, Canada [R]. New Orleans, LA.: Annual Meeting of the American Educational Research Association, 2000: 47-59.

[30] KREČIČ M J, GRMEK M I. The Reasons Students Choose Teaching Professions [J]. Educational Studies, 2005,

31(3): 265-274.

[31] 尹弘飚. 课程改革中教师关注阶段理论的研究述评[J]. 比较教育研究，2004，（8）：38-43.

[32] 叶澜，白益民，王枬，等. 教师角色与教师发展新探[M]. 北京：教育科学出版社，2001：82-94.

[33] 李成长. 终身教育体系下的成人教育教师职业发展路径[J]. 中国成人教育，2017，（9）：130-133.

[34] CAMERONA S, MULHOLLANDA J, BRANSONB C, et al. Professional learning in the lives of teachers: Towards a new framework for conceptualising teacher learning [J]. Asia-Pacific Journal of Teacher Education, 2013, 41(4): 377-397.

[35] EDUWARDS S, NUTTAL J. Professionalism, identity, and theory-practice in teacher education [J]. Asia-Pacific Journal of Teacher Education, 2014, 42 (1): 1-3.

[36] 林黉，杨艳，徐玲. 论大学英语课程设置的价值取向[J]. 黑龙江教育（高教研究与评估），2013，（9）：32-34.

[37] 李海英. 教师教育课程设置的价值取向[J]. 全球教育展望，2005，（1）：40-44.

[38] 苏强. 发展性课程观：课程价值取向的必然选择[J]. 教育研究，2011，（6）：79-84.

[39] 麦克·扬. 知识与控制——教育社会学新探[M]. 谢维和，朱旭东，译. 上海：华东师范大学出版社，2002：40-48.

第五章　基于职业发展的教师教育课程目标

职业发展阶段性理论、教师发展阶段性理论及终身教育理念要求我们确立教师全面、全程发展的职业发展观，这一观念落实在教师教育课程目标中就是教师的全面、全程发展。下面以中小学英语教师教育为例进行探讨和说明。

第一节　教师教育课程目标设计依据

教师教育课程目标的确立不是以教师教育机构领导、教师或者教育行政管理部门人员的主观想象为依据，而是以特定时期国家教育发展总目标及对教师教育的相关要求为依据。

一、国家教育发展总目标

教育不是价值中立的，是特定时期为特定国家占主导地位的社会阶层的利益服务的。我们国家的教育是为社会主义建设事业服务的。《教育部关于大力推进教师教育课程改革的意见》明确提出，实施《教师教育课程标准（试行）》的目的是为了"贯彻落实教育规划纲要，深化教师教育改革，全面提高教师培养质量，建设高素质专业化教师队伍"，教师教育课程体系要"适应基础教育改革发展，遵循教师成长规律"[1]。因此，我国教师教育课程设置和教师教育课程改革必须以国家的教育指导思想为依据。

我国《义务教育英语课程标准（2011 年版）》把义务教育阶段英语课程的性质明确描述为"工具性和人文性统一的英语课程"，即英语课程不仅仅要培养学生基本的英语语言素养和思维能力，还要提高学生的综合人文素养[2]。义务教育阶段的英语课程要帮助学习者系统学习、正确理解并恰当运用英语语言及其所负载的以英语为母语的民族的文化系统，并凭借英语来学习和了解世界其他国家和民族的文化系统。社会和时代的发展与变化推动着语言的发展与变化，语言课程也必须要变革才能适应社会和时代的发展，并进一步推动社会和时代的发展。因此，职前与在职英语教师教育课程设置要以国家的教育政策为指导思想，充分考虑并全面体现英语语言课程的性质与任务。

二、两个专业标准

除了国家教育发展总目标的要求之外，英语教师教育课程的目标还必须依据英语学科专业标准及中小学教师专业标准的目标来确定。

1. 英语学科专业标准

英语学科专业标准通常是指由教育部高等学校外语专业教学指导委员会英语组（教育部高等学校英语专业教学指导分委员会）组织撰写并发布的专业英语教学大纲。英语作为我国较早开设的外国语言，已经发展了150余年，但在中华人民共和国成立前直至中华人民共和国成立后一段时间都没有专门的专业人才培养标准。各高校英语专业常常以全国英语专业教学大纲作为确定人才培养目标及课程设置的标准。教育部高等学校外语专业教学指导委员会负责全国外语专业教学大纲与考试大纲的修订工作，并于2016年发布《高等学校外语类专业本科教学质量国家标准》。

2000年的《高等学校英语专业英语教学大纲》（以下简称《英语专业英语教学大纲》）把英语专业的人才培养目标确定为"培养具有扎实的英语语言基础和广博的文化知识并能熟练地运用英语在外事、教育、经贸、文化、科技、军事等部门从事翻译、教学、管理、研究等工作的复合型英语人才"[3]。《普通高等学校本科专业目录和专业介绍（2012年）》把英语专业的培养目标规定为"培养具有较高的人文素养、熟练的英语语言技能、厚实的英语语言文学专业知识和其他相关专业知识，能在外事、教育、经贸、文化、科技、军事等部门熟练运用英语和本族语从事外事、翻译、教育、管理、研究等各种工作的英语专业人才"[4]。

虽然这两份文件不是英语专业人才培养质量国家标准，但在国家标准出台之前，这两份文件无疑是全国高等学校英语专业人才培养的指南。各学校由于自身办学历史、发展定位及地方发展需要不同，会确定不同的人才培养规格和课程设置。

2. 中小学教师专业标准

师范院校的英语专业主要目标是培养英语教师，因此在课程设置方面不可能完全照搬《英语专业英语教学大纲》。因此，以培养英语教师为目标的师范院校在设置英语教师教育课程时，必须考虑另外一个专业标准，即中小学教师专业标准。《中学教师专业标准（试行）》《小学教师专业标准（试行）》都明确提出中小学教师培养和培训要以中小学教师专业标准为主要依据设置教师教育课程。中小学教师专业标准提出教师在教育教学实践过程中要遵循"学生为本、师德为先、能力为重、终身学习"的基本理念。中小学教师专业标准根据内容性质的不同划分了专业理念与师德、专业知识和专业能力三个维度，每一维度都有若干个内容领域及若干条基本要求。教师专业标准的理念要求及具体要求为拟定英语教师教育课程目标指明了内容要素框架。

为了培养适应我国中小学英语教育新形势的英语专业人才（英语教师），从教师全面、全程职业发展的角度来看，英语教师教育课程的目标设计须要结合英语学科专业标准和英语教师专业标准对英语专业人才培养的目标要求。

三、两个课程标准

1. 教师教育课程标准

为了推进我国教师专业发展，规范教师教育，提高教师教育质量，教育部于2011年10月8日发布了《关于大力推进教师教育课程改革的意见》和《教师教育课程标准（试行）》。《教师教育课程标准（试行）》提出了"育人为本、实践取向、终身学习"的基本理念，同时对幼儿园、小学、中学职前教师及在职教师的教育课程（即狭义的教师教育课程）设置及相应目标做了详细说明。由于只针对教育类的课程做了规范说明，可以作为教师教育课程设置中相对应的教育知识及教育实践模块课程设置的目标参考。

2. "国培计划"课程标准

教育部为了规范"国培计划"项目管理并提高培训质量，于2012年5月发布了《"国培计划"课程标准（试行）》，按学科、分项目设置了67个标准，涉及中小学教师示范性培训项目、中西部农村骨干教师培训项目、幼儿园教师国家级培训项目等不同类型的培训项目。《"国培计划"课程标准（试行）》对各项目的课程目标做了明确规定，并就课程内容、课程设置与实施等提出了相关建议。

《教师教育课程标准（试行）》和《"国培计划"课程标准（试行）》为在职英语教师教育课程设置提供了指南。此外，由于职前教师教育的质量显现有滞后性，要通过教师入职以后在教育教学实践过程中的发展情况来揭示，因此这两个课程标准也为职前英语教师教育课程设置改革提供了参考。

第二节　教师教育课程目标

在实践中，国内很多院校以《英语专业英语教学大纲》的目标要求作为英语教师教育课程的目标。例如，河北某综合性大学的英语专业（教育方向）人才培养目标是："面向国家及河北省经济建设、科技进步和社会发展的需要，培养具有扎实的英语语言基础和较广泛的专业知识，素质高、能力强、富有创新精神和创业能力，能在外事、经贸、文化、新闻出版、教育、科研、旅游等部门从事翻译、研究、教学、管理等工作的综合性、广适性英语专门人才。"江苏某专门大学的英语专业（教育方向）人才培养目标是："培养适应社会主义市场经济建设和国际交流需要，德、智、体、美全面发展，具有扎实的英语语言基础和广博的文化知识，熟悉经贸、管理等知识，熟练使用现代办公设备，能在外事、外贸、金融、商业、涉外企业、教育、文化等部门从事翻译、外贸实务、涉外文秘、教学、管理、研究等工作的应用型、复合型高级英语专门人才。"这些目标描述把培养全面发展的英语专业人才等同于培养"全能"的英语专业人才，显然在目标的实现程度方面值得怀疑。

以培养英语教师为主要目标的师范院校的英语专业很显然不适合照搬《英语专业英语教学大纲》的目标要求，而是要结合学校的办学定位及办学特色来确定恰当层次的教师培养目标。如某师范大学英语专业的人才培养目标为："学生通过本科阶段学习，具有扎实的英语语言基础、较为广阔的国际视野和浓厚的本土情怀，具有较强的创新意识和实践能力，德、智、体、美全面发展，英语学科素养和教师专业素养高度整合，情感态度价值观、知识与技能、过程与方法协调发展，成为基础教育英语学科的专门人才。"另一个地方性师范学院英语专业人才培养目标为："针对四川省及西部地区基础教育改革需要和时代发展的要求，培养全面发展、具有创新精神和实践能力的高素质英语教师和教育管理工作者。"

对于在职英语教师教育，很多教师教育机构常常以《"国培计划"课程标准（试行）》中对相应类型培训项目的目标为依据来确定在职英语教师教育课程的目标。如小学英语示范性短期集中培训项目的总目标是："提高地市级及以上骨干教师的师德修养，使其了解与小学英语教学相关的英语语言研究和英语教育研究的新发展，进一步提高小学英语教学能力；引导总结教育教学经验并进行理论提升，提高组织教师培训与教研的能力，掌握发挥辐射示范作用的方法；构建学习共同体，建立相互学习与交流合作机制，提高相应能力；培养区域教学改革领军人才。"中西部短期集中培训项目的总目标是："提高农村骨干教师的师德修养，激发教师专业发展的动力和热情；了解与小学英语教学相关的英语语言研究和英语教育研究的新发展，加深对学科知识的理解；提高小学英语教学和解决问题的能力，形成把新课标理念转化为实际教学行为的思路和方法，促进小学英语教学水平的提高，培养农村学校县域骨干教师。"[5]

从对国内外研究者关于教师教育课程设置的研究回顾中可以看出，我国传统的教师教育课程设置存在职前阶段与在职阶段脱节的现象，体现在教师教育课程目标和内容体系方面。职前与在职教师教育两个阶段的目标存在差异，缺乏连贯性和一致性，很容易导致职前教师教育培养出来的教师不能适应中小学校教育的实际需要，造成教师教育质量低下。为了实现职前与在职两个不同阶段课程体系目标的一致性和连贯性，体现现代教师教育所倡导的职前与在职教师教育一体的理念，有必要统一两个阶段课程目标的表述。当然，保持一致并不意味着保持相同。相反，职前与在职教师教育的培养目标对于人才的质的要求是不同的。

参照教师教育课程标准、教师专业标准及国培课程标准的表述方式，从教师教育促进教师全面、全程发展的目标出发，结合课程设置的操作便利性，把职前与在职英语教师教育课程体系目标域确定为职业知识、职业能力、职业理念和职业性向等四个方面。为此，我们把两个阶段的目标分别表述如下。

一、职前阶段的课程目标

职前英语教师教育的目的是为中小学校培养合格的英语教师储备人选，他们在正式入职之前必须具备英语教师所应具备的基本素养，入职之后能够顺利适应英语教师职业环境与职业内容，能够胜任中小学英语教育教学工作。因此，职前英语教师教育课程的总目标及分类目标如下。

1. 总目标

职前英语教师教育课程的总目标是：培养具有扎实的英语语言基础知识、教育教学知识和比较广泛的文化知识，掌握比较系统的英语语言技能、教育教学技能和交流与管理技能，具有热爱教育事业的情怀及献身于教育事业的志向，能够胜任中小学英语教育教学工作并能持续发展的英语教育工作者。

2. 分类目标

围绕职前英语教师教育课程的总目标，分别从职业理念与师德、职业知识、职业能力、职业性向四个维度设置课程群。职业理念与师德课程群以教师职业发展所需的思想意识为中心，职业知识课程群以教师知识为中心，职业能力课程群以教师技能为中心，职业性向课程群以教师人格为中心。各维度目标如表 5.1 所示。

表 5.1　职前英语教师教育课程分类目标

目标维度	目标内容
职业理念与师德	• 树立正确的教育观、教师观、学生观、课程观 • 正确理解教师职业的社会价值与个人价值 • 热爱教育事业，立志献身教育事业 • 具有新时期教师职业道德与社会公德
职业知识	• 熟练掌握英语学科专业知识（如语音、语法、词汇、文学等） • 掌握普通教育教学知识（如教育学、心理学、教育心理学、班级与学生管理、学生发展知识、课程与教学知识等） • 熟练掌握英语学科教学知识（如英语语音、词汇、语法等语言知识教学策略性知识及听、说、读、写等语言技能教学策略性知识） • 熟悉教师职业规划与发展 • 具有比较丰富的普通文化知识

续表

目标维度	目标内容
职业能力	• 掌握一般生活技能，如有效沟通与交流技能、时间管理技能、自我管理技能等，并能在生活场景中恰当运用 • 熟练掌握英语语言技能，如听、说、读、写的技能 • 熟悉并掌握普通教育教学技能，如教学组织技能、教学设计技能、教学实施技能、教学评价技能、现代教育技术运用技能、班级与学生管理技能等 • 熟悉并掌握英语学科教学技能，如英语语音、词汇、语法、听力、口语、阅读、写作等的教学技能，及英语测试技能等 • 掌握一般教师职业规划与发展技能，能对自己的职业发展有明确的规划
职业性向	• 树立正确的教师职业价值观 • 培养对英语教师职业的兴趣 • 塑造英语教师人格 • 明确从事中小学英语教育教学工作的意愿

二、在职阶段的课程目标

在职英语教师教育的目的是为了提升在职英语教师的综合素养，尤其是教育教学能力和教育教学研究能力，以实现提升教育质量的目的。从教育目的角度来看，在职阶段的教师教育比职前阶段的教师教育有一个质的飞跃，但在结构与内容要素方面与职前阶段又有连续性。因此，在职英语教师教育课程的总目标及分类目标分析如下。

1. 总目标

在职英语教师教育课程体系的总目标是：进一步拓展英语语言知识、教育教学知识和文化知识，提升英语语言综合运用能力、教育教学与研究能力、交流与管理能力，深化对教育教学工作的热爱与奉献精神，能够持续胜任中小学英语教育教学与研究工作并获得明显的职业发展。

2. 分类目标

在职英语教师教育各维度的分类目标如表5.2所示。

表 5.2　在职英语教师教育课程分类目标

目标维度	目标内容
职业理念与师德	• 进一步转变职业理念，形成符合新时期教育发展要求的素质教育观、追求职业发展的教师观、学生中心的学生观及教师与课程良性互动的课程观 • 正确处理教师职业的社会价值与个人价值之间的关系 • 保持对教育事业的热爱之情和奉献精神 • 提升教师职业道德和社会公德水平

续表

目标维度	目标内容
职业知识	<ul><li>拓展和深化英语语言文化知识，能够系统、准确地讲解英语语音、语法、词汇、文化知识等</li><li>拓展和深化普通教育教学知识，能够运用相关学科最新研究成果指导和反思自己的教育教学工作</li><li>拓展和深化英语学科教学知识，把握英语教学改革与发展趋势，能够有效选择最适合自己个性特点和学生发展需要的教学方式、方法与手段</li><li>拓展和深化英语教师职业规划与发展知识，能够理解教师职业生涯发展的特点，明白自己所处职业发展阶段及发展方向</li><li>拓展和丰富普通文化知识，具有比较广泛的知识面</li></ul>
职业能力	<ul><li>提升一般生活技能，能够与教育教学各方有效沟通相关问题，能够正确处理工作与个人生活之间的关系，能够有效进行自我管理</li><li>提升普通教育教学能力，发展教育教学智慧，能够敏锐观察和恰当处理教育教学问题，能够自觉开展教育行动研究和深度反思，能够有效管理与指导学生，能够熟练运用现代信息技术开展教学和教学管理活动</li><li>提升英语学科教学能力，能够以基础教育英语课程基本理念和目标为指导开展教学设计、教学实施、教学评价，能够有效处理教材内容，能够借助现代信息技术手段提升英语教学效果</li><li>提升教师职业规划与发展能力，能够根据自己的实际情况合理规划职业发展并能够准确掌握职业发展程度，能够有效应对职业发展过程中的困难和问题</li></ul>
职业性向	<ul><li>强化正确的教师职业价值观</li><li>深化对英语教师职业的兴趣</li><li>完善教师人格，提升人格魅力</li><li>强化继续从事教育教学工作的意愿，坚定对教师职业的选择</li></ul>

参 考 文 献

[1] 教育部. 教育部关于大力推进教师教育课程改革的意见[EB/OL]. [2011-10-08].http://old.moe.gov.cn//publicfiles/business/htmlfiles/moe/s6049/201110/xxgk_125722.html.

[2] 教育部. 义务教育英语课程标准（2011 年版）[S]. 北京：北京师范大学出版社，2012：2.

[3] 高等学校外语专业教学指导委员会英语组. 高等学校英语专业英语教学大纲[S]. 北京：外语教学与研究出版社，2000：1.

[4] 教育部高等教育司. 普通高等学校本科专业目录和专业介绍（2012 年）[G]. 北京：高等教育出版社，2012：89.

[5] 教育部. "国培计划"课程标准（试行）[S]. 北京：高等教育出版社，2012：43.

第六章 基于职业发展的教师教育课程结构与内容

本书前面章节的调查分析揭示，要改革教师教育课程结构及内容以促进教师的职业发展。另外，职前教师对专业知识与专业技能课程的偏爱、在职教师对教育实践与专业技能课程的偏爱，都提示了教师教育课程结构及内容都需要改革。职前与在职教师对不同类型课程促进职业发展的价值评价存在较大的差异，一方面说明职前与在职教师对教师教育课程的价值有不同的认识和感知，另一方面也暗示在职教师对教师教育课程设置有不同的需求。

教师教育要实现教师的全面、全程发展，仅仅在课程目标方面作明确规定是远远不够的，因为教育目标的实现最终要落实到课程设置与课程实施中。以教师全面、全程发展为课程体系的核心目标，以育人为本、实践取向、终身学习为基本理念，从教师作为"人"的发展的需求出发，准确把握职前与在职教师的职业素养结构及特征，对症下药调整课程结构与内容，设置课程。

第一节 教师教育课程结构

课程结构设置以具体社会背景及时代背景下不同国家、地区的教育目的为指南，综合考虑学校、学生和教师的需求及实际，遵循教的内在规律及课程设计的基本原理。中国古代社会劳心者教育与劳力者教育的分化，形成了劳心者教育课程体系（以"五经"课程体系为核心）与劳力者教育课程体系（以生产、生活经验和技术教育为主的科学技术教育）。前一课程体系为统治者培养了大批不同层次的官吏，后一课程体系则为统治者培养了大批科技、文化等专门人才。两个课程体系并行设置，各自发挥不同的政治和社会功能，但共同维护了中华民族的存在与发展。近代中国史上，国外传教士利用西方教会势力兴办教会学校，作为西方文化渗透的基地。教会学校开设的核心课程是宗教教育课程，另外还开设了外语、自然科学等。20世纪20年代，中国民族资本主义的发展要求学校教育能够培养民族工业发展所需要的专业技术人才。在此背景下，职业教育思潮及其他教育思潮应运而生，并促使政府改革各级学校，尤其是中等学校的课程设置。中华人民共和国成立后，课程改革伴随着教育改革持续不断地进行，社会发展从政治中心转向经济中心，课程设置经历了由政治服务向经济与精神服务的转变。

从我国试行的幼儿园、小学及中学教师专业标准的要求来看，教师职业素养由专业理论与师德、专业知识、专业能力三个维度构成，包含了14个领域的61项基本素养。毫无疑问，这些基本素养是要通过由数十个教学科目组成的若干个课程群的实施来养成的。《"国培计划"课程标准（试行）》也规定了专业理论与师德、专业知识、专业能力三个维度的培训内容，根据培训对象及目标的不同而有数量不等的培训专题。由于我国《教师教育课程标准（试行）》专指教育类的课程，没有涉及通常所说的通识教育类课程及学科专业类课程，因此范围要小于《"国培计划"课程标准（试行）》，也就无法对应教师专业标准中的职业素养。

我国普通高等学校本科教学水平评估及普通高等学校专业办学水平评估都是以《普通高等学校教育评估暂行规定》（1990 年 10 月）为依据开展的，主要评估学校的整体教学水平或办学水平，但还没有学科教师培养水平评估或者工程师培养水平评估之类的人才培养水平评估，尽管人才培养质量是教学水平评估及办学水平评估的指标内容。因此，要对教师教育机构的教师培养质量作横向评价和比较，还须要以相对统一的课程结构为基础。

另外，为了更加客观、公正和科学地评价职前和在职教师教育课程设置对于教师职业发展的价值，建立职前与在职一体的教师教育课程结构系列就非常必要。鉴于我国将逐步全面实施幼儿园、小学及中学教师专业标准，以其中规定的维度和领域作为参考来设置职前与在职教师教育课程的结构系列，但是采用目前为很多教师教育机构认同和使用的"领域—模块—科目"的课程设置结构，既便于对不同类型、不同层次教师教育机构的教师培养质量进行评价，又能够帮助职前和在职教师更好地认识自己的职业素养结构和评价职业素养水平，促使他们通过各种方式或途径主动地谋求职业素养的发展。

教师的职业素养影响他们的职业发展程度及发展速度。从教师发展的基本特点来看，教师的职业发展是持续一生的过程，而要保证发展的延续性，就要求教师必须树立终身教育的基本理念。也就是说，教师获得职业发展所应具有的基本职业素养不是职前或在职某一单个阶段中形成的，而是贯穿了职前与在职整个过程。因此，职前和在职教师教育课程设置影响着教师职业素养的养成。教师的职业素养一方面受他们在职前教育阶段所受教育的影响，另一方面也受他们入职以后的教育教学实践活动的影响。前者是我们通常理解的"师范教育"或"教师培养"，后者是我们通常理解的"继续教育"或"教师培训"。这两个阶段现在常常统称为"教师教育"，在教师职业生涯发展过程中发挥着不同性质但又都十分重要的作用。教师职业素养的养成以职前教师教育课程学习为基础，入职之后在教师职业环境中通过开展教师职业活动、体验教师职业角色、应对教师职业压力、参加学习研讨活动等方式进一步发展和提高。

职前教师教育课程结构与课程实施质量决定了教师素养的基本结构及教师素养基础，在职教师教育课程结构与课程实施质量决定了教师素养结构的完善和发展程度。因此，为了确保教师职业素养的持续发展，就须要把职前教师教育课程设置与在职教师教育课程设置作为一个整体来思考，建立职前与在职一体的教师教育课程结构系列。职前与在职教师教育课程在课程体系目标、课程体系结构等方面保持一致，职前阶段为入职做准备，在职阶段以职前阶段为基础进一步发展和提升。

一、职前教师教育课程结构

与广义的教师教育课程概念不同，我国《教师教育课程标准（试行）》中的教师教育课程专指教育类课程，包括教育理念与责任、教育知识与能力、教育实践与体验等三个目标领域，体现了教师教育课程设置对教师专业发展的价值追求。《教师教育课程标准（试行）》确立了"育人为本、实践取向、终身学习"的基本理念。从课程结构构成角度来看，教师教育课程设置采用"领域+模块+科目"的模式，即"块"状模式。教师教育课程标准体现国家对教师教育机构设置教师教育课程的基本要求，是制定教师教育课程方案、开发教材与课程资源、开展教学与评价及认定教师资格的重要依据。因此，我国教师教育课程，不论是职前教师教育课程还是在职教师教育课程，都要遵循这一基本理念，在结构上体现职前与在职的一致性、连续性，在内容上体现阶段性、渐进性、发展性，结构和内容都要突出实践中心、学生中心、发展中心。在职教师教育课程内容既要与职前教师教育课程连贯，又要超越职前教师教育课程内容，要注入能够体现时代发展的新内容要素。在职教师教育课程设置在课程结构、类型、内容等方面要重视教师在年龄、职称、学历、工作学校类型与层次、职业发展水平、地域、学科类别等方面存在的差异。在职教师教育一方面要提高教师的教育理论水平，另一方面更要着力提升教师的教育教学能力，着重教师职业发展能力的提升。

（一）职前教师教育课程结构分析

由于高等学校各个专业的课程体系存在较大差异，课程结构难以一概而论，因此以英语专业为例进行分析。就英语专业而言，《英语专业英语教学大纲》明确了基础阶段和高年级阶段分段设置课程的原则。基础阶段（一年级和二年级）着眼于向学生传授英语基础知识，对学生进行全面、严格的基本技能训练，培养学生的语言运用能力、学习态度和学习方法，为高年级的学习奠定基础。高年级阶段（三年级和四年级）则着眼于英语专业知识及相关专业知识的学习，提高综合语言运用能力。《英语专业英语教学大纲》把英语专业课程分为英语专业技能课程、英语专业知识课程、相关专业知识课程三种类型，每一类型下有若干科目。《英语专业英语教学大纲》建议英语专业技能、英语专业知识与相关专业知识三类课程分别确定为67%、15%和18%。教指委在《关于推动高等学校英语类专业教学改革与发展的指导意见》中也建议各校的课程设置要根据人才培养目标和社会用人需求来确定，要克服千校一面的倾向。

从国内一些师范院校的英语专业课程设置来看，在结构分类方面差异较大，不同类型课程的课时与学分比例差异也很大。因此，难以对不同院校课程设置的科学性和合理性进行评价。按照教师全面、全程发展的观点，英语教师应当具备教师职业知识、职业能力、职业理念与师德、职业性向等"四维一体"的职业素养结构。因此，职前英语教师教育课程参照这一结构分类安排课程，既便于评价，也便于实践操作。

根据国内一些师范院校的英语教师教育课程设置来看，我们把繁杂多样的英语教师教育科目归并为三大模块课程：学科专业类课程、教育教学类课程、普通文化类课程，涉及英语教师职业知识、英语教师职业能力、英语教师职业理念与师德、英语教师职业性向四个维度。在对课程结构设置按照三大模块课程进行归一之后，我们比较国内某两所师范大学与两所师范学院的职前英语教师教育课程设置，发现课程安排差异明显（见表6.1）。

表 6.1　国内师范类院校英语专业（教育方向）课程学分结构

学校类型	学分及比例	学科专业类课程		教育教学类课程		普通文化类课程		总计	备注 实践教学环节
		必修	选修	必修	选修	必修	选修		
A 师范大学	学分/分	76	24	25	6	26	8	165	10
	比例/%	46.06	14.54	15.15	3.64	15.76	4.85	100	6.06
B 师范大学	学分/分	72.5	9	39.5	5.5	32.5	7	166	25
	比例/%	43.67	5.42	23.80	3.31	19.58	4.22	100	15.06
C 师范学院	学分/分	45	30	53	4	31	12	175	26
	比例/%	25.71	17.14	30.29	2.29	17.71	6.86	100	14.86
D 师范学院	学分/分	65	18	31	4	41	4	163	17
	比例/%	39.88	11.04	19.02	2.45	25.16	2.45	100	10.43

从表 6.1 可以看出，两所师范大学的学科专业类必修课程学分比例都明显高于两所师范学院。A 师范大学的教育教学类必修课程学分比例明显低于 B 师范大学和 C 师范学院。A 师范大学的学科专业类课程学分比例达到 60.60%，而 C 师范学院只有 42.85%；两校开设的教育教学类课程的学分比例分别为 18.79% 和 32.58%，实践教学环节的学分比例分别为 6.06% 和 14.86%。即使是总学分相近的 A 师范大学、B 师范大学和 D 师范学院，课程学分结构的差异仍然非常明显。D 师范学院的学科专业类课程学分比例略高于 B 师范大学，但明显低于 A 师范大学；D 师范学院的教育教学类课程学分比例高于 A 师范大学，但低于 B 师范大学，而普通文化类课程的学分比例高于两所师范大学。从实践教学环节的学分分配来看，B 师范大学和 C 师范学院比较相近，都大大高于 A 师范大学。

通过阅读以上四所学校英语专业（教育方向）的人才培养方案文本，我们发现四所学校对培养目标的定位存在差异。A 师范大学的目标为："本专业旨在培养德、智、体、美全面发展，掌握英语语言基础理论、基础知识和英语教育教学基本技能，能够胜任中等学校英语教学的师资；培养具有扎实的英语语言基础和宽广的文化知识，能熟练运用英语在教育、科技、外事、文化、新闻出版等部门从事教学、翻译、管理、研究等工作的复合型英语人才。"A师范大学的目标定位可以说是以英语语言为媒介（工具）的"全能型"人才。B师范大学的目标为："具有扎实的英语语言基础、较为广阔的国际视野和浓厚的本土情怀，具有较强的创新意识和实践能力，德、智、体、美全面发展，英语学科素养和教师专业素养高度整合，情感态度价值观、知识与技能、过程与方法协调发展，成为基础教育英语学科的专门人才。"B师范大学的目标定位就明确地限定为中小学英语教育工作者。C师范学院的目标为："本专业培养德、智、体、美全面发展，具备扎实的英语语言基础知识和基本技能以及比较广泛的科学文化知识，熟知外语教学理论和现代教育理念，能够解决基础阶段英语教育教学实际问题，具有一定国际视野和较高职业素养，能在中小学、幼儿园或英语培训机构从事英语教学的应用型人才。"D师范学院的目标为："针对××省及西部地区基础教育改革和时代发展的要求，培养爱岗敬业、师德高尚、业务精湛、教学能力强的高素质中、小学英语教师或教育管理工作者。"虽然D师范学院与B师范大学都把目标对象定位在中小学校，但D师范学院还附加了教育管理工作。

因此，相比而言，B师范大学的目标定位、课程结构相对更加合理，更能体现师范院校的性质。

（二）职前教师教育课程结构设计

在统一职前教师教育课程领域之后，讨论确定各课程领域的课时（学分）比例分配也是必要的。根据前面对职前与在职教师教育课程一体化体系目标的设计，学科专业类课程、教育教学类课程与普通文化类课程的设置要有利于目标的充分实现。鉴于我国传统教师教育课程设置不够重视对教师教育教学能力的培养、教师的实践教学能力低下这些事实，在保证教师的学科专业知识与能力培养的前提下，适当上调教师教育课程和实践教学环节的学分与课时比例。同时，提高选修课的学分和课时比例，给职前教师更多的选择机会，以利于调整他们的知识结构，充分体现以学生为中心的原则。

《教育部关于大力推进教师教育课程改革的意见》提出，要优化教师教育课程（狭义的教师教育课程，即教育教学类课程）结构，要"科学设置师范教育类专业公共基础课程、学科专业课程和教师教育课程""教育实践课程不少于一个学期"，以"保证新入职教师基本适应基础教育新课程的需要"。新入职教师要能够基本胜任中小学教学工作，必须要有扎实的学科专业知识、教育教学知识和比较广泛的文化知识。因此，师范院校英语专业（教育方向）要培养出能够基本适应基础教育新课程需要、能够基本胜任基础英语教育工作的中小学英语教师，课程设置方面在保证学科专业课程的主体地位的同时，要提升教育教学类课程和公共基础类课程（普通文化类课程）的课程门数、课时数和学分数。

因此，结合前面对四所师范院校的目标定位与课程结构的对比分析，我们认为师范院校英语专业（教育方向）课程体系结构可以设计为英语学科专业类课程、教育教学类课程（含教学实践环节）、普通文化类课程，学分和课时比例分别设计为 50%、27%（10%理论+17%实践）、23%（见图 6.1）。这样，加上学科专业课程和普通文化课程中的实践教学课时，整个课程体系中实践性课程课时比例就能够达到 30%以上，能满足教育部提出的加强实践教学的要求。

　　尽管不同类型、不同层次的师范院校对培养教师类型与层次的定位存在差异，在职前教师教育课程设置方面存在差异是理所当然的，但这些差异性的存在为评价职前教师教育质量以及职前教师教育课程设置质量带来了困难。

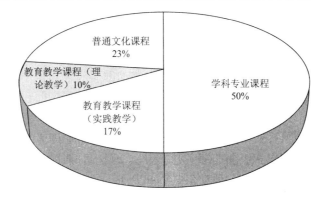

图 6.1　职前英语教师教育课程结构

二、在职教师教育课程结构

　　由于在职教师教育课程设置有《"国培计划"课程标准（试行）》的明确要求，因此同一类型的在职教师教育除了具体的专题内容有一定程度的差异之外，课程设置的结构方面基本相同。承担中小学教师继续教育培训任务的高等院校或其他教师教育机构必须根据所承担具体项目的目标要求及培训对象的发展需求，设计具体的教师教育课程，并根据项目目标要求分配不同类型课程的课时比例。

　　（一）中小学教师国家级培训项目课程结构设计

　　中小学教师国家级培训项目（常称为"国培计划"）由教育部主办，一般由各省市自治区采用政府招标的方式确定实施。每一个国培计划项目都有确定的项目目标要求和课程设置要求，以四川省 2016 年"国培计划"中西部项目和幼师国培项目为例。其子项目之一"教师培训团队置换脱产研修"时间跨度为两年，共计 120 天，目标要求就是"全面提升项目县骨干教师、教研员的教育教学能力和培训指导能力，打造一支'用得上、干得好'的项目县县级教师培训队伍"。这一目标要求非常明确地规定了该项目要着力提升教师培训团队每一位参培学员的教研和培训能力。在课程内容设计方面，该项目也明确规定了课程内容要体现教研类与培训类内容并重的原则，课程模块应涵盖教学能力、教研能力、培训能力等方面，并将师德、心理健康教育、法治教育、信息技术应用等列入必修内容；而且实践性课程不少于 50%。按照项目要求，我们设计的项目课程年度目标及课时各有侧重性差异（见图 6.2）。课程安排突出实践能力培养，实践类课时总量约 700 学时（占全部 880 课时的 79.5%左右）；在院校集中研修及总结提升环节的 120 学时中，实践类课程 99 学时（约占 82.5%）。

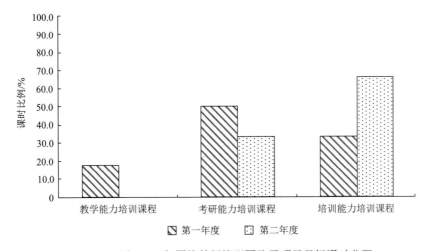

图 6.2 四川省 2016 年国培教师培训团队子项目目标课时分配

尽管项目总目标只提到了两类能力（对于参加该项目的中小学教师来说就是职业能力）的培训，没有明确提到与这两类能力相关的知识（职业知识）的学习，但这并不意味着该项目的课程设置可以没有职业知识类课程、职业理念与师德及职业性向类课程。相反，项目目标的实现，要以相关领域知识的学习为基础，同时涉及相关理念的形成或转变。因此，该项目课程体系的内容也就必然包括职业理念与师德、职业知识、职业能力、职业性向四个领域。

为此，我们对院校集中及总结提升两个环节 120 课时的研修课程进一步按照职业理念与师德、职业知识、职业能力、职业性向四个领域进行分类（见图 6.3）。这一设计，充分重视了参加培训的中小学教师职业能力的培训和提升，又考虑了与职业能力相关的理念、知识与性向的学习。

（二）中小学教师省级培训项目课程结构设计

省级中小学教师培训项目（常称为"省培项目"）由省、自治区、直辖市教育厅（教委）主办，一般也采用政府招标的方式确定实施。每一个省培项目都有确定的项目目标要求和课程设置要求，以四川省 2017 年省级中小学教师和校长培训项目为例。其子项目之一"精准扶贫项目"的实施时间为 7 天，共计 56 课时，目标要求是"提升教育理论素养；提高教育科研能力和教学改革综合实践能力；提高教育反思能力和综合素养"。该项目目标明确了三项能力、两类素养的要求。在课程内容设计方面，该项目也明确规定了课程内容（模块）要有师德修养、现代教育理论、教育科研、教学改革实践、大纲教材解读、课堂教学实践、教师专业发展、问题探讨、成果分享等等。这些课程内容（模块）就涵盖了职业理念与师德、职业知识、职业能力等领域。另外，该项目虽然没有明确规定实践性课程的课时比例，但根据近年来四川省中小学教师省培项目的评价来看，实践性课程的课时比例一般不低于50%。

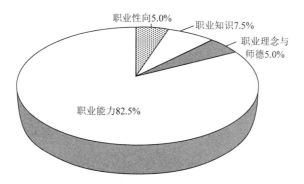

图 6.3　四川省 2016 年国培教师培训团队子项目课时分配

　　针对这一项目的要求，我们确定以拓展彝区初中英语教师的专业知识为基础，以提升彝区初中英语教师的专业能力为重点，以促进彝区初中英语教师的专业发展为旨归，细化、明确本项目三项能力、两类素养目标的内容。

　　为达到项目目标，我们在该项目实施方案中对研修课程按照职业理念与师德、职业知识、职业能力、职业性向四个领域进行分类设计，各自的课时比例如图6.4所示。这一设计，充分重视了参加培训的彝区初中英语教师职业能力（教育反思能力、教育科研能力、教学改革综合实践能力）的提升，又兼顾了为实现职业能力提升而必备的职业知识的学习，还考虑了职业理念与职业性向。

　　对于在职教师，由于培养目标多着重于拓展及深化专业知识、提升教育教研能力，课程设置与职前教师教育课程设置就有一定的差异，但在结构方面仍应体现一致性，即仍应包含三大课程领域。此外，着眼于知识学习型的课程时间比例分配可以控制在30%以内，着眼于能力提升型的课程时间宜在70%以上，尤其是要加大在职教师的课程资源开发与应用、现代教育技术、教学设计、教学实施、教学研究能力实践训练的时间比例。随着网络技术在教育教学中应用的推广，在职教师教育课程设置须要重视这一块内容，在形式上可以采取集中学习讨论与网络在线研修讨论相结合。

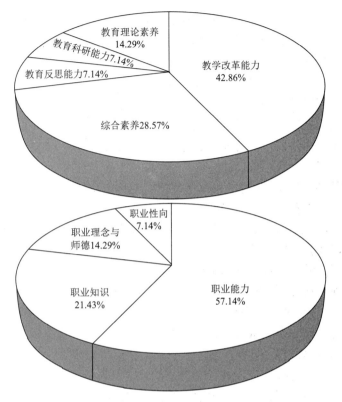

图 6.4　四川省 2017 年省培项目精准扶贫子项目课时分配

第二节　教师教育课程内容体系

从前面对教师职业发展现状的分析、对教师职业素养的构成及教师职业素养现状的分析中可以看出，教师职业素养对于教师职业发展非常重要，职业素养结构庞大而成一个系统，职前与在职教师的职业素养结构与中小学教师标准要求还存在一定的差距。教师职业素养的养成不是一蹴而就的，而是一个贯穿职业发展的全过程。教师的职业素养培养以教师教育为主渠道，职业素养结构的合理与否与教师教育质量有关。所有这些都对师范院校或其他教师教育机构设置教师教育课程有重要启示意义。为了改善教师的职业素养结构，促进他们的职业发展，就须要对教师教育课程设置进行改革。

因此，为了克服传统教师教育课程设置忽视对教师的教育教学实践能力培养这一弊端，有必要以中小学教师专业标准为依据，参照医生、护士等专门技术人才培养的课程设置思路，增设、提高教育实践类课程或教育技能类课程，尤其是本文前面分析中提到的教师普遍比较薄弱的教学实施、教学设计、教学评价、课程资源与开发、职业规划与管理、教育技术等相关课程。同时，把教育见习与教育实习课程的实施落到实处，引导职前教师走进中小学校、走进中小学课程、走近中小学师生，充分感知教师职业环境、职业内容、职业角色，为尽快适应并胜任中小学教育教学工作奠定基础。

从职前及在职教师对教师教育课程促进职业发展的价值评价分析来看，从我国教师教育课程设置存在的问题与不足及改革试验的角度来看，构架新的教师教育课程体系既是我国中小学教育实践的需要，也是中小学教育研究的需要，更是教师专业发展的需要。不论是职前还是在职教师教育课程，都是为了培养、提升教师的职业素养，使他们能够胜任教师职业的要求。教师职业素养的发展是教师职业发展的基础，也是教师发展的重要内容。多年来，我国师范院校或其他教师教育机构的课程设置结构不够科学、合理，存在重"知"轻"人"、重理论轻实践、重学术轻师范的弊端与不足，过分强调学科专业知识，忽视学科专业能力与教育能力的培养以及教师职业理念和道德的养成。

我国试行的教师专业标准明确指出，幼儿园、小学和中学教师须要经过严格的培养与培训，具有良好的职业道德，掌握系统的专业知识和专业技能。2013 年 8 月 15 日，教育部公布《中小学教师资格考试暂行办法》，其中第十一条和第十四条分别规定了笔试和面试要考查的基本内容，实际上也就指明了中小学教师应该具有的基本素养结构。教师专业标准则进一步从专业理念与道德、专业知识、专业能力三个方面对教师应该具备的基本素养进行了概括。教师专业理念与道德包括对教师职业的理解和认识、对学生的态度与行为、教育教学的态度与行为、个人修养与行为四个方面。专业知识则包括学科专业知识、学科教学知识、教育知识和通识性知识。专业能力包括教学设计、教学实施、班级管理与教育活动、教育教学评价、沟通与合作、反思与发展等能力。

从我国现有的师范院校或其他教师教育机构所使用的英语教师教育课程设置来看，课程体系虽然包括了英语教师职业知识、职业能力、职业理念与师德等领域的课程，但以学科专业知识与技能类课程为主体，教育教学类课程及文化知识类课程所占比例较小。这种课程设置模式反映出一个多数人认为是理所当然的教师培养逻辑：只要掌握好学科专业知识与技能，初步了解教育知识与技能，就能够成为合格的教师。这一逻辑恰好忽视了非常重要的一个问题，即并不是每个在知识和技能上合格的人都适合教师这一职业。根据霍兰德的职业性向理论的观点，个人的人格与工作环境之间的适配和对应是职业满意度、职业稳定性与职业成就的基础，个体的人格特点与职业环境的匹配程度与工作满意度呈正相关关系。个体只有选择与从事自己感兴趣的、与自己个性特征一致的职业，才容易获得职业发展，体验职业幸福感。

因此，以教师"全面""全程"职业发展目标为指导，以"四维一体"教师职业素养结构为框架，确立"四维一体"的教师发展性课程内容体系（见图 6.5）。教师职业理念与师德类课程为教师的职业发展奠定理念基础，教师职业知识类课程

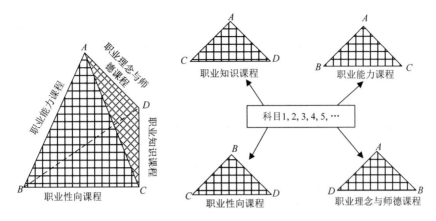

图 6.5 "四维一体"教师教育课程内容体系

为教师的职业发展奠定知识基础,教师职业能力类课程为教师的职业发展奠定技能基础,而教师职业性向类课程则为教师的职业发展奠定人格基础。

就英语学科而言,英语教师职业知识领域的课程包括通识性知识模块、英语学科专业知识模块、教育教学知识模块、英语学科教学知识模块、职业规划与发展知识模块的课程。英语教师职业能力领域的课程包括一般技能模块、英语学科专业技能模块、教育教学技能模块、英语学科教学技能模块和职业规划与发展能力模块的课程。英语教师职业理念与师德领域的课程包括英语教师专业理念模块和英语教师职业道德与社会公德模块的课程。英语教师职业性向领域的课程包括职业性向知识与评估模块的课程。每一个课程模块都由若干门相互关联、相互独立的科目组成(见图6.6)。

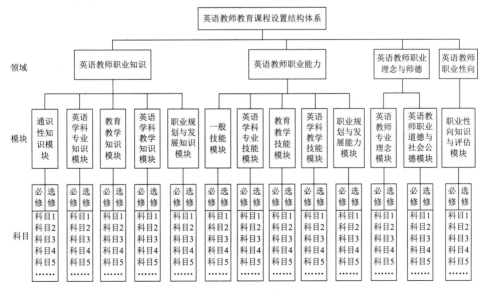

图 6.6 英语教师教育课程设置结构体系

　　"四维一体"英语教师教育课程内容体系在统一课程结构与要素的同时，也关注学习者（职前教师与在职教师）的具体多样性、发展变化性、成长阶段性、自我意识性等特点，把教师教育课程作为学习者认识自我、发展自我、实现自我、超越自我的平台。

　　以教师职业理念与师德、职业知识、职业能力、职业性向构成的"四维一体"英语教师教育课程体系框架是结合职业发展理论与教师发展阶段性理论及终身教育理念、在评价分析教师职业发展、职业素养结构以及教师教育课程设置的基础上提出的新的设置模式。

一、职业理念与师德领域课程

　　我国社会、经济、文化、教育形势的发展变化给教师的职业理念带来巨大冲击，以素质教育与终身教育为主的教育观、追求职业发展的教师观及学生中心的学生观是职前与在职教师应该具备的基本职业理念。当然，这些职业理念不可能凭空而生，是职前与在职教师在接受教师教育的过程中逐渐形成的，因此教师教育课程设置对于教师职业理念的形成产生重要的影响。科学、合理、系统的教师教育课程设置为职前与在职教师形成健康的、科学的职业理念奠定了基础，有效的教师教育课程实施则会促进教师职业理念的升华或转变。因此，培养与转变教师的职业理念，须要教师教育系统与社会其他系统的合力共同作用，引导职前教师树立正确的职业理念，促使在职教师转变不适应教育发展要求的职业理念。

　　在很多师范院校的职前教师教育课程设置中，学科专业（专业知识与专业技能）类课程的课时比例和学分比例太大（一般在50%以上），教育教学（教育理论与教育实践）课程的课时比例和学分比例偏少（一般为15%～25%）。目前普通师范院校开设的课程中，"思想道德修养与法律基础""形势与政策""中国近代史"等通识性（文化知识）教育课程是对职前英语教师进行思想教育的主要课程。与教师职业理念及道德教育内容相关联的课程，除了传统的"老三门"师范教育课程"教育学"（或"教育基本原理"）、"心理学"（或"教育心理学"）和"学科教学论（法）"课程之外，只有少数学校开设诸如"教师职业道德""教师职业发展规划""教师专业发展理论"等课程，其中多数是选修课程，课时一般为10～30学时。按照这种课程设置，职前教师很难充分认识和理解教师职业，包括其性质、价值、特点，因此也就很难树立正确的态度，难以认同教师职业的社会价值。传统的师道观如"师者，所以传道受业解惑也"或者"学高为师、身正为范"是多数职前教师对教师职业的认识。因此，须要调整传统的教师教育课程结构比例，适当降低学科专业课程的课时和学分比例，提高普通文化课程和教学实践课程的课时和学分比例。

　　由于理念涉及一个人的思想和思维，主观性较强，影响因素复杂，影响时间长远，因此要强化对职前与在职教师的职业情感教育。职业情感是教师认知发展过程中非常重要的动机与结构因素，反映了教师的职业理想与职业现实之间的差距；把情感、认知与活动之间的动态、辩证关系相统一，提高师范院校教师促进新手教师专业发展的责任感[1]。在课程设置方面，除开设显性课程外，更要注重发挥隐性课程的重要作用。

（一）显性课程

1. 有益于改进教师职业认识的显性课程

从本书对教师职业理念的分析中可以看出，学习经历、职业情感倾向和职业态度是影响职前教师对教师职业性质认识的最主要因子，职前教师对教师职业持较高的积极情感倾向，但还缺乏明确的入职意向。因此，师范院校须要采取措施改善职前教师的职业态度，尤其是要加大教师教育课程设置改革力度。职前教师教育课程设置要注重课程对职前教师的情感培养和态度引导功能，提供体验教师职业环境和职业内容的机会。

改革课程设置结构，引导职前教师正确认识和理解教师职业。教师职业态度教育是师德教育的基本内容，也是职前教师职业成熟度的体现。师范院校在引导和帮助学生学好专业课程，提高学习满意度的同时，更要引导他们正确认识教师职业的价值，培养他们对教师职业的积极情感，从而提升他们对教师职业的喜爱程度和入职意向。除开设"教师职业道德"等理论学习课程之外，还可以开设"中国教育史""世界教育史""教育法律法规"等课程，让职前教师了解中国及世界其他国家的教育发展历史，从历史中深刻领会教师的重要性，同时熟悉与教育和教师相关的法律法规，逐渐形成依法治教的意识。

从第三章对教师教育课程促进教师职业发展的价值分析中可以看出，在职教师对于职业理念与师德类课程的学习需求很低，他们大多认为自己对这一领域的内容掌握得较好。因此，在职教师的职业理念课程设置，宜避免采用职前教师教育的课程设置方式，可以采用专题讲座加互动研讨的方式进行，也可以采取让在职教师作教师职业理念与师德主题交流报告的方式进行。

承担在职教师教育任务的高等院校或其他教师教育机构，在课程设置中要合理安排教师专业理念和师德修养类的课程。可以开设"小学英语课程标准解读""初中英语课程标准解读""教师标准解读""教师心理学""教师专业发展理论""教师职业道德规范""外语教育政策"等显性主题型课程。设置这些课程时要充分认识和发挥在职教师作为课程资源的重要性，以在职教师的实践案例为课程内容组织教学实施。

2. 有益于促进教师职业规划与发展意识的显性课程

改革课程设置结构,培养职前教师的职业发展规划意识。了解职前教师职业意向的基本特点,调整现有课程设置,引导和帮助职前教师做好职业规划。很多职前教师虽然对教师职业持积极的情感倾向,但他们对于如何成为一名合格的教师还很茫然,对于合格教师的内涵也很模糊,不知道在职前教师教育阶段应该如何去准备将来的职业发展。因此,师范院校可以通过开设"教师职业生涯规划""教师专业发展理论"等显性课程,加强对职前中小学教师的职业规划与发展意识的教育和职业规划能力的培养,同时引导和帮助他们准确认识自己、正确认识教师职业,提高对教师职业的适应能力,提高教师职业准备度和成熟度。

3. 教学实践课程

增加教育见习、教育实习的课时。师范院校要强化社会实践、教育见习与教育实习等实践性课程,组织学生参加我国基础教育课程改革与实施相关的系列教育调研活动并撰写调研报告,组织学生参加顶岗支教,邀请中小学优秀教师给职前教师作报告、讲座,让职前教师在实践中认识和体验教师职业角色,在实践中了解和熟悉教师职业环境与职业内容。

教育实习阶段对职前教师构建教师身份影响很大,教师职业身份发展经历从关注自我到关注教学方法、技能及关注学生的学习等不同阶段[2]。教育实习是职前教师把学得的教育理论知识付诸中小学教学实践并在实践过程中获取实际、真实的教学经验,体验并逐步实现教师职业角色的转化,从而实现职前教师的专业社会化。参加教育实习的职前教师在实习过程中如何定位自己的角色?其他人又如何定位参加教育实习的职前教师的角色?职前教师在参加教育实习过程中的自我角色定位及实习学校指导教师与领导等给他们的角色定位都会给职前教师不同的角色体验,因而可能导致不同的教师职业社会化结果。职前教师要认识到对教师职业作理想化适应或完美适应假设的危害,要积极参加教育见习和教育实习活动,并在过程中全面体验教师的职业角色,反思自己的职业意识。

有研究者主张以职业身份理论为基础批判性地认识和理解实习教师的实习经历,对职前教师的教育实习及其能够获得的支持类型进行反思,以消除可能对实习教师的职业身份认同造成不利影响的因素[3]。教育见习、教育实习及教育调研和顶岗支教等教育实践活动在推动职前教师职业素养的养成方面有着积极作用。近年来,很多研究者从不同学科视野对"实践"进行阐释,并用来阐释教师、教学及教师教育,还有理论研究者与一线教师合作研究,但用这种实践取向的理论来认识、理解和表征教学的复杂性显然是不足的[4]。

（二）隐性课程

1. 教师职业角色与师生关系

正如我们平常所说的，一个人的理念决定他所持的态度，而态度决定将采取的行动，行动决定结果。如果一个教师按照传统的观念，认为自己是课堂的权威，是知识的权威，那么他在课堂教学中就倾向于采取高压的姿态，扮演控制者（或者"独裁者"）的角色。教师往往控制着课堂教学的一切，这会导致师生关系和课堂气氛趋向紧张，师生之间及学生之间很容易产生冲突。频繁的冲突会进一步恶化师生之间的关系，增大教师的职业压力。要消解职业压力，教师必须创建一种民主、平等、相互尊重的师生关系，借助非正式途径加强与学生的交流。比如，在网络论坛环境中，由于师生双方基本上是平等对话，氛围非常轻松、民主、充满关爱和亲密，所以教师和学生说话比较随和，语言不那么正式。这有利于拉近师生之间的距离，建立良好的师生关系，消除师生之间的隔阂和对抗。学生可能会把教师当作自己的密友，向他（她）倾诉自己内心世界的秘密，比如交友、结婚和生孩子等极其隐秘的事情。在这种环境中，教师的角色就是学生的倾诉对象、知心朋友或者"闺密"。教师须要（也应当）倾听学生的苦恼、心事，须要帮助学生消除烦恼，给予学生疏导和安慰，帮助或引导学生思考解决问题，替学生保守机密。

改革课程设置结构，培养职前教师尊重教师、尊重教师职业的积极情感。师范院校要切实落实"质量工程"，坚持高等教育内涵式发展原则，改善学生学习环境，提高教学管理水平，努力培养职前教师积极向上的专业态度，借此提高他们对自己专业学习的满意度，进而提高学习效果，让他们体验专业自豪感和学业成就感。通过学校办学理念和教育传统等隐性课程培养职前教师尊重和感激教师的情感，引导他们学会欣赏教师的职业劳动。

在第二章分析在职教师的职业发展中，工作经历、职业情感、职业能力是影响在职教师对教师职业性质认识的最主要因子，在职教师对教师职业持积极情感倾向的人数比较高。职业情感倾向与职业发展满意度之间存在较高程度的正相关性（相关系数 $r=0.467$），培养和强化在职教师对教师职业的积极情感倾向有利于提升他们的职业发展满意度。因此，在职教师教育的课程设置有必要以教师职业情感培养与强化为突破口，引导和帮助在职教师转变职业理念，重视职业理念对教师职业发展的重要作用。

2. 教师的课程角色意识

正确认识教师与课程的关系，培养在职教师的课程角色意识。
《义务教育英语课程标准（2017 年版）》把"丰富课程资源，拓展英语学习渠道"确定为基本理念之一，并建议教师"结合实际教学需要，创造性地使用教材"，即根据本地教育教学实际情况和需要、学生的水平与需求、学生生活等对教材内容进行适当的补充、删减或者改编等。教师作为课程的设计者、执行者、评价者、创生者和领导者，是我国近一轮基础教育课程改革给中小学教师课程赋权的要求。在实践中，很多教师习惯于按照教材的内容顺序进行讲授，只有少数教师有根据教学实际情况处理教材内容的意识。可见，教师作为课程创生者与领导者的角色还未得到教师本人的足够重视。教师作为课程的创生者，就是要在创造性地使用教材的过程中创生新的课程资源。多数在职教师对于课程资源开发与应用能力的价值评价（均值=3.51）明显低于总体评价（均值=4.24），而对于这一能力培养的需求度（均值=2.79）也明显低于总体需求度（均值=3.13）。对课程资源开发与应用能力的低评价与低需求源于教师对课程角色的轻视，这可能是受诸多现实因素的制约。课程资源开发与应用要求教师投入必要的时间和精力，还必须具备相应的课程能力。

作为教师的角色与作为课程领导者的角色是不同的。作为教师，要对学科领域知识有充分的理解，还要有与学生交流的技能。作为课程领导者，不仅仅须要充分理解课程设计与教学实践的原理，还须要全面了解教育的社会公益属性。尽管教师与课程领导者的角色存在互补性，但教师与课程领导者的角色要求与能力要求是不同的。教师如果不具备课程管理的基本素养要求，那么他们就不太可能成功地成为课程领导者。从素质要素的角度来看，课程领导者必须能够深入理解评价数据与教学设计之间的关系。为了满足不同师生的教学需求，课程领导者要能够识别针对不同教学因子的最佳设计与实施技巧。另外，课程领导者还必须考虑发展的、认知的、情感的及交际的因素，因为这些因素都与学科知识接受与表达有紧密联系。课程领导者还必须有扎实的理论基础，必要时必须能够从实践活动中总结出理论观点。

由于教材处理能力的不足、对课程资源开发与应用能力的认识不够，多数在职教师对课程领导者的角色更是缺乏认识。在职教师普遍认为，课程领导是学校领导者、教育局的教研员或者校内教研组长等人的职责，普通教师不须要、也不应该"领导"课程。总之，基础教育的发展与改革要求职前及在职教师必须充分认识和理解教师职业角色的多样性和复杂性，能够恰当处理和成功应对教师职业角色冲突，尤其是要处理好课程角色。这是教师获得职业发展的基础之一。

树立正确的课程角色意识就必须要先树立正确的课程观，即要正确理解课程的本质。人们对"课程"的理解逐步深入和系统化。多数研究者认为，可以把课程的本质观归结为知识、经验、活动三类。课程的知识本质观认为，课程的本质就是知识，课程是人类知识的载体，是人类知识传承的媒介。课程的经验本质观重视学习者的学习和生活经验。课程的活动本质观认为，课程作为连接学习者和教师这两大主体的纽带，其本质是学习者的活动。

人们习惯性地认为课程是传递知识的唯一途径或者已经证实的有效学习工具[5]。从某种意义上来看，这种课程观只是承认了课程传递人类知识这一核心作用。麦克·扬认为，课程作为"社会事实"永远不可能还原为个体的行为、观念或动机；课程作为一个结构不仅限制了相关人员（主要是教师和学生）的活动，还限制了课程设计者或者试图借助课程实现某些目标的人的活动[6]。一方面，课程限制学生的行为、限定学生从学校或其他教育机构学得的内容；另一方面，课程又让学生能够学到他们原本无法学得的、超越自己经验的知识，即"强有力的知识"。斯科特（Scott）认为，学习是认识活动或知识构建活动，作为教学计划的课程在本质上是把认识活动拓展为知识构建活动的手段[7]。别斯塔（Biesta）曾经引用杜威的"协调"与"相互作用"这两个概念来讨论学生在适应课程的过程中所面对的知识与经验[8]。别斯塔认为，从杜威的相互作用认识论来看，知识存在于可能性域而不是确定性域，而麦克·扬等人从迪尔凯姆的理论中发展出来的社会现实主义知识与课程方法则存在于确定性域而不是可能性域[9]。穆尔（Moore）则指出，不论知识多么可靠，都不过是人们尽最大努力去理解那些外在于人们的真实世界罢了[10]。普里斯特利（Priestley）和辛内玛（Sinnema）认为，日常生活知识与学科知识、知识与技能的区别并没有那些支持知识中心课程观的人所说的那么明晰，课程文本中所表述的知识目标总是从属于各种其他教育目的[11]。人们认为，学校教育应当教给学生必要的日常生活知识，培养他们的品质和气质。但是，日常生活知识就是学生带到学校的知识，还有必要教吗？把课程的作用看作是弥补学生入学前特性的不足，而不是引导学生超越这些特性，这种观点是非常危险的[12]。

国内外对课程概念及其本质的不同理解不仅影响着人们对教师与课程关系问题的认识，也影响着课程设计与课程设置的价值取向以及对课程设置的评价。

3. 学生学习

正确认识学生学习中存在的问题。

在实践中，很多教师认为学生学习积极性低是造成他们职业压力增大的重要原因。教师须要辩证地认识和理解这一问题。首先，学生对课程的学习兴趣不是与生俱有的，而是在生活和学习环境中形成的。因此，教师要善于挖掘和利用学生生活中的课程资源，引导学生认识这些课程资源对自己的学习和生活的意义。其次，学生对课程的学习兴趣不是固定不变的，而是会受各种因素影响发生变化。教师要学会因势利导，发现学生的兴趣爱好，并把学生的兴趣爱好与课程学习相联系，让学生感受学习的乐趣。最后，教师要认识到自己在培养学生的学习兴趣中的作用。教师对于学生学习兴趣低下不是无能为力，而是能够通过多种途径引导、激发、强化学生的学习兴趣。爱与责任是师德的核心。热爱教育事业，热爱教师这一职业，关爱每一个学生（尤其是学习困难的学生或者其他处境不利的学生），是教师最起码的品质。全身心投身于教育事业，认真履行教育教学职责，尤其是对有行为问题的学生的教育、引导和帮助以及对学习困难学生的辅导与帮助，敢于承担教育教学责任。因此，教师要树立正确的学生观，把学生看作学习活动和学习过程中有鲜活生命力、有思维和判断能力、有个性和发展需要的主体，主动了解学生英语学习的特点与现实的学习需求，从认识上和方法上引导和帮助学生，进而激发并强化他们学习的兴趣。

在职中小学教师要在教育实践过程中践行素质教育观和学生中心观的基本理念，教学以学生为本，倡导自主、合作、探究的学习方式；开展多种形式的实践活动，重视对各种能力的培养；正确运用（发展性、多元）评价方法，促进学生全面发展；减轻学生的课业负担。在职教师职业理念的学习与转变可以通过多种途径来实现，如参加在职培训、专业学习或进修、观摩公开课或做汇报课，在这些过程中学习教育理念，了解教育政策，重新认识学生，重新认识自己，重新认识教师职业。教师可以通过尝试角色交换（做自己学生的学生）来了解学生的内心世界，倾听他们对学习的评价，倾听他们对教学的评价等。

职前教师在接受职前教育期间形成的观念不容易改变，绝大多数职前教师入职上岗后，采用的教学方法和方式都受他们在职前教育阶段接触过的教师的影响，也是他们在职前教育期间形成的基本理念。因此，为了促进职前教师入职后的专业发展，须要让他们明确了解自己的观念，引导和帮助他们分析自己已有观念中存在的问题；同时要创造条件让他们体验、建构新的职业理念并融入自己已有的观念体系。

可以组织定期的中小学教育沙龙，给职前教师交流、分享、体验、发展的机会。职前教师要走进中小学学校，走进中小学课堂，走近中小学师生，改变"两耳不闻窗外事，一心只读圣贤书"的学习方式和态度。通过阅读、讨论、辩论、反思、观察、体验等方式把理论学习与实践反思相结合，在参与和体验过程中认同教师职业身份，欣赏教师职业价值，理解教师职业特点、职业内容，培养健康稳定的职业心理素质与良好的职业道德，增强对基础教育、教师、学生的体验与理解，进而促使自己认真学习，刻苦训练，奠定扎实的教师职业素养基础。

二、职业知识领域课程

教师教育的实效，尤其是教师教育课程设置的科学性和合理性，对教师的职业知识结构影响很大。教师的职业知识是他们获得职业发展的知识基础。在对教师职业知识结构的分析中，我们发现职前教师的实践性知识严重不足，在职教师认为还须要进一步学习教学实施知识、教学设计知识、教育教学知识和学科知识等。

从第三章对教师教育课程促进职业发展的价值分析中可以看出，职前教师对于专业技能类和专业知识类课程的价值评价高于对于教育知识类和教育实践类课程的价值评价，对于文化知识类课程评价极低。职前教师过分强调学科专业知识，对学科教学知识（学科教学、课程标准与教材分析、基础教育改革等）重视不够，对普通文化知识的价值认识严重不足；在知识结构方面表现出实践性知识（教育技术、教学设计与教学评价、课程资源开发与应用、学生管理与学习指导等知识）的严重不足。正如有研究者指出的那样，很少有职前教师具有足够的课程理论知识和课程领导者知识，教师教育课程过分强调教学技术方法，几乎排斥了关于教学的历史的、哲学的及社会政治学的背景分析[13]。

在职教师认为最重要的职业素养有师德修养、教学实施能力、实践教学能力、学科知识和教学设计能力，而课程资源开发与应用能力、通识性知识、教育技术能力、教学研究能力和职业规划与发展能力等的价值评价则相对较低。对在职教师职业知识结构的分析表明，在职教师认为对教师职业发展最重要的有师德修养知识、教学实施知识、实践教学知识和学科知识，而重要性较低的是课程资源开发与应用知识、通识性知识和教育技术知识。在职教师认为自己掌握程度较高的有师德修养知识、学生发展知识、教育教学理念知识，而掌握程度较低的则是职业规划与发展知识、教学实施知识、课程资源开发与应用知识、教学设计知识，其中对职业规划与发展知识的掌握程度最低。在职教师认为自己非常须要学习的是教学实施知识，教学设计知识、教育教学知识和学科知识也是须要加强学习的知识内容，而学习需求程度最低的是师德修养知识。

职前与在职教师对教师教育课程促进职业发展的价值评价以及他们的职业知识结构所表现出来的特征都说明了他们的职业知识结构仍然须要进一步优化，须要正确认识不同类型课程知识对于教师职业发展的重要意义。同时，这也提示了教师教育知识类课程设置也须要调整和改革，以更有利于教师职业知识结构的完善，保障并促进他们的职业发展。为实现教师职业知识课程的上述目标，须要从以下几个方面着手改革教师教育课程设置。

（一）不同模块类型的课程

就英语学科来看，职前教师教育课程体系中的"英语语音""英语语法""基础英语（综合英语）""高级英语""语言学理论（基础）""英美文学""外国文化概况"等学科专业知识类课程的课时总数一般占到全部课程总课时的 50% 左右，占知识类课程总课时的 80%～90%。教育知识类课程如"教育学""心理学""学科教学论"等必修课程以及有的师范院校开设的"教育科学研究方法""教师职业道德""班主任工作"等选修课程的课时总数还不到课程总课时的 10%。通识类课程除"思想道德修养""体育""形势与政策"等课程外，极少有跨学科领域的综合性课程。此外，很多师范院校对训练职前教师的职业规划与发展意识和能力不够重视，没有开设相应的课程，导致入职初期的教师适应教师职业困难重重。

学科专业知识是职前教师学习的重要内容，扎实的英语学科专业知识是职前英语教师胜任英语教育教学工作的前提条件。因此，英语学科专业知识领域课程的课时比例和课程门数比例相对较大是不容置疑的。从职前英语教师职业知识的现有结构来看，结合中小学教师标准的要求，须要适当削减学科专业知识类课程，强化教育知识类课程，包括学生发展知识类的课程。学科专业知识类课程的课时比例设置占知识类课程课时总量的 50% 左右为宜（目前很多师范院校的学科专业知识类课程的课时比例占知识类课程课时总量的 75% 左右），教育教学知识（含英语学科教学知识）类课程的课时比例设置为 25%，普通文化知识类课程的课时比例设置为 25%。

不同类型模块课程课时比例的变化，要求对传统的科目设置进行删减、整合或增设等。学科基础课程可以用语言学及语言教学研究的新理论、新理念来指导学科基础课程的科目设置，如把传统分开设置的"英语语法"课（大多开设一年）和"英语语音"课（大多开设为一个学期或者一个学年）等整合进"综合英语"课程，把"认知语言学""社会语言学""语用学"等整合进"语言学基础"课程（职前英语教师学习这些课程的目的是为了对语言学有基本了解，而不是为了研究语言学）。如果职前英语教师希望能够对这些课程的知识学得更深入一点，也可以把这些课程分别设置为选修课程，由他们根据自己的需要选择性地学习。另外，增设"大学语文"、"中国文化"、"中国思想史（哲学史）"、"西方思想史（哲学史）"、"管理学"（包括自我管理、班级与学生管理、资源管理等内容模块）和"交际学"（包括传播学基础知识、有效交际策略等内容模块）以及科普知识类课程，扩大职前英语教师的知识面，强化通识教育。

在职英语教师教育知识类课程一方面要充分尊重并满足他们的学习需求，另一方面也要从教师职业发展的角度整体平衡他们的需求与教师职业发展的需求之间的关系。也就是说，承担在职英语教师教育的教育机构一方面要为在职英语教师开设他们最希望、最须要学习的知识类课程，如涵盖中小学英语教学设计、中小学英语教学实施、中小学英语学科教学及英语语言研究等方面知识的课程；另一方面也要从促进教师职业发展的角度考虑提供他们掌握程度相对较低的知识类课程，如涵盖职业规划与发展、课程资源开发与应用、现代教育技术、学生发展等知识的课程，尤其是职业规划与发展及课程资源开发与应用。

（二）实践性知识课程

很多师范院校或其他教师教育机构开设的教育教学知识类课程仅限于传统的"老三门"（"教育学""心理学""学科教学论"），而涵盖基础教育改革背景知识、学科课程标准与教材分析知识、教学设计知识、教学实施策略知识、教学评价知识、教育技术知识、课程管理与资源开发应用知识、学生学习指导知识、学生与班组管理知识、职业压力调适策略知识、职业规划与发展知识等的相关课程开设得很少，有的学校甚至没有开设。因此，教育教学类知识模块的课程内容结构严重不合理，与基础教育改革与发展的要求格格不入。

在控制职前教师学习课程总学时及课程总门数的前提下，必须对部分模块课程的内容进行调整和整合。在教育教学知识模块课程中，可以丰富"教育学"课程的内容（包括教育基本原理、西方教育思想史、中国教育思想史等内容模块）和"心理学"课程的内容（包括学习心理学、人格心理学、儿童发展心理学、语言教师心理学、语言教学心理学等内容模块）。从第四章对职前教师职业知识结构的分析中可以看出，职前教师对职业规划与发展知识的掌握程度还较低（均值=2.82）。人们通过自我定位、自我影响、边界管理等职业自我管理行为对职业发展作出适应性响应，消除不利环境或者职业障碍以获得职业发展；职业自我管理行为的决定因子有自我效能感、控制欲及职业锚。因此，职前教师学习和掌握职业自我管理知识是他们获得职业发展的基础知识。

增设或者强化实践性知识课程，加强职前教师实践性知识的学习。研究表明，职前教师对教与学的理解影响他们在教育实习过程中应对教育情景的方式，因此职前教师须要学习和掌握在真实教育情境中如何关注学生及关注学生学习的基础知识，包括真实任务及以反思对话为特征的新的学习环境。实践性知识的基本特征就是程序性地理解与不确定性之间经常相互影响。

教师的实践性知识以学科教学法知识和一般教学法知识为主。教学既是一个职业，需要个人坚定的信念；又是一个专业，需要程序性的规则和原理，即教学法知识。传统的"教育学""心理学""学科教学论"课程只能让职前教师对教育和教学有一个模糊轮廓性的认识，不可能涵盖中小学课程的教学设计、教学实施、教学评价、实践教学、教学资源开发与利用、教育技术等相关知识。职前教师虽然有机会参加教育见习，或者观摩听课，但他们对于如何听、听什么、听后怎么做等问题缺少必要的了解。而更多的职前教师在平常的学习过程中没有足够的机会走进中小学校和课堂，没有机会通过实践体验去感知教师职业环境及职业内容，从而造成职前教师实践性知识的缺乏。因此，师范院校或者其他教师教育机构要调整课程模块结构，增开与中小学课程教学相关的实践性知识课程，并在课程实施过程中给职前教师提供充足的实践体验和反思学习的机会。

（三）选修课程

大多数师范院校教育类专业职前教师教育课程中的必修课程课时比例偏大（一般为75%～85%），选修课程课时比例太低，学生自主选择和拓展的空间太小，不利于学生知识和技能结构的协调与均衡发展。要落实素质教育观和学生中心观，就须要增大选修课程课时比例（至少要达到30%或以上）和课程门数，鼓励学生跨学科专业选修自己感兴趣的课程或者有利于综合素养培养的课程。根据职前教师实际需要和社会发展需要适时开设或增设相应选修课程，尤其是文化素养类课程、学习策略与方法类课程、职业规划与发展管理课程、教育政策法规课程、基础教育改革专题类课程。

另外，选修课的修习方式也可以进行改革尝试，如职前教师可以通过"慕课"

平台选修课程，师范院校要承认他们的课程研修成绩，并鼓励更多的职前教师以这种方式选修课程。这样既可以丰富职前教师研修的内容，扩大研修的范围，又可以为学校节约大量的人力、物力和财力，提高办学效益和办学水平。

三、职业能力领域课程

教师的职业能力是他们取得教师入职资格的先决条件，也是他们入职后适应并胜任教师职业环境和职业内容的基础，更是他们获得教师职业发展的基础。因此，教师职业能力的培养非常重要。教师职业能力的养成不是一蹴而就的，而是一个不断积累和发展的过程，这个过程贯穿教师的入职准备到退休离职整个阶段。职前教师教育阶段是教师职业能力养成的基础阶段，主要由师范院校或者综合型大学的教育学院承担并完成。

从前面的分析可以看出，职前教师对各项教师职业能力的掌握程度都较低，即使掌握程度较好的沟通与合作能力、班级与学生管理能力及学生学习指导能力也仅仅达到及格水平，对教学研究、课程资源开发与应用及教学评价等能力的掌握程度最差。这就为职前教师教育课程设置指明了改革或调整的方向。一方面要提高教育实践类课程的课时比例，增设与教师职业能力发展密切相差的课程，如教育研究方法、课程资源开发、现代教育技术应用、教育评价与测量等课程。另一方面要注重在学科专业课程实施过程中融入思维能力训练和学科教学能力的培养，多给学生实践练习的机会。

在职教师教育课程促进职业发展的价值评价分析揭示，在职教师对教学实施能力、实践教学能力和教学设计能力的重视程度高于课程资源开发与应用能力、教育技术能力和教学研究能力。对在职教师的职业能力结构所作的进一步分析揭示，在职教师的教师职业能力整体不高，教学评价和教育技术能力相对较好，而职业规划与发展能力、教学实施能力、课程资源开发与应用能力等则比较差。尽管在职教师教育课程设置在内容选择方面差异性很大，但他们的职业能力结构所暴露出来的这些问题是值得教师教育机构思考的。在职教师教育课程从总体上来看要进一步强化职业能力培养，因此须要拓展和丰富与教师职业能力相关的课程，尤其是在职教师非常薄弱的职业能力项。

在很多职前教师教育课程设置中，知识性课程所占课时比例太大（一般在75%以上），技能与实践性课程（环节）的课时比例很低（大多低于25%）。《2019年中国本科生就业报告》数据显示，2018届本科毕业生认为母校的教学最需要改进的地方是"实习和实践环节不够"（62%）[14]。不合理的职前教师教育课程结构导致职前教师在学习过程中重学科专业课、轻教育及实践课，教学技能水平低下。因此，即使他们达到《教师法》规定的教师学历资格标准，但教育教学能力与标准相比也还有很大差距。

要培养职前教师的职业能力，就要求教师教育机构端正办学指导思想，改进教师教育模式，优化教师教育课程体系，加强实习教育和强化实践技能训练。技能类课程（学科技能课程、教育教学技能课程、实践教学课程）的课时比例至少应达到总课时的45%（国家级、省级中小学教师培训项目一般都要求实践性课程的课时比例达到60%）以上。就英语专业而言，有的师范院校零散地开设"教学技能训练""微格教学""中学英语教学设计""小学英语教学设计""英语教育研究方法""现代教育技术""校本课程资源开发""职业规划与发展"等课程，但几乎没有把这些职业能力类课程作为一个体系完整开设的。

教师教育机构要强化帮助职前教师在从业知识和技能方面的适应和准备，做好学习管理与就业教育工作；而新教师所在单位要从生活关怀、业务指导、成绩肯定和环境营造等方面帮助他们更好地适应教师职业[15]。有研究者认为，培养学生的职业兴趣、创设职业情感体验机会、提高课程参与度等是促进职前人员职业能力发展的有效途径[16]。很多研究者认为，我国基础教育课程改革的深入和拓展、教师专业标准及教师教育课程标准的实施等，促使我国职前教师教育及职前教师教育课程设置改革，并提出建立具有特色的学科专业课程体系和教师教育课程体系，在课程实施过程中加强对职前教师反思能力的训练和培养。有研究者认为做好职前教师的学习需求、未来职业需求及社会需求分析是强化职前教师职业能力培养的基础[17]。

很多教师常常以他们观察到的教师的教学方式来实施教学。因此，如果教师教育机构不重视对教师思维能力的培养和训练，那么他们也很难会重视培养和训练学生的思维能力。在当今科技迅速发展、多元文化交融的时代，良好的思维能力是一个人成功的关键。开发和培养学习者的智力技能是教师的责任，但很多教师教育机构培养出来的教师并不能充分履行这一职责。人们普遍认为，只要向职前中小学教师讲授了思维训练的内容和方法，他们就能够熟练地运用这些方法来训练学生的思维能力。教师教育课程强调要明了和理解所教学科的内容，但没有明确提出要培养学生的思维能力，教学方法和内容也不重视对职前中小学教师思维能力的培养。

四、职业性向领域课程

教师的职业性向包括他们的教师职业价值观、职业兴趣、职业性格、职业倾向、职业意愿等内容，长期以来被看作是心理素质的组成内容。因此，教师教育课程体系要有利于培养职前教师与在职教师积极的职业性向，能够引导和帮助他们正确理解教师职业的内涵与特点、理解教师恰当扮演其职业角色的重要意义、理解教师的职业人格特征及影响、理解教师职业选择及职业发展的意义。为此，教师教育课程体系中不仅应纳入与教师职业性向培养相关的课程，比如传统的教师心理学、班级管理与班主任工作等，还应开设包含教师职业道德、教师专业发展、心理健康与咨询等内容的课程。

　　在遴选与考核教师时，不仅要考查教师的职业知识与能力，也要考查教师的职业性向。根据霍兰德的理论，教师这一职业适合于社会型人格特征的人员，因为这一类型的人喜欢与他人交往，喜欢结交新朋友，擅长谈话，愿意教导别人，关心社会问题，渴望发挥自己的社会作用，寻求广泛的人际关系，比较看重社会义务和社会道德。

　　从人与职业匹配的理论来看，职业适应是人与职业双向互动的过程。职业选择固然受诸多主观和客观条件的影响和限制，但职业选择的关键在于职业选择的主体（择业者）及职业选择的客体（职业），职业环境对于择业者和职业来说是一个密切相关的影响因子，能够起到一定程度的调和作用。职业选择主体的因素，如职业期望、职业素养等，只有与各不同职业环境中的职业目标相匹配时，才能满足择业者的情感与心理需要，同时还要考虑职业能够给个体提供的回报程度。尽管多数人多数时候都处在人与职业的矛盾与冲突中，但寻求两者的和谐与平衡无疑是达到人与职业生态平衡的关键。

　　职前与在职教师对教师职业有不同的价值认识，也表现出不同程度的职业兴趣和职业意向。按照职业选择和职业发展理论的观点，从业者只有与所选择的职业在性向、素养要求、价值期望等方面相匹配时，从业者才容易获得职业满足感或职业幸福感。因此，对于教师教育机构来说，一方面须要通过开设相应的课程让职前与在职教师充分、详细地认识和了解自己的职业性向，另一方面须要为职前与在职教师提供职业性向测评服务。教师教育机构可以开设涵盖人格类型、兴趣培养、智力与智力开发等相关内容的心理学或人学课程，帮助职前与在职教师认识和了解自己的职业性向。这些课程以选修为主。对于受师资或其他条件限制的教师教育机构，则可以考虑鼓励、组织职前与在职教师通过"慕课"形式研修相关内容。

　　此外，教师教育机构还须要为职前与在职教师提供职业性向测评所用的各种比较系统、科学的测量量表。国内外比较有名的如霍兰德职业性向量表（SDS）、斯特朗职业兴趣量表（SVIB）、MBTI 职业人格类型测评量表，以及卡特尔 16 种人格因素测验量表（16PF）、艾森克人格问卷（EPQ）、加利福尼亚心理调查量表（CPI）、爱德华个人偏好量表（EPPS）、詹金斯活动调查表（JAS）、明尼苏达多项人格调查表（MMPI）、杰克逊人格问卷（JPI）等。为了保证测评的准确性，同时也为了满足职前与在职教师的心理安全需要，教师教育机构可以组织他们自主测评，并给须要对测评结果作出解释的职前与在职教师恰当的援助。

　　由于教师职业素养的养成是以职前教师教育为基础、以在职教师教育为推手，教师教育质量决定了教师职业素养水平的高低。教师教育的关键在于教师教育课程设置与实施。因此，抓好教师教育课程设置与实施的质量，培养职前与在职教师对教师职业的积极情感，形成健康健全的教师人格，培养和提升他们的专业知识与技能水平以及教育知识与技能水平，有助于他们正确判断并顺利应对教师职业压力，减少教师职业压力对职业发展的消极影响，促进教师职业发展。

由教师职业理论与道德、职业知识、职业能力、职业性向"四维一体"构成的职前与在职教师教育课程内容体系，用于评价职前与在职教师时侧重点有所不同。当用于职前及入职教师职业发展评价（或教师入职资格考查）时，以职业选择理论为理论基础，以职业素养为评价内容，因此以"性"为参考、以"知"为基础、以"能"为重点，可以采取笔试、面试和专项评估相结合的评价方式，对"知"以笔试为主要形式，对"能"以面试为主要形式，对"性"以专业测试为主要形式。当用于在职教师职业发展评价（或教师资格注册与复查）时，以职业发展理论、教师发展理论和终身教育理念为理论基础，以职业素养（尤其是职业理念与师德、职业能力）为评价内容，着重评价教师的"知、能、德、性"与发展变化的教师职业环境及教师职业要求的匹配程度。也就是说，对于在职教师的职业发展评价，以教师的职业理念与师德及职业能力为主要内容，尤其是教师职业道德，考查教师的职业理念是否符合新时期、新形势对教师职业的要求，考查教师的职业知识结构能否满足教育教学改革的需要，考查教师的职业能力能否胜任教育教学工作，还要考查他们是否具有职业生涯发展的意识、知识与能力。

参 考 文 献

[1] GOLOMBEK P, DORAN M. Unifying cognition, emotion, and activity in language teacher professional development [J]. Teaching and Teacher Educattion, 2014, (39): 102-111.

[2] ANSPAL T, EISENSCHMIDT E, LÖFSTRÖM E. Finding myself as a teacher: Exploring the shaping of teacher identities through student teachers' narratives [J]. Teachers and Teaching, 2012, 18 (2): 197-216.

[3] TRENTA J. From learner to teacher: Practice, language, and identity in a teaching practicum [J]. Asia-Pacific Journal of Teacher Education, 2013, 41(4): 426-440.

[4] DONNA M M. Thinking through practice: Exploring ways of knowing, understanding and representing the complexity of teaching [J]. Asia-Pacific Journal of Teacher Education, 2013, 41(4): 414-425.

[5] REISS M, WHITE J. An aims-based curriculum: The significance of human flourishing for schools [M]. London: IOE Press, 2013:135.

[6] YOUNG M. What is a curriculum and what can it do? [J]. The Curriculum Journal, 2014, 25(1): 7-13.

[7] SCOTT D. Knowledge and the curriculum [J]. The Curriculum Journal, 2014, 25(1): 14-28.

[8] BIESTA G J. Good education in an age of measurement: Ethics, politics, and democracy [M]. Boulder, CO: Paradigm Publishers, 2010: 101-145.

[9] BIESTA G. Pragmatising the curriculum: Bringing knowledge back into the curriculum conversation, but via pragmatism [J]. The Curriculum Journal, 2014, 25(1): 29-49.

[10] MOORE R. Towards the sociology of truth [M]. London: Continnuum, 2011: 34.

[11] PRIESTLEY M, SINNEMA C. Downgraded curriculum? An analysis of knowledge in new curricula in Scotland and New Zealand [J]. The Curriculum Journal, 2014, 25(1): 50-75.

[12] SITEINE A. Positive in their own identities? — Social studies and identity affirmation [J]. New Zealand Journal of Educational Studies, 2013, 48(2): 33-40.

[13] HANDLER B. Teacher as curriculum leader: a consideration of the appropriateness of that role assignment to classroom-based practitioners [J]. International Journal of Teacher Leadership, 2010, (3): 32-42.

[14] 王伯庆，陈永红. 2019 年中国本科生就业报告[R]. 北京: 社会科学文献出版社，2019.

[15] 戴锐. 新教师职业适应不良及其防范[J]. 教育探索，2002，（4）：95-97.

[16] 吴志华，戴晓莹，牛青田. 情感因素促进学生职业能力提升的实证研究——以高职实践课程为例[J]. 教育科学，2013，（2）：78-81.

[17] 刘夏芬. 从需求分析看高校英语师范生职业能力的培养[J]. 浙江海洋学院学报（人文科学版），2009，（2）：79-82.

第七章　结　　语

职业发展理论与教师发展理论是两个不同却又相互联系的理论领域。教师职业发展研究可以从职业研究和教师发展研究中吸取有益的理论成分，为探讨教师教育课程设置提供理论与思想基础。教师职业的专业化过程具有阶段性变化与发展的特点，不同发展阶段受不同因素影响，教师的专业发展状态在不同发展阶段也有不同的特征。教师的职业发展与教师教育课程设置之间有着密切联系。广义的教师教育课程由通识类课程（文化知识课程）、学科专业类课程和教育教学类课程组成，狭义的教师教育课程则仅指教育教学类课程。

在分析职前及在职教师职业发展状况的基础上，继而分析他们对教师教育课程促进职业发展的价值评价，以此明确了教师教育课程设置对于教师职业发展的重要意义及研究教师教育课程设置的重要意义。以职业发展理论为基础提出了"四维一体"职业素养结构观，以教师发展阶段性理论和终身教育理念为理论基础，提出了教师职前与在职全程发展的教师职业发展过程观，从而提出了教师全面、全程发展的职业发展观。以此为基础，讨论了全面、全程发展的教师教育课程目标、结构与内容的设计，探讨了"四维一体"教师教育课程内容体系的设置。现将主要观点、价值与创新、存在的问题与不足等总结如下。

一、主要观点

从促进教师全面、全程职业发展的角度对职前与在职教师教育课程设置作了理论思考和实践探究，形成了如下基本观点。

第一，受不同因子影响，不同群体在职教师的职业发展状态存在差异。影响在职教师职业发展的主要因子是教师职业素养、教育政策及教育环境，其中职业素养因子的影响最为明显。影响在职教师对职业压力判断和压力应对能力判断的主要因子有职业发展、教师素养、教育环境及教育政策。在职教师的学历、职称和教龄等作为教师教育和教师发展状态的表象因子，与他们的教育知识与技能、专业知识与技能及对教师职业的情感态度即教师职业素养密切相关，而这些因素是决定他们职业发展满意度的最主要因子。因此，改革教师培养机制、改善社会支持系统等对于促进教师的职业发展有重要意义。

第二，职前与在职教师对教师教育课程促进职业发展的价值评价及对不同内容类型课程促进职业发展的价值评价存在差异。多数职前和在职教师都肯定了职前教师教育课程对于教师工作及职业发展的价值，职前教师对职前教师教育课程促进职业发展的价值评价整体低于在职教师所做的评价。在职教师对教师教育课程促进职业发展的价值评价为探讨教师教育课程结构和内容设置改革以及教师教育课程实施都有启示意义。在职教师对不同类型课程促进职业发展的价值评价由高到低排序依次是教育实践课程、专业技能课程、专业知识课程、教育知识课程和文化知识课程。职前教师对不同类型课程促进职业发展的价值评价由高到低排序依次是专业技能课程、专业知识课程、教育知识课程、教育实践课程、文化知识课程。在职教师更注重教育教学实践能力，而职前教师则更注重学科专业能力。在职与职前教师对职前教师教育不同类型课程促进职业发展的价值评价存在明显差异，但都不重视文化知识课程。对文化知识课程价值的轻视一方面暗示他们尚未充分认识文化知识课程的价值或者是认识存在一定程度的偏差，另一方面暗示教师教育课程中的文化知识课程设置与实施和评价等都须要改进。

　　第三，确立全面、全程的教师职业发展目标对于指导教师教育课程设置非常重要。教师教育课程设置改革需要职业发展理论、教师发展阶段性理论及终身教育理念的理论指导，也需要改革试验的实践支持，是一个须要持续努力的过程。由于教师教育课程设置影响着教师的职业素养结构，影响着他们的职业发展，教师教育课程体系的最终目标是促进和推动教师的职业发展。教师教育课程设置要遵循人本位、发展和实践的价值取向。只有当我们把教师看作需要发展和正在发展过程中的"人"，而且只有当我们把教师职业发展看作一个持续进行的过程，我们才会更好地理解职业发展作为教师教育课程设置的目标定位的重要意义。教师教育课程结构与内容设计要遵循适切、发展、开放、系统的原则。职业发展理论与教师发展理论是探讨教师教育课程设置的重要理论基础，确立教师全面、全程发展的职业发展观有助于明确教师教育课程设置的发展目标取向。教师要获得全面发展，就必须具备教师职业理念与师德、职业知识、职业能力、职业性向"四维一体"的素养结构；要获得职前与在职全程发展，就必须树立终身教育与终身学习的理念。

　　第四，确立促进教师全面、全程发展的课程目标，建立促进教师全面、全程发展的教师教育结构与内容体系。教师的全面、全程发展必然要求教师教育机构在设计教师教育课程目标、结构与内容体系时，一方面要确保职前与在职两大阶段的课程目标、课程结构的一致性、连续性和发展性，另一方面要确保课程内容体系能够实现培养全面发展的教师这一目标，即确立"四维一体"的教师教育课程内容体系。在设置方面，要充分体现教师教育课程育人为本、实践取向、终身学习的基本理念。职前与在职教师教育课程设置要以国家的教育目的为指南，综合考虑学校、学生和教师的需求及实际，遵循教育的内在规律及课程设置的基本原理，在结构上体现职前与在职的一致性、连续性，在内容上体现阶段性、渐进性、发展性，结构和内容都要突出实践中心、学生中心、发展中心。建立职前与在职一体的教师教育课程结构系列，确立职前与在职教师教育课程设置的发展目标定位，拟定德、知、能、性"四维一体"的职前与在职教师教育课程内容体系，是教师教育课程设置的一种创新性构架。

教师的职业理念是教师职业素养的构成要素，是教师获得职业发展的思想基础。我国社会、经济、文化、教育形势的发展变化要求教师转变观念，树立以素质教育与终身教育为主的教育观，追求职业发展的教师观及以学生为中心的学生观。教师的职业理念是职前与在职教师在接受教师教育的过程中逐渐形成的，受教师教育课程设置的影响。科学、合理、系统的教师教育课程设置为职前与在职教师形成健康的、科学的职业理念奠定了基础，有效的教师教育课程实施则会促进教师职业理念的健康形成。要调整教师教育课程结构比例，充实职业理念课程。在重视显性课程对教师职业理念与师德培养的同时，要充分发挥隐性课程的重要教育功能。

教师的职业知识是教师职业素养的重要组成部分，是他们获得教师职业发展的知识基础。教师的职业知识结构由普通文化知识、教育教学知识、学科专业知识及职业性向知识构成。职前与在职教师的职业知识结构都存在结构性不均衡的问题，不利于职业发展。职前教师非常重视学科专业知识，对学科教学知识重视不够，对普通文化知识的价值认识严重不足；在知识结构方面表现出实践性知识的严重不足。在职教师的职业规划与发展知识、教学实施知识、课程资源开发与应用知识、教学设计知识等明显不足。职前及在职教师职业知识结构的特点与差异对教师教育课程设置提供了非常有价值的参考，教师教育课程设置须要有针对性地进行优化改革，调整不同模块类型课程的课时比例及科目数量，重视学科教学知识、普通文化知识和职业规划与发展知识。调整部分模块课程的内容结构，突出实践性知识课程；调整必修课程与选修课程的比例，提高选修课开设比例，加大选修课程开设量，充分体现以学生为中心。

教师的职业能力是教师职业素养的核心部分，是他们获得教师职业发展的技能基础。教师的职业能力是他们在接受教师教育的过程中以及在从事教育教学实践活动过程中形成和发展的，受教师教育课程设置的影响。职前与在职教师最基本的职业能力包括教育教学能力、管理能力和沟通合作能力。职前与在职教师的教师职业能力结构不均衡，因个体因素差异而存在差异，须要进一步优化和提升。职前与在职教师都重视教学实施能力和实践教学能力对于教师职业发展的价值；职前教师还重视学生学习指导能力对教师职业发展的价值，在职教师还重视教学设计能力和班级与学生管理能力对教师职业发展的价值。职前与在职教师都不重视课程资源开发与应用能力、教学研究能力对教师职业发展的价值。要进一步培养和提升职前与在职教师的职业能力，就须要改革教师教育课程设置，积极组织教师参与教育行动研究，改革教师培养机制。

教师的职业性向是教师职业素养的组成部分，影响教师的职业适应能力，也影响其职业发展状态。教师的职业性向包括他们对教师职业价值的认识、对教师职业的兴趣、选择以教师为职业的意向等。教师职业发展不仅仅是教师职业理念的升华、教师职业知识的拓展、教师职业能力的提升，更是教师职业性向的成熟，是教师体验教师职业价值、享受教师职业幸福感与成就感的过程。教师的职业性向与他们的职业幸福感有关，了解和把握职前与在职教师的职业性向对于教师教育机构设置课程、地方教育行政部门或者学校甄选教师都有重要意义。职前与在职教师对教师职业的价值有不同的认识，也表现出不同程度的职业兴趣和职业意向。教师教育机构一方面要开设相应的课程让职前与在职教师认识和了解自己的职业性向，另一方面要为职前与在职教师提供职业性向测评服务。

二、主要收获

研究教育问题要直面教育现实与实践，要能够引发人们对教育现象或问题的理论反思与思考，或者能够引发人们对教育问题解决方案的实践探索与尝试，也就是要有一定的理论意义或者实践意义。本书从教师职业发展的角度对职前及在职教师教育课程设置这一问题展开思考与探讨，获得了一些有参考意义的观点，体现了研究的价值。

第一，研究丰富与拓展了教师教育课程设置的理论探讨范围与内容。以职业发展理论、教师发展阶段理论为理论基础，思考了全面、全程职业发展的合理性，以教师的全面、全程发展为教师教育课程的目标追求，探讨实现这一目标的课程结构与内容体系设置。教师全面、全程职业发展的观点以及"四维一体"教师素养结构和"四维一体"教师教育课程体系，都是对现有教师职业发展以及教师教育课程设置探讨的补充。

第二，研究体现了明确的实践意义。通过探讨全面、全程发展的教师教育课程目标、结构与内容体系，一方面是对学界倡导的职前与在职一体化教师教育观念的实践尝试，另一方面也是通过教师教育目标指导课程设置的实践尝试。教师职业理念、职业知识、职业能力与职业性向"四维一体"的职业素养结构及课程内容体系，为进一步探讨教师教育课程设置及其改革提供了参考。

"四维一体"教师职业素养结构及教师教育课程内容结构体系，有助于人们更好地理解教师发展与教师教育的阶段性和复杂性特点，理解教师教育课程设置的整体性与差异性的意义，也有助于人们更好地理解教师职业的专业化特点。

研究中提出的观点可以帮助职前与在职教师更好地理解教师职业发展和教师专业化对自己的价值与意义，引导他们重视做好职业生涯规划，促使他们学习、培养、提升与职业发展密切相关的基本素养。"四维一体"教师职业素养结构及教师教育课程内容结构体系可以为教师在职培训课程设置提供参考，为师范院校教育类专业课程设置改革提供参考。

三、问题反思

教师教育课程设置是一个大题，也是一个难题，不仅须要研究者付出长期的时间和充足的精力，也须要研究者具有坚忍不拔的精神和不断学习的意志。在研究过程中发现还有很多问题需要持之以恒的研究，也需要更多的支持。

首先，国家教育政策的变化及教育环境的改善，推动了教师的职业发展，但这两大因子在教师职业发展中的影响程度、影响方式、影响范围等，相关研究都还不够。因此，当教师的职业素养、教育政策、教育环境这三大因子共同作用于教师职业发展时，如何协调这三者的作用力以形成一个有利于教师职业发展的合力？在现实中，教育政策的变化或者调整往往以国家发展宏观目标为导向，而不是以教师职业发展为基础，国家、地方及学校三个不同层面的政策存在"打架"现象，影响了教师职业发展。在此情况下，到哪里去寻找能够保障教师职业发展的"组织"？

其次，作为教师职业发展主体的教师，在主动谋求职业发展与被动获得职业发展方面都还存在一些现象值得思考。比如，有的职前教师害怕参加教育见习、教育实习或者教育调研等教育实践活动，当他们被迫参与这些活动时往往采取消极应对的方式。有的在职教师极不愿意参加在职培训（尤其是寒假暑假期间），对培训表现出抵制的态度，有的教师认为培训占用了他们原本可以用来旅游、玩耍或休息的时间，因此出现了找人顶替参加培训的现象。也有一部分教师认为只有职称升上去了、待遇提上去了、福利涨上去了等才算是获得了职业发展。也有少数教师希望能在短时间内提升自己的教育教学能力，改善教学效果，但又不太愿意投入时间和精力去学习、研究教育教学问题，也很少向优秀教师学习或交流。对于教师教育机构来说，如何推动教师主动谋求职业发展？其他机构如教育行政部门等，在这一方面又能够做些什么呢？

最后，在研究开展过程中也发现，教师教育课程设置改革和实施改革最大的挑战来自教师教育工作的实施者——师范院校的教师。由于很多师范院校教师的知识结构与兴趣的原因，他们对教师教育课程的理解较多停留在自己的学科范围内。也有一些师范院校教师缺乏基本的课程与教学理论知识及智慧，在教师教育课程实施过程中不能正确理解，也无法充分体现教师培养的目标。也有师范院校的教师怀疑教师教育课程设置改革的目的与实效。在这样的情形下，教师教育课程设置改革如何应对这些教师教育工作的实施者？

也许还有一些问题未被识别。针对这些问题，从社会学、组织行为学、心理学、管理学等不同视域进行探讨，也许能够发现一些对教师教育课程设置及其改革有价值的策略、方法等。

后　记

1990 年 8 月末,还在川北一偏僻农村忙着跟家人收割水稻的我拿到了四川外语学院(现四川外国语大学)的录取通知书,兴奋是自然的,但更多的是充满对大学生活的期待。

四年后,怀揣着毕业证书和派遣证书,远赴川西民族地区一高校,正式开始了"为师"之旅。

在歌乐山下四年的学习,并没有让我完全明白如何当一名老师。尽管我们当时的身份是"师范生",尽管在毕业前还到泸州实习了两个多月,但对于教师和教学,仍然是雾里看花、水中望月的感觉——大学四年所学的与教师和教学有关联的课程好像只有"心理学"。师范技能、教学能力等对我来说完全是陌生的词汇。踏上工作岗位之后,我想凭着我的满腔热血以及我们学习英语的那些方法,应该能够教学生学好英语。我详细地给学生讲着语法和词汇,一段一段、一句一句地给学生翻译课文,鼓励学生用英语发言,组织学生到口语角练英语,组织学生用英语做值日汇报,甚至组织学生扮演英语老师上课。在工作单位,也经常有各级领导和老师来听课,但基本上都是听完课就走人了,偶尔听到有领导对我说说"好好干!"

作为一名普通老师,到底如何"好好干"呢?如何才能干好呢?这些问题也很少有领导或同行给我解答过。为解开这些困惑,在工作八年之后,我又回到了重庆,不过是在缙云山下的西南师范大学(现西南大学),开始了"课程与教学论"专业的硕士研究生学习之旅。我希望在那个花园般的校园里,能够找到带我走出迷茫与困惑的路子。很多时候,自己一个人静静地坐在图书馆期刊室,翻阅着国内外教育类的专业期刊及外语教学的专业期刊,也总有些时候能够发现有一些火花在闪耀。在这期间,对教师、教学、课程等总算有了一些了解,也愈来愈深刻地体会到教师教育及教师教育课程对老师和学生的重要性。于是,硕士研究生毕业时决定到一所师范院校工作,最终来到了现在工作的绵阳师范学院。

大概是因为我的专业是"课程与教学论"的缘故吧,外国语学院领导安排我上教学法课程,同时跟着老教师带学生实习。时间也过得真快,一晃就已经在这里工作 13 个年头了。在这期间,我一直给本科生、专科生上教学法系列的课程,如"英语教学法""小学英语教学论""师范技能""英语教学技能训练""英语教学设计理论与实践""英语新课程标准与教育研究""英语课程标准与教材研究""英语课堂教学设计与案例分析""外语教学理论与流派"等。同时,每年也指导师范生的试讲、教育见习和教育实习。2012 年以来,还指导学生参加学校、省教育厅组织的师范生教学能力大赛以及全国师范生教学技能大赛。另外，根据工作需要，主持了外国语学院 2010 年以来的人才培养方案修订工作，对英语专业（教育类）的人才培养目标及课程体系设置作了一些思考和探讨。

如果说我参加工作的前八年是对教师和教育充满迷茫与困惑的话，从 2002年开始的研修及之后的工作则是真正接触并逐渐熟悉教师和教育的过程。十六年来，我一直在思考自己作为一名教师的成长，也观察、评价同事、学生及培训过的教师的成长，越来越深刻地感受到，教师教育对师范生和在职教师来说，实在是太重要了！对于英语专业背景的中小学英语教师而言，教材中的英语知识一般都不会带来挑战。但是，是否接受过教师教育（或系统地学习过教师教育课程）以及所接受的教师教育的质量，直接决定他（她）能否成为一名优秀的英语教师。

近年来，教育部出台了一系列加强教师教育的政策，各地师范院校也在开展不同程度的改革，很多研究者也发表了数量众多的研究论文或出版了研究专著，但教师教育质量与我国基础教育改革发展的要求之间仍然有很大差距。对教师教育及教师教育课程设置问题的持续关注，让我决定以此作为博士论文探讨的主题。

从 2013 年起，在学校培训中心的支持下，我陆续主持了英语学科的国培、省培及地市州培训项目，指导初中和小学英语教师网络研修，涉及四川省中小学英语教师 1500 人次左右。随着与在职中小学英语教师接触面的扩大及深入，更加觉得有必要从教师职业发展的角度来深度思考教师教育课程设置问题。近年来承担的各项研究课题也促使我对职前与在职中小学英语教师教育作了更多的思考。各项研究的调查数据和结论，作为本书相关章节的内容，充实了博士论文原有的内容。

本书得以出版，实属不易。在此，感谢鼓励我的领导、同事和朋友们！感谢为本书出版工作付出辛勤劳动的出版社编辑们！特别要感谢默默支持我修改书稿的家人！衷心祝愿每一个人身体健康、工作顺利、生活快乐！

2019 年 10 月 1 日
于绵阳涪江之畔陋室